尼克 ○ 著

理解
图灵

Turing
Understood

人民邮电出版社
北　京

图书在版编目（CIP）数据

理解图灵 / 尼克著. -- 北京：人民邮电出版社，
2024.6
（图灵原创）
ISBN 978-7-115-64405-3

Ⅰ．①理… Ⅱ．①尼… Ⅲ．①图灵(Turing, Alan Mathison 1912-1954)－人物研究 Ⅳ．①K835.616.16

中国国家版本馆CIP数据核字(2024)第096385号

内 容 提 要

图灵1936年的文章《论可计算数》奠定了计算机科学的基础；而其1950年的文章《计算机与智能》则开启了人工智能，此文开头提到的"模仿游戏"后来被称为"图灵测试"。本书以注释形式对《计算机与智能》进行了细致解读。

书中首先追溯图灵的生平和思想轨迹，特别是他对智能与机器关系的早期洞察，以及他在计算理论方面的重大贡献——提出图灵机；接着通过分析图灵与同时代其他思想家的交流与辩论，如与哲学家维特根斯坦的深入对话，以及在BBC广播讨论中与神经生理学家杰弗逊的激烈交锋，逐步揭示了图灵对于机器智能的独到见解及其思想的演进过程。本书力图使读者在充分理解背景知识的基础上，更加深刻地领会图灵文章的内涵，也使得对图灵思想的探讨更加全面和深入。

本书适合对图灵生平及人工智能发展感兴趣的读者阅读，是理解这位伟大科学家和思想家的重要读物。

◆ 著　　　尼　克
　责任编辑　王军花
　责任印制　胡　南

◆ 人民邮电出版社出版发行　北京市丰台区成寿寺路11号
邮编　100164　电子邮件　315@ptpress.com.cn
网址　https://www.ptpress.com.cn
涿州市京南印刷厂印刷

◆ 开本：720×960　1/16
印张：17.75　　　　　2024年6月第1版
字数：260千字　　　2024年6月河北第1次印刷

定价：79.80元

读者服务热线：(010)84084456-6009　印装质量热线：(010)81055316
反盗版热线：(010)81055315
广告经营许可证：京东市监广登字 20170147 号

前言

休谟（Hume）说牛顿（Newton）发现了物的定律。一点也不夸张，我们可以说图灵（Alan Turing）发现了心的定律，更准确地说是"论题"。1930年，不到18岁的图灵经历了同学和爱人摩尔康（Christopher Morcom）之死，他伤心地给摩尔康的母亲写信："我确信我和摩尔康会在彼岸再见，因为我们还有未竟的事业，原本该在此岸完成。"1932年，不到20岁的图灵再访摩尔康的母亲，并留宿摩尔康家，其间他写了一篇感人的短文《精神之本质》（"Nature of Spirit"），最后一段写道："至于为什么我们非得有肉体不可，为什么我们不可以只有自由之精神，且只需精神间的交流。这样也未尝不可，但会无聊。肉体让精神不无聊，让精神去照看肉体。"（As regards the question of why we have bodies at all; why we do not or cannot live free as spirits & communicate as such, we probably could do so but there would be nothing whatsoever to do. The body provides something for the spirit to look after & use.）无疑，这是图灵后来不长的生涯的追求。

图灵 1932 年短文《精神之本质》结尾原笔迹

图灵的所有贡献中，有两项是无与伦比的。第一是他 1936 年的文章《论可计算数》("On Computable Numbers"，下面用"图灵-1936"特指)，其中他定义了一种机械装置，后来被他的导师丘奇（Alonzo Church）称为"图灵机"。哥德尔（Kurt Gödel）认为图灵机比他自己的递归函数更令人信服，冯诺依曼（von Neumann）说这奠定了现代计算机的基础，也就是说，图灵机是计算机科学的基础，也是计算机工程的起点。第二是他 1950 年在哲学杂志《心》（*Mind*）上发表的文章《计算机与智能》("Computing Machinery and Intelligence"，下面用"图灵-1950"特指)，这篇文章是人工智能领域的灯塔，即使今天读起来，仍然充满洞见，令人深思。虽然它是以科普的文风写成并发表在哲学杂志上，旨在吸引大众读者，但读懂全文需要花些功夫。

怀特海（A. N. Whitehead）有言"整个西方哲学传统就是柏拉

图著作的一系列脚注"，我想借过来说：整个计算机科学，包括人工智能，就是图灵为数不多的著作的一系列脚注。这话应该不算过分。也许会有一两位不喜欢英美学术传统的狭隘欧陆中心主义者不服，但真没必要和他们较真。他们企图用"笛卡儿测试"替代"图灵测试"，从而抵消图灵为人工智能做出的贡献。这不仅在学理上靠不住，时间上也对不上。为图灵-1950写注释，是我30年前头一次读这篇文章时就有的"妄想"。写注释本身也是对人工智能，甚至更广义地说，是对计算机科学的思考。计算机科学（包括人工智能）中，最早替别人的工作作注的应该是诗人拜伦（Byron）的女儿爱达（Ada）。巴贝奇（Babbage）并没有为他的分析机（或译"分析引擎"，analytical engine）写过系统的介绍，是爱达把别人的听课笔记从法文翻译成英文。她在译文之后附加了诸多注释，这些注释的长度约是原来笔记的三倍，其中Note G详细说明了如何在分析机上计算伯努利数，这被称作世界上第一个计算机程序。因此美国国防部1980年把霍尼韦尔（Honeywell）按照合同开发的编程语言命名为Ada，以纪念这位早期计算机领域的先驱。

我的灵感后来还受到《图灵的秘密：他的生平、思想及论文解读》那本书的强化，作者佩措尔德（Petzold）给图灵-1936写了注释。我本来也想仿照那书的体例，即逐段注释，但后来放弃了这个想法。一方面，在原文中插入注释会使得原文失去可读性，爱达的注释是作为笔记的附录，整体列在原文之后的。另一方面，我渐渐意识到，要想理解图灵-1950，需要系统化地梳理预备知识。最好的阅读方式是把预备知识放原文之前：最好的放到最后。

首先，最重要的背景知识是计算理论。图灵试图说明机器是可以有智能的，而这里的机器是普适或通用图灵机（universal Turing machine，UTM）。图灵-1950是建立在图灵-1936（即《论可计算数》）之上的，后者这篇更早的经典论文奠定了计算机科学的理论基础，使计算机事业不仅仅是工程，而且，更重要的是科学。图灵在关于智能的论证中，假设了丘奇-图灵论题，这是计算机科学的基石。无论是页数，还是子标题数，计算理论占了图灵-1950一半以上的篇幅。不了解计算理论及其演化历史，是没法搞明白图灵这篇文章的深意的。图灵-1950和图灵-1936密不可分。在第3章"为什么是图灵"中，我有意识地系统化重构计算理论的形成过程，并力图说明丘奇-图灵论题的哲学含义。这些成果变成了本书的几个章节，其中"为什么是图灵"讲可计算性，其核心是丘奇-图灵论题，"图灵与计算复杂性"讲复杂性，其核心是强丘奇-图灵论题。最后我决定，与其逐段地写注释，还不如在可能造成迷惑的地方写几句提示性的注释，连接到相关的章节。这样，一方面不至于把原文涂鸦得不可读，另一方面也可以避免由于注释太长而影响读者思维主线的问题。有兴趣深究的读者，总可以通过相关章节更加系统地了解相关的背景知识，我也提供了足够多的参考文献。

没有什么比对话或掐架更能真实地反映当事者的心态的了。第5章"图灵 vs 维特根斯坦"回顾了图灵1939年在剑桥大学和维特根斯坦（Wittgenstein）一学期的遭遇，旨在让读者更加容易了解两人的哲学态度。第6章"语言=思维吗"虽然更多的篇幅在讲述乔姆斯基（Chomsky），但目的是为理解图灵测试提供背景知识，图灵测试不是行为主义的测试，而是语言的测试。这也可以解释：相较稍早的人工智能在语音与视觉能力上的突破，为什么ChatGPT在语言能力上的突破给我们造成了更大的冲击。

了解图灵的写作背景，也有助于理解文章的内容。第二次世界大战结束后，英国国家物理实验室（National Physical Laboratory，NPL）力邀图灵加入，ACE（自动计算引擎，automatic computing engine）是图灵为NPL设计的计算机。在NPL工作一年后，图灵厌恶其中的政治斗争，前往母校剑桥大学休假一年。回来后，图灵给NPL提交了一份报告，题为《智能机器》（"Intelligent Machinery"，下面用"图灵-1948"特指）。因为各种原因，这篇文章直到1969年才渐为人知。其实，如果我们仔细研读图灵-1948，会发现图灵-1950中思想的来龙去脉。图灵-1948的内容更加广博，例如，图灵在其中详细讨论了神经网络，并认为可以训练神经网络，使之成为通用计算机。机器人学者罗德尼·布鲁克斯（Rodney Brooks）甚至在这篇文章中看出了"具身智能"（embodied intelligence，也许"肉体智能"或"肉身智能"是更准确的译法），这可能有点过度解读，但仁者见仁，智者见智。其实布鲁克斯更应该从图灵1932年在摩尔康家写的那篇短文中寻找灵感，图灵晚年更加关注没有肉体的精神。

BBC于1952年1月10号组织了题为"自动计算机能思考吗？"（Can Automatic Calculating Machines Be Said To Think?）的广播讨论会。参加讨论的人，除了图灵外，还有图灵的老师、数学家纽曼（Max Newman，1897—1984）和曼彻斯特大学的神经外科教授杰弗逊（Geoffrey Jefferson，1886—1961）等。杰弗逊1948年获得英国皇家学会和皇家外科学会颁发的李斯特（Lister）奖章，他的获奖演说题为"机器人之心"（"The Mind of Mechanical Man"），其中他明确表达了自己的立场：机器不能思考。图灵-1950中有一节（"来自意识的异议"）就是专门针对杰弗逊获奖演说的批评。事实上，如果我们非要说图灵-1950和图灵-1948有什么实质性不同的话，图灵在写作图灵-1950时，内心有个更具体的辩论对象，那就是杰弗逊。图灵参加过的讨论，留有完整记录的，除了他与维特根斯坦1939年在剑桥大学的课堂对谈，就是这次讨论了。整场基本是图灵和杰弗逊之间的辩论，而纽曼无疑站在图灵一边。有来有去的讨论比一个人自言自语更有亲和力，相声也得有逗有捧。这篇讨论本身就可以作为图灵-1950的一个有趣且通俗的注解。

人类中心主义，即认为人是最高级、最神圣的物种，很容易归约到宗教或活力论。我们作为人，自然地会受此影响。但人类中心主义又常常戴着humanism（人文主义，人本主义，人道主义）的面具。就像博学且善辩的杰弗逊在他演讲的结尾自称是和人文主义者莎士比亚（Shakespeare）一伙儿的，然后马上就恰到好处地拎出了《哈姆雷特》："人类是一件了不起的杰作！多么高贵的理性！多么伟大的力量！多么优美的仪表！多么文雅的举动！在行为上多么像一个天使！在智慧上多么像一个天神！宇宙的精华！万物的灵长！"（朱生豪译）(What a piece of work is a man! How noble in reason! how infinite in faculty! in form and moving how express and admirable! in action how like an angel! in apprehension how like a god! the beauty of the world! the paragon of animals!）于是，一个人文主义者的诗作，丝滑而优雅地，变成了一个人类中心主义者的论据。

人工智能是最靠近人性的学科，很容易引起广泛的关注，同时它的边界又最不清晰，于是从数学家和理论计算机科学家，到哲学和媒体从业人员，谁都能说三道四。大语言模型的出现，又让我们有新的机会重新审视图灵-1950。不同路线的人工智能学者都能在图灵的著述中找到他们想要的东西。就像有人在图灵-1948中看到了"具身智能"，而有人看到了深度学习。我们不仅可以泛泛地讨论大模型是否通过了图灵测试，也可以把图灵的思想和其他学科交叉考虑。从对"语言＝思维吗"这个问题的思考中，我们可以看到后来的乔姆斯基和图灵有诸多相似之处。

西方知识传统有"心-身"之分，物理科学是关于身的学问。牛顿的《自然哲学的数学原理》开启了现代物理学，其拉丁文书名中的 Principia 不仅是原理，还有第一性原理的意思。罗素（Russell）和怀特海的大部头，借用了牛顿的书名，直接用了拉丁文 *Principia Mathematica*（《数学原理》），讲的是逻辑，他们当然配得上。中学物理教科书都是从牛顿定律开始的。**理论计算机科学可以作为"心"的原理**。在图灵看来，图灵机和智能是一回事，图灵-1948和图灵-1950中关于智能的论述不过是图灵-1936中计算理论的科普版或者哲学注解。哥伦比亚大学的周以真（Jeannette Wing）

曾呼吁把"计算思维"（computational thinking）作为通识教育的一部分。但她的"计算思维"只限于直觉观察，并没有说透应该有哪些具体内容。于是很多人自满于在中学开设 Java 或 Python 编程课。"计算思维"的核心应该是计算理论，如果哪一天计算理论像几何和代数那样成为中学课程，我会更欣慰。柏拉图（Plato）在《理想国》里通过苏格拉底（Socrates）之口说出：我们学习算术不是为了做买卖，而是为了追求知识。这为我们今天的教育奠定了基础：我们在中学教几何定理的证明而不直接教测量学，教代数而不直接教会计学。本来，理解基础的计算理论并不需要艰深的预备知识，也不比二次方程和万有引力更难。现在看来，越来越多的人会相信计算理论比代数和物理更为基础（fundamental）。英国通才斯诺（C. P. Snow）在 20 世纪 50 年代末看到不可弥合的文、理两种文化之分。今天，即使在理工科（STEM）内部，各学科彼此也不见得就能互联互通。一个典型的例子是有些做量子计算的实验物理学家搞不懂计算，以至于弄不清楚"量子优势"究竟是什么。

即使没有实用的计算机，也会有计算理论。计算理论为我们审视理性同时提供了一个科学的起点和一个数学的起点。数学物理学家尤金·维格纳（Eugene Wigner）曾经写过一篇有名的文章《数学在自然科学中出奇地管用》（"Unreasonable Effectiveness of Mathematics in the Natural Sciences"）。当然，每个人都有夸大自己学科重要性的倾向，费曼（Feynman）在他的《物理学讲义》里思考了物理学和化学、生物学、天文学、地质学乃至心理学的关系。费曼在讨论心理学时讲到了计算机与神经系统的关系，考虑到费曼和同校的米德（Carver Mead）的紧密关系，这并不奇怪，费曼在去世前，还讲过计算机设计和理论的课程呢。但心理学大概是费曼可以游走到的最远的学科了，他曾经毫不客气地指出社会科学不是科学。哪天我得空了，想写一篇《计算理论更加出奇地管用》（"Unreasonable Effectiveness of Theory of Computation, Even More"）。不只是自然科学，还有生命科学，这恰是维格纳对数学的期望。如果罗素当时知道计算理论，他肯定会重写《心的分析》。

图灵-1950 的早期中文译文曾作为附录，收录在我的《人工智能简史》中，当时为了赶时间，其中有很多不讲究的地方，甚至错误。此番作注，给了我修正的机会：把图灵 1948 年的《智能机器》、杰弗逊 1949 年的《机器人之心》和 1952 年的 BBC 讨论一并译出，作为图灵-1950 的补充阅读。当然，错误仍在所难免，如果读者指出，我一定改。

虽然在图灵漫不经心触碰到的所有领域，我们都能感受到他思想的深邃，但必须承认图灵并无心在这些旁支上走太远，他更关心计算和智能的本质。图灵-1950 中的辩解几乎可以一字不动地适用于当下。当然，我们更希望借助他的洞见更清楚地看见未来。

目录

第1章　导论 1

1. 来自计算机事业的影响（1945—1948）/
2. 机器能思考吗（1948—1952）

第2章　谁是图灵 19

1. 图灵其人 / 2. 文艺作品中的图灵 / 参考文献

第3章　为什么是图灵 43

1. 引言 / 2. 图灵与图灵机 / 3. 为什么不是丘奇 /
4. 为什么不是哥德尔 / 5. 为什么不是珀斯特 /
6. 为什么不是冯诺依曼 / 7. 超计算：超越丘奇 -
图灵论题 / 8. 模拟 vs 数字，连续 vs 离散 /
9. 结语 / 参考文献

第4章　图灵与计算复杂性 87

1. 计算复杂性的源头 / 2. 库克与 P vs NP /
3. 计算复杂性中方法的缘由 / 4. 强丘奇 - 图灵
论题 / 5. 一个插曲：王浩机与随机读取 / 6. 又一
个插曲：王浩瓷砖 / 7. 思考与结语 / 参考文献

第5章　图灵 vs 维特根斯坦 109

第6章　语言 = 思维吗 125

1. 乔姆斯基其人 / 2. 思维即语言 / 3. 思维不等
于语言 / 4. 大语言模型的可解释性 / 参考文献

第 7 章 智能机器 143

1.摘要 / 2.对某些反对意见的反驳 / 3.机器的种类 / 4.无组织机器 / 5.对机器的干预，可修正和自我修正的机器 / 6.人作为机器 / 7.机器的教育 / 8.把无组织机器变得有组织 / 9.大脑皮层作为无组织机器 / 10.组织化的实验：快乐－痛苦系统 / 11. P−型无组织机器 / 12.被动性和主动性 / 13.智能作为情绪化的概念

第 8 章 机器人之心 179

1.心−脑关系 / 2.古老的自动机 / 3.笛卡儿的假设 / 4.现代的自动机 / 5.神经脉冲 / 6.计算机 / 7.思考 / 8.结论

第 9 章 自动计算机能思考吗 203

第 10 章 计算机与智能 225

1.模仿游戏 / 2.对新问题的评论 / 3.游戏中用到的机器 / 4.数字计算机 / 5.数字计算机的通用性 / 6.核心问题的争议 / 7.能学习的机器 / 参考文献

第 1 章

导论

如果以"人工智能"（artificial intelligence）一词的最早出现时间来标志这一学科的诞生，那么它的生日差不多是在 1955 年或 1956 年。一般认为这个词是麦卡锡（McCarthy）的原创，但他晚年承认他也是从别人那儿听来的，只是想不起来是谁。事实上，英国人在此之前一直就有"机器智能"（machine intelligence）的说法。在维基百科上，"机器智能"这一词条被自动重定位到"人工智能"词条，也就是说这两个词是同义词。把"机器智能"的概念严肃地形成文字，图灵-1948（即图灵 1948 年给 NPL 写的题为《智能机器》的报告）应该算是最早的。"人工智能"的说法一直到很晚才在英国开始普及。图灵-1950（《计算机与智能》）使得"机器智能"的说法被更广泛地流传。但图灵这两篇文章是前后关系，而不是并行关系。图灵-1948 中探讨了大脑皮层，他认为婴儿的大脑皮层是非组织的（unorganised），婴儿发育的过程就是组织化的过程。这点和乔姆斯基有点像：婴儿出生时就带了个"内在"（innate）的通用图灵机。

图灵在刚上大学时，就对"肉体-精神"这个古老的哲学话题感兴趣。1942 年，他在布莱切利庄园（Bletchley Park）做破译密码的工作时，曾和同事探讨过计算机下棋。但布莱切利庄园的很多事情至今还没解密。图灵在布莱切利的同事韦尔齐曼（Gordon Welchman，1906—1985）和图灵同时得到 OBE 勋位，战后前往美国，并在麻省理工学院开设第一门编程课，后加入美国国籍。1982 年他的书《六号楼的故事》（*The Hut Six Story*）① 在英国和美国同时出版，这本书出版前他受到美国国家安全局（NSA）和英国情报部门的警告，这书的出版最终导致他失去英国和美国的安

---

① 布莱切利庄园以"楼"（Hut）为组织单位，每个 Hut 负责不同的职能。图灵是八号楼（Hut 8）的负责人。

全许可（security clearance）。

图灵-1948的结尾已经预示了"图灵测试"：设想A、B和C是三个水平一般的人类棋手，还有一台会下棋的机器。有两个房间，C处于一个房间，而待在另一个房间的可能是A或机器。让B来做操作员，在两个房间之间传递对手的棋招。让C来判断另一个房间里是A还是机器。图灵没有再进一步说明他的目的。而图灵-1950第1节标题就是"模仿游戏"。在"模仿游戏"中，C是一个提问者，而一男一女A和B分别待在两个不同的房间，C和另外两个房间的通信只能通过打字机进行。让C来判别两个房间内哪个是男的哪个是女的。而进一步让机器分别替换A、B和C，又会怎样？如果C不能识别房间里是人还是机器，那么机器就是有智能的。

1. 来自计算机事业的影响（1945—1948）

二战结束后，受到美国宾夕法尼亚大学ENIAC计算机和冯诺依曼EDVAC报告的影响，NPL准备研发电子计算机，新成立数学部。NPL那时颇像中国的科学院，但20世纪90年代初，NPL缩编，现在的地位更像美国的NIST，只做标准化的工作。当时，英国重要的计算机研发都打着"数学"的名义，例如剑桥大学计算机系的前身是"计算实验室"，而"计算实验室"的前身是"数学实验室"，大概"计算"天生就被认为是数学家义不容辞的责任。事实上，贝尔实验室和IBM在20世纪50年代都成立了数学部，早期的算法、密码学和数值分析的工作都在那里展开。

图灵婉拒了剑桥大学数学讲师的 offer，于 1945 年 10 月加入 NPL 数学部（Mathematical Division），负责电子学分部，主要任务是设计通用计算机 ACE。和电子学分部并行的其他分部还有桌面计算机分部（负责数值分析）、统计分部和穿孔卡片分部（负责 I/O）。图灵当时的上司、数学部的主任沃默斯利（John R. Womersley）为了向巴贝奇的分析机（analytical engine）致敬，故取名 Engine。当时图灵的下属威尔金森（James H. Wilkinson，1970 年因为数值分析方面的开拓工作获得图灵奖）回忆，图灵不喜欢建立太大的团队，也不太擅长写文档。威尔金森加入时，ACE 设计已经是第五版，但前四版没有任何文档。这在其后 30 年的软件工程中是大忌。

威尔金森清楚地记得图灵痴迷于速度，他的设计力图让时钟频率达到 1MHz。据图灵二战时在布莱切利庄园的同事介绍，图灵对速度的执念来自破解密码的需求。图灵的老师纽曼曾经利用电子管设计过一台密码破译机，但满足不了图灵的要求。英国邮政总局（GPO）的工程师弗劳尔斯（Tommy Flowers）被派往协助图灵和纽曼，他设计并制造了"巨人机"（Colossus），里面大量使用电子管，重达 1 吨。"巨人机"集成了当时所有最新的计算机设计理念，第二台"巨人机"已经有了"移位寄存器"。图灵非常满意"巨人机"的性能，并由此学到了电子学和计算机零部件的知识，所以图灵在 NPL 负责的部门叫"电子学"。丘吉尔（Churchill）给弗劳尔斯下了 12 台"巨人机"的订单，但二战结束时只造出 10 台。"巨人机"在 20 世纪 70 年代中期才得解密，后渐为人知。"巨人机"

的时钟频率超过 100kHz，性能已经和 1971 年问世的第一个集成电路微处理器 Intel 4004 比肩。直到 20 世纪 70 年代中期，微处理器才达到 1MHz，还只是 8 位的，例如 Intel 8008 和 Z80 等。

巨人机 Colossus Mark 2，1943 年底投入使用

与 NPL 和曼彻斯特大学计算机项目差不多同时起步的剑桥大学的计算机项目由刚从军队归来的物理学家威尔克斯（Maurice Wilkes）执掌。威尔克斯和图灵在剑桥大学算是同学，他们都是 1931~1934 年主攻"数学三角凳"①（Mathematical Tripos），但图灵在国王学院，而威尔克斯在圣约翰学院。威尔克斯后来在回忆中暗示图灵的学业并不突出，但可能是出于妒忌。因为他们同年毕业，图灵是一等三角凳（头 12 名），而威尔克斯是二等三角凳。威尔克斯后来说他的志向是实验物理学，隐含的意思是数学达到二等水平就够了。他后来也确实是一个够格的工程师。

① "三角凳"（tripos）是剑桥大学黑话，"数学三角凳"就是"数学专业"的意思。

1947年图灵的父亲病故，图灵开始厌恶 NPL 的内部政治。他心情不好，就休假一年，前往剑桥大学。但此时剑桥大学的计算机项目 EDSAC 已经在威尔克斯的全权掌控之下，图灵在剑桥大学并不受欢迎，没过多久只得离开。威尔克斯一方面试图和 EDSAC 致力于仿造的美国 EDVAC 项目联系，另一方面主动联系图灵交流计算机的建造，1946年底还访问过 NPL，期望得到支持。但当图灵表达了要长久回归剑桥大学的意图后，威尔克斯感觉到了威胁。在某种意义上，图灵是被排挤走了，一山岂容二虎。但图灵很是佩服威尔克斯的管理方式，把搞理论和干工程的人搁在一起办公。威尔克斯被称为"英国计算机之父"，1967年他很不情愿地被授予了第二届图灵奖，并且透露出对图灵的不逊。"英国计算机之父"必须不能是"世界计算机之父"。这有点像特斯拉（Tesla）被 IEEE 前身的前身 AIEE 授予爱迪生奖。凡是和图灵沾边的事，威尔克斯都保持距离。有意思的是，威尔克斯根本不买人工智能的账，在他的图灵奖获奖报告里，他提到，人在最早造飞机时，试图模仿鸟类，先造翅膀。但人工智能又不是仿生学，这有点强词夺理。不过事实上，现在还真有人在造带扇动翅膀的飞机。威尔克斯1997年在剑桥大学国王学院的晚宴演讲中说图灵的理论工作对建造实际计算机没啥影响，他作为老资格的计算机工程师，不理解计算理论可以理解，一些现场的土木工程师也不需要懂深刻的物理学。图灵、冯诺依曼以及威尔克斯的伯乐哈特里早在20世纪50年代就都离世了。

如果我们用"存储程序"计算机（即所谓通用计算机）来衡量，那么曼彻斯特大学的 Manchester Baby 应该被认为是第一台通用电子计算机（1948年6月21日首次运行），而剑桥大学的EDSAC迟至1949年4月才运行，所以"英国计算机之父"的帽子是什么颜色的还有待考证。

一个被普遍忽视的人物是英国数学家、物理学家哈特里（Douglas Hartree，1897—1958），他是最早接触美国宾夕法尼亚大学的ENIAC且最早得知冯诺依曼EDVAC报告的英国人。在转向数字计算机之前，他曾经研制模拟计算机，并与美国同行万尼瓦尔·布什（Vannevar Bush）相熟，二战前就曾到麻省理工学院访问过布什，讨论过微分分析机。是他最早把EDVAC报告带回英国，并推荐剑桥大学的威尔克斯到美国游学。1946年，在ENIAC项目结束后，两位总设计师埃克特（Eckert）和毛彻利（Mauchly）为了实现下一代计算机，在宾夕法尼亚大学摩尔学院开办了"电子数字计算机设计的理论与技术"（Theory and Techniques for Design of Electronic Digital Computers）的讨论班，简称"摩尔学院讲座"（Moore School Lectures），他们的甲方古德斯坦（Goldstine）是整个项目的组织者，也是主要讲者之一。正是他把冯诺依曼的手写EDVAC报告打印成册，并把唯一作者冠名给了冯诺依曼，最终导致埃克特和毛彻利与冯诺依曼翻脸。"摩尔学院讲座"中，哈特里是唯一来自英国的讲者，其他讲者还有哈佛大学的艾肯（Aiken）、冯诺依曼、普林斯顿高等研究院的伯克斯（Burks）和来自天津的工程师朱传榘。这个讲座的学生后来都成了各方计算机与信息科学的领导者，其中有香农（Shannon），还有威尔克斯。作为曼彻斯特大学的教授，哈特里帮助纽曼得到曼彻斯特大学研制计算机所需的经费。NPL 的数学部也是在他的主导下成立的，并且他推荐下属沃默斯利做了数学部的第一任主任。图灵 – 1950 为数不多的参考文献就有哈特里的《计算仪器与机器》(Calculating Instruments and Machines) 一书。这是被严重低估甚至忽视的著作。这书比较通俗且详细地讲述了从巴贝奇的机械计算机到 EDVAC 和 EDSAC 的构造。作为参考文献，这书引用了当时已经发表的冯诺依曼和古德斯坦的所有相关著作。哈特里是数值分析这门学科的创立者。他如果不是英年早逝，英国的计算机历史可能会被改写。

图灵 – 1950 被广泛认为是对人工智能最早的系统化、科学化论述。但图灵在 1941 年二战时就开始思考机器与智能的问题，并和同事讨论计算机下棋。1947 年，图灵在伦敦数学学会和英国皇家天文学会就 NPL 正在研制的计算机 ACE 发表演讲，演讲中都提到了机器智能，以及如何测试机器智商的问题。1948 年，图灵把几年的思考整理成文章《智能机器》。时任 NPL 负责人的是达尔文的孙子查尔斯·达尔文（Charles Darwin）爵士。1946 年，达尔文爵士还在 BBC 广播节目中提到了图灵。1948 年，图灵在剑桥大学休假结束，回归 NPL，但需要交篇假期作业，他就拿出这篇《智能机器》。达尔文爵士对计算机的发展没有远见，同时也不喜图灵的行事风格，他认为图灵的报告工作量不足（"a bit thin for a year's time off"），且文风像是中学生作文，不宜发表。于是这篇文章被束之高阁，直到 1968 年被图灵在 NPL 的同事挖掘出来，编到一本文集中。一年后，年刊型综述文集《机器智能》(Machine Intelligence) 收录了这篇文章，让它渐为人所知。但图灵 – 1948 在后来很长一段时间仍没有引起足够的重视，估计这是因为图灵-1948 和图灵-1950 的题目类似，且其主要思想被图灵-1950 以更加可读的手法精致地阐述过了。无疑，1947 年至 1948 年间，图灵的兴趣重点从计算回到了他从小就关注的"精神"问题。

和图灵-1950 类似，图灵-1948 也花了超过一半篇幅讲述计算理论和计算机设计，并且涉及的技术细节要比图灵-1950 更多，而哲学术语更少。工程师可能会觉得这篇文章更加对胃口。这毕竟是给 NPL 的内部报告，里面也假设读者应该对 ACE 有基本了解。关于神经网络的内容，占据了图灵-1948 相当的篇幅，图灵-1950 里面则没有涉及。图灵-1948 中讲到的 A-型机就是神经网络，而 B-型机就是权重可调的神经网络，或者说可训练、可学习的机器。图灵宣称可以轻易证明能学习的 B-型机等价于通用图灵机，但证明省去了。这颇有点像费马（Fermat）有名的那句话，"我找到了一个真正精彩的证明，但是这里的空间不足以写下它"。我们设想：图灵-1948 这篇文章没有被长期埋没，而且图灵没有完全略去这个证明，那么 20 世纪 60 年代末期，还会有明斯基和佩珀特[①]关于神经网络能力有限的独断吗？也许人工智能的历史也不会那么割裂，而这个学科也许会更快地富有成果。历史给我们提供的这些反事实的推断不能算"臆想"（hallucination），而是触手可及的教训。

图灵-1948 也有一部分是问答式的，即预想可能会被问到的异议，然后一一作答，这一部分在图灵-1950 中极大地扩展了。确实，图灵-1948 的行文不如图灵-1950 流畅。我们无法还原图

[①] 关于神经网络这段历史，见《人工智能简史》。明斯基（Minsky）和佩珀特（Papert）的书《感知机：计算几何导论》（*Perceptrons: An Introduction to Computational Geometry*）证明了两层神经网络解决不了异或（XOR）问题，导致神经网络的研究路线被放弃了 20 年。

灵写作这篇文章时的心态，只能猜测。也许他当时去意已定，这篇文章不值得他花费太多的心血润色。

图灵认为达尔文爵士和 NPL 主管 ACE 项目的沃默斯利是官僚，他和几位上司的矛盾已经表面化，他的老师纽曼召唤他前往曼彻斯特大学正在以英国皇家学会名义组建的"计算机实验室"（Computing Machine Lab，后来发展为该校的计算机系），这个新组建的计算机研发团队刚刚得到政府经费，图灵遂从 NPL 离职。一年后，达尔文爵士从 NPL 退休。图灵后来和同事们聊起他在 NPL 的时光，说他离开 NPL 也许对 ACE 项目是件好事，因为他的后继者更容易和官僚们相处，能得到必要的经费支持，使得项目可以继续进行。但也恰因此，图灵对 ACE 的贡献被有意无意地抹去了，图灵也被 NPL 淡忘了。那时还是计算机事业发展的早期，一两个人之间的不睦和某个人的跳槽，还不至引发全社会的关注。图灵哪能想到，几十年后，硅谷人工智能公司之间玩的跳槽游戏都像宫斗，动辄以几百人计。

2. 机器能思考吗（1948—1952）

对这个问题的回答，在当时大致可分为如下两派：那些已经了解计算机研制进展及其理论的人和那些不了解的人。前者中回答 yes 的比例肯定比后者要高得多。图灵、香农、阿什比（Ross Ashby）、维纳（Wiener）属于前者，而神经生理学家杰弗逊和维特根斯坦等属于后者。在《哲学研究》里维特根斯坦曾经自问自答"机器能思考吗？……机器肯定不能思考！……"（Could a machine think? ... But a machine surely cannot think!...）（见 *Philosophical Investigations* s359-366, s281）。由此可感觉到：维特根斯坦一方面也有人类中心主义倾向，另一方面，也透露出某种小集体唯我论倾向，即认为意识（包括思维和感觉）是人类所独有的。

这个问题也可以从两个不同的角度分别陈述如下：

外延的陈述：机器能模拟思维吗？

内涵的陈述：能模拟思维的机器算是能思考吗？

图灵认为"机器能思考吗"这个问题"无意义，不值得讨论"（too meaningless to deserve discussion）。于是，他的辩论策略是从外延下手。

"脑与心"（brain and mind）是当时英国知识圈的时髦话题。曼彻斯特机器（Manchester Baby 和 Mark 1）的成功、维纳《控制论》的出版以及美国科学家的访问都是促成因素。作为最早的可编程计算机，曼彻斯特机器在某种意义上比美国的 ENIAC 更加先进，这个事实为二战后自尊破碎的英国挽回点面子。《泰晤士报》和几家报纸做过几次报道和采访，哲学家波拉尼（Michael Polanyi）、数学家纽曼和图灵等都是采访对象。伦敦、剑桥都有相关的周末俱乐部，最出名的是剑桥大学的青年才俊们 1949 年组织的"计算俱乐部"（Ratio Club，拉丁文 ratio 有"计算"的含义），其中几个活跃分子是神经生理学家和精神病学家，例如后来成为控制论吹鼓手的阿什比，当然也少不了数学家，例如图灵的学生罗宾·甘迪（Robin Gandy）、图灵在布莱切利庄园做密码学工作的助手之一古德（Jack Good）和伍德华（Philip Woodward）。值得指出的是：麦卡锡晚年在接受采访时承认"人工智能"这个词他也是从别人那儿听来的，伍德华得知后马上给英国的《新科学家》杂志写信说是他1956年访问麻省理工学院时告诉麦卡锡的。但1955年麦卡锡等人提交的达特茅斯会议的建议书就明确以"人工智能"为题了。维纳、香农、麦卡洛克（Warren McCulloch）等在这段时间都陆续访问过英国，甚至参加过俱乐部的活动，活动主题包括控制论、计算机、计算机下棋、电子大脑等。

杰弗逊是当时英国神经科学领域一等一的人物。他是英国第一个神经外科教授，他因为20世纪30年代最早做了额叶切除手术而出名，他学术生涯的绝大部分时间是在曼彻斯特大学度过的。杰弗逊1943年被封CBE勋位，图灵1946年被封OBE勋位，这两种勋位都不能称"Sir"。杰弗逊1950年勋位提升，获得Sir头衔。他和图灵应该是在后者到曼彻斯特大学之后才相互认识的。他德高望重，人脉广泛，喜欢参加当时的各种交叉科学的活动。而"思维""感觉""意识"这些杰弗逊认为属于自己地盘的术语，此时却被数学家们[①]天天念叨，着实令他不爽。1948年杰弗逊因对外科的贡献获李斯特奖章。他利用这个机会宣传自己的哲学观点：机器没有意识，机器不能思考。他演讲的第二天就接受了BBC的采访，这触发了后来BBC一系列相关节目，使得机器和智能的讨论成为公众话题。

① 他的思想的反面都在同校的数学系——纽曼、哈特里、图灵，于是他用"数学家"统称与他对立的人。事实上，其中也不乏工程师和物理学家。他最早是从曼彻斯特大学电子工程系主任威廉姆斯处听说电子计算机的，但他的多数关于计算机和神经系统的关系的知识来自维纳的《控制论》。

杰弗逊（Geoffrey Jefferson，1886—1961），英国神经生理学家

杰弗逊的演讲稿发表在《大英医学杂志》上

图灵-1950 中的一节"来自意识的异议"就是对杰弗逊观点针锋相对的回答。图灵在写作图灵-1950 时仔细阅读过《机器人之心》，现在图灵档案中就有被图灵涂鸦过的杰弗逊文章的影印本。杰弗逊文中有一节"笛卡儿的假设"（Descartes's Postulation）。相较于区别机器和人，笛卡儿认为区别机器和动物更加难，因为机器很难过得了语言这一关。这被称为笛卡儿的"语言测试"。于是很多人认为图灵是受到杰弗逊的刺激才想出"图灵测试"的，此言差矣。图灵-1948 的结尾已经明确提出了模仿游戏。不夸张地说，图灵整篇文章都是把杰弗逊当作辩论对手或者被教育的读者的。毋庸置疑，在他们正式写下各自的观点前，在私下非正式场合，应该多次面对面交锋过。值得注意的是，图灵的名字并没有出现在杰弗逊的文章中，杰弗逊文章提到的计算机工程师是同校的电子工程系主任威廉姆斯（Frederick Williams），他是第一台存储程序计算机 Manchester Baby 的负责人。也许杰弗逊认为图灵作为晚辈不值得一提，也许在他内心真正的对手是图灵。图灵死后，在接到图灵母亲萨拉（Ethel Sara Stoney）说"不必回信"的来信后，杰弗逊仍然写信给萨拉，以长辈的口气回忆图灵，在签名后他加了一句"他是天才，光照人间"（He had real genius, it shone from him）。

大洋两岸的活跃人物都和图灵相熟，他们也互相了解大家的立场。来访者中，唯一被图灵尊敬的美国同行大概只有香农。图灵、香农以及更年轻的麦卡锡都不喜欢维纳和维纳企图建立的控制论帝国中的徒子徒孙。他们在二战中都从事密码学的工作，1943 年图灵秘密访问美国，在贝尔实验室逗留时，图灵和香农头一次见面，图灵给香农看了图灵-1936，但香农误以为这是图灵正在写的文章。1950 年，香农到伦敦开会，顺道去曼彻斯特大学拜访图灵。据香农回忆，他们几次交流都没有直接聊密码学，大概是出于保密纪律的原因。但他们认真聊了计算机是否能思考的问题，他们的立场应该相同。当然，他们肯定不会少谈共同的爱好：下棋。图灵还给香农看了他在曼彻斯特机器上验证黎曼 ζ 函数的结果。图灵在剑桥大学读书时就对数论有浓厚兴趣，1942 年还发表过论文。据他的学生罗宾·甘迪说，图灵还研究过计算黎曼 ζ 函数零点的专用计算机，如果图灵还活着，他肯定会对黎曼 ζ 函数的可视化感兴趣。图灵在曼彻斯特大学并没有负责计算机的具体设计，而把更多注意力聚焦在应用上，具体地说就是人工智能，他在曼彻斯特机器上编写下棋程序。

这些是从图灵-1948 过渡到图灵-1950 的背景。

人工智能大致可分为三条演进路线：第一，逻辑派，就是以逻辑为工具刻画人的智能；第二，神经网络，也称深度学习，是最近十几年人工智能的主要驱动力；第三，强化学习，这一派的思路可以追溯到进化论，他们的重要性通过 AlphaGo 才得以显现。图灵指出人身上的任何小部件都可以用机器来模仿，他还提到基因、进化和选择。正是因为如此，麻省理工学院的机器人专家布鲁克斯认为图灵-1948 是人工智能几条路线分歧的原点，而他自己的观点则是图灵-1948 比图灵-1950 更为重要。布鲁克斯指出，正是图灵-1948 给了他关于"具身智能"的启示。一个人形机器人所需要的都属于"具身智能"。布鲁克斯近来也渐渐认识到"造脑"(building brain)比"造身"要更难。图灵-1948只是做了"具身"和"非具身"的区别,他明确列出属于智力而非体力的5个领域: (1) 游戏(如下棋); (2) 语言学习; (3) 语言翻译; (4) 密码学; (5) 数学,所谓数学就是定理证明。图灵认为应该聚焦于智力,即"非具身"的领域,而非体力领域。图灵甚至提到当时的机器能处理的数学问题还不能涉及太多的图,也就是说一开始不适合搞几何,大概他还没想明白怎么在机器上把图实用地表示出来。后来定理证明的演化很有意思,20世纪50年代刚开始时,重要的结果都是代数和逻辑的,但后来却是吴文俊的几何定理证明最早开始实用。

图灵在撰写1950年的那篇文章时已经胸有成竹,他不仅提出了问题("机器能思考吗"),还提出了问题的各种变体;不仅给出了答案,还预想出了答案的可能异议,以及对异议的反驳。图灵-1950为一系列后学者模仿的文章提供了范文,最典型的就是塞尔(Searle)的"中文屋"。布鲁克斯认为图灵-1948更加全面的原因是他从中读出了"具身智能"。值得指出的是,所谓"具身智能"和"非具身智能"之分,在图灵-1950中,对应为"体力"(physical capability)和"智力"(intellectual capability)的区分,而图灵-1950虽没有忽视"体力",但聚焦点是"智力"。图灵用模仿游戏来测度"智力",蕴含了"语言即思维"的某个版本,这也明确表明图灵不是行为主义者,倒是更接近后来的自称理性主义者的乔姆斯基。

图灵-1950,《计算机与智能》发表在《心》上

因为"自动计算机"和"电脑"(electric brain)已经成为《泰晤士报》等纸质媒体的流行话题,BBC作为当时的新媒体岂能落下,于是在1951年请了几位领头人物(包括纽曼、图灵、哈特里、威尔克斯、威廉姆斯等)做广播讲座。1952年1月,BBC又把纽曼、图灵和杰弗逊等聚集到一起,做了一次广播辩论,题为"自动计算机能思考吗?",期盼吸引更多的"耳朵"。这次辩论可以作为图灵-1948和图灵-1950的最佳注释。1952年1月23日BBC

重播了这场辩论，图灵听完重播，抱怨自己嗓音不好，晚上回家就发现被盗。他于是设计了一套复杂的报警程序，但最终还是导致自己的同性恋行为被曝光。

杰弗逊在"机器人之心"演讲临近结尾处，以擅长的雄辩语气说道："我冒昧地预言，皇家学会的优雅场馆不得不变成车库来容纳新会员的那一天将永远不会到来。"（I venture to predict that the day will never dawn when the gracious premises of the Royal Society have to be turned into garages to house the new Fellows.）杰弗逊演讲的地点是英国皇家学会的场所。所谓"会员"（Fellow）就是"院士"的意思，杰弗逊1947年（61岁时）成为会员，而图灵1951年（39岁时）成为会员。"学会"怎么能对齐"院士"是个神学话题；所谓"车库"是指将来某一天停泊的都是机器。但是考虑到现在AI4Science的进展速度，那一天也许不远了吧，我倒是担心未来的机器们会嫌弃：皇家学会（无论是哪儿的）的那些唯物的、丑陋的车库也配！

第 2 章

谁是图灵

1. 图灵其人

图灵生于1912年6月23日，逝于1954年6月7日，活了不到42岁。一方面由于他的性取向，另一方面由于他在二战中从事过机密工作，图灵在生前并没有被大众广泛了解。数学家霍奇斯（Andrew Hodges）1983年出版了《艾伦·图灵传：如谜的解谜者》，是最全面的图灵传记，展示了图灵谜一样的人生。随着图灵变得越来越被关注，该书也一而再再而三地再版，书的内容并没有本质变化，最新的一版出版于2014年，是为配合好莱坞大片《模仿游戏》的发行。2015年，图灵的侄子出版了一本图灵传记《解码者：艾伦·图灵传》（Turing，2015），更细致地描绘了图灵的家族史，其中大量引用了图灵哥哥未出版的传记，让我们有机会了解图灵的童年和少年，以及他与家庭成员的关系。

图灵（1912—1954）

图灵生在西伦敦，但按日子算，他妈是在印度怀上他的。他爸是大英帝国驻印度的公务员。图灵出生的时候，他爸在印度已经工作了十年。他母亲家族比父亲家族要显赫得多，曾经出过好几位皇家学会的会员。他妈家有个血缘不算远的亲戚，据说是最早在理论上发现电子的人，汤姆逊（Thomson）在其后六年才在物理上证实。他的外祖父和外祖父的哥哥长期在印度铁路局任职，他的外祖父还担任过铁路局的总工程师，获得过印度帝国勋章。他的母亲萨拉出生于印度，曾在英格兰、爱尔兰和法国受过良好的教育，容貌姣好。与她家族喜爱科学的传统不同，她更加喜爱艺术，尤其是绘画和音乐。萨拉一次在从英国回印度的轮船上遇到图灵的父亲朱利叶斯（Julius），遂订婚。朱利叶斯很小气，曾因为婚礼的花费和丈人家结怨。他父母把印度当家，偶尔回英国是为了度假。图灵有一个哥哥约翰（John），很明显，约翰小时候的照片要比图灵的多很多，估计不少家庭如此，老大得到更多重视。

20 世纪初，英国流行父母把孩子留给保姆养育，不知这是更多地被妇女解放还是罗素的教育理论所影响。图灵的保姆汤普森（Thompson）小姐回忆说"这孩子正直，聪明"。她的例证是图灵和别人下棋，从不让子，也不悔棋。

他三岁时，他妈到伦敦看完他又要回印度，临别时对他说："当个乖孩子，啊！"图灵回道："但有时我会忘的。"图灵十岁时进了预备学校，这是为了进公共学校（public school，后面简称"公学"）做准备。英国的公学相当于美国的私立中学，叫 public

是因为面向社会，不是光有钱就能上，得考。预备学校和公学的主要课程是古典（拉丁语、希腊语），这都不是图灵的兴趣所在。他喜欢智力挑战，而且一些东西自己觉得会了，就没兴趣了。他考试时，总是先挑难的做，这也是他总考不好的原因。他和哥哥被寄养在华德（Ward）上校夫妇家，过的是乏味的生活。图灵十岁时就有厌世的情绪，自视甚高就会孤独，维特根斯坦也是这样。

他爸本以为自己在印度职位会得到提升，但上级没把他当回事，于是他愤而辞职，举家搬回欧洲。图灵 1926 年进入英国名校舍伯恩（Sherborne）公学，这学校成立于 1550 年，到现在还是男校。图灵进校的整 50 年前，罗素和蒯因（Quine）的老师怀特海也刚入此校。图灵中学成绩一般，但老师和同学都注意到，这孩子上数学课不听讲，也不看书，所有定理都是自己推出来的。如果自己推对了，考试成绩就好，自己推错了，成绩就不好。中学以前的所有数学知识他自己从头发明了一遍。自学能力很强的人大多如此，知其然也知其所以然。中国自学成才的数学家华罗庚和印度数学家拉马努金（Ramanujan）也这样，据说华罗庚在中国科技大学讲大一高等数学时也是现场推导公式，推错了或者中途他认为有更好的办法，会将写了一半儿的黑板擦掉重来。图灵上化学课也如此，他自己发明了从海藻里分离碘，化学老师都没弄明白。其他科学科目成绩也不错，但校长还是在他爸那儿告了一状："你孩子偏科，我们这儿培养文化人，他要是想当科学家，那来错地方了。"他哪知道这孩子后来还被追认成有史以来最伟大的哲学家之一啊。

他父母为避税，定居法国。图灵兄弟俩只能从法国过英吉利海峡去各自的学校。图灵在南安普敦上岸太晚，结果所有去学校的交通都没了，于是他从行李里取出自己的自行车，买了张地图，就向学校骑行。车太不给力，中途坏了两次。小 100 公里地，他走了一夜，中间还住了高级酒店。最后，图灵把五星级酒店的发票给父母寄去，表示自己没乱花钱。

关于图灵是何时知道自己性取向的，霍奇斯做了一番考证。图灵的初恋对象是中学同学摩尔康。同维特根斯坦喜欢苦孩子不同，图灵的恋人不仅智力高，而且家境富有。图灵同摩尔康一起讨论科学，但他们的关系从没有超越精神。摩尔康身材高挑，比图灵大一岁，也高一级，梦想学校是剑桥大学三一学院。这让图灵也把三一学院定为自己的目标，并给图灵带来了学习动力，他决定提前一年参加高考，这样可同摩尔康接着做同学。但他成绩不给力，文科不行，英文全班倒数第一，拉丁文倒数第二。提前高考失败，图灵只得再努力一年。尽管头一次考试失败，但图灵回忆，他同摩尔康在剑桥大学一起考试时的日子是他这一生中最美好的日子。摩尔康寒假时还同图灵一起讨论科学。1930 年 2 月 6 日晚，他俩一起去听了音乐会。晚上图灵回家，做梦惊醒，醒来的念头居然是"再见，摩尔康"。图灵不知道，那晚摩尔康病倒，一周后离世。图灵和摩尔康的故事被写进了百老汇（其实是外百老汇）的音乐剧《电动熊的情歌》（*Lovesong of the Electric Bear*），其中女扮男装演摩尔康的是英国女演员博伊德（Cassidy Boyd）。英美的作家对数学家都有生动描写，近来甚至有一些韩国作家也对数学家表现出浓厚的兴趣。摩尔康的妈妈是文艺女青年，早年毕业于法国索邦大学，自己还有艺术画廊。摩尔康死后，图灵总去看望摩尔康太太，他们成了终身朋友。图灵觉得摩尔康仍然活着，通过自己活着。

图灵测试说的是，把人和机器放在两个房间里，如果不能区分，那么机器就是有智能的。这给人一个印象，图灵是支持"机器有智能的"。但是，图灵自己在日记里却说，机器智能其实赶不上人。这有点像数学家、哲学家普特南（Hilary Putnam），他一辈子一会儿支持实在论，一会儿反实在论，不知到底是哪一派的。其实图灵也类似，他提出的问题和他期望的答案不一样。他问自己的问题，写成文章问世人，别人给出了不同的答案。后人说图灵给争论的双方都提供了弹药。

我很困惑图灵为什么只发明了图灵机，而没有发明量子图灵机，后来很多理论计算机科学家也都为此而遗憾。图灵熟悉量子力学，他是如此接近这个概念。摩尔康的妈妈以摩尔康的名义给剑桥大学捐了个奖学金，图灵是第一个获奖者，奖项中包括一本冯诺依曼的著作《量子力学的数学基础》。图灵在剑桥大学有段时间痴迷量子物理。图灵1951年在BBC第三套节目中的演讲"数字计算机能思考吗？"（Can Digital Computer Think?）中透露出他关于丘奇－图灵论题的哲学含义持摇摆的态度，他引用了物理学家爱丁顿关于量子力学不确定性的陈述。牛津数学家、物理学家多伊奇（David Deutsch）于1985年提出量子图灵机的概念。数学家彭罗斯（Roger Penrose[①]）曾写过几本科普书，涉及智能和计算这两个问题。但他关于人脑是量子计算机的说法引发颇多争论，他的论据不是很令人信服。

摩尔康死后，图灵觉得自己不会再爱上别人，他要做的无非是完成摩尔康的理想。所以，我认为我对图灵的两个困惑是摩尔康给图灵出的两个难题。图灵如愿考上了剑桥大学，三一学院录取了他但没给奖学金，国王学院给了他奖学金，图灵最后在剑桥大学国王学院学数学。摩尔康之死让图灵觉得应该追求终极的知识。他变了。

20世纪30年代的国王学院人才济济，数学系有刚从牛津大学回归的哈代、纽曼以及凯恩斯（Keynes）。他们都欣赏图灵。图灵天生内向，讲话略带结巴，嗓音尖利，不喜欢集体活动，不喜欢体育。但他很快发现了自己的长跑天分，后来得了剑桥大学长跑冠军。

图灵对逻辑感兴趣大约是在1933年，那时他读到罗素的《数理哲学导论》。1939年图灵回剑桥大学，接替他老师纽曼教"数学基础"（Foundations of Mathematics）课，而同一学期维特根斯坦也在开一门同名的课程。图灵是讲数理逻辑，维特根斯坦则是讲数学哲学。图灵出于好奇，去旁听维特根斯坦讲课。

说牛顿是在苹果树下被掉下来的苹果砸了一下才想出万有引力，这是胡扯。图灵自己回忆他是躺在草坪上把图灵机的构造想

[①] 彭罗斯是霍金的数学合伙人，而霍金作为物理学家，曾坐过牛顿的椅子（卢卡斯数学讲席），算是牛顿的正统衣钵传人。彭罗斯2020年因为和霍金合作研究过黑洞理论获得诺贝尔物理学奖。

明白的，他看到哥德尔那篇文章后就开始琢磨图灵机。哥德尔之后，大家企图在更基本的层面构造演算装置。普林斯顿大学的丘奇发明了λ演算。图灵在剑桥大学的导师纽曼引导图灵阅读丘奇的文章，同时把图灵推荐给丘奇读博士。图灵在到达普林斯顿大学之前，已经写好图灵-1936（见第3章"为什么是图灵"），其中主要的结论后来被大家称作"丘奇-图灵论题"。简单地说，图灵机是最强的可实现的计算装置。注意，这是论题，不是定理。这个论题的证据是所有已知的计算装置在可计算性上是等价的：丘奇的λ演算、Post的tag系统、哥德尔的递归函数，以及图灵机。按照哥德尔的说法，图灵机是最令人信服的。冯诺依曼再次慧眼识英雄，就像他高度评价哥德尔一样，他高度评价了图灵。其实，正是冯诺依曼给这个领域起的名："可计算性"。

图灵在普林斯顿大学的两年很无聊。其实那时普林斯顿大学相当自由，但他性格上自闭，而且不喜欢美国人的行事方式。有记载的一次体育活动还是同那时的女校瓦萨学院的女生们玩了一次曲棍球。他博士一毕业，就要回英国。冯诺依曼让他留下当助理，他婉拒了。图灵从美国回来后申请剑桥大学数学讲师职位被拒，只得接着做研究员。他除了继续数学研究（包括概率论、代数、分析和数论）外，开始在布莱切利庄园兼职。布莱切利庄园是英国政府代码和加密学校（Government Code and Cypher School，GCCS）所在地。该庄园的主要职责是为英国海陆空三军提供密码加解密服务，是机密机构。现在这儿已成为英国国家计算机博物馆的一部分。

1939年9月1日德军占领波兰，2日英国对德宣战，3日图灵被召去布莱切利庄园全职工作，负责破解德国传奇 Enigma 密码机。其实波兰早就对德国有警觉，他们组织数学家破解了较早版本的 Enigma，但德国人改进了。图灵在波兰人的基础上破解改进的 Enigma。图灵在紧张工作的同时爱上了同事，这回是个女性，数学家琼·克拉克（Joan Clarke），也是搞加解密的。图灵向琼求婚，她答应了。图灵的诚实使得他不得不告诉她其实自己是同性恋。琼也忍了，但最后图灵自己放弃了。1992年琼接受采访时显得慈祥安定，那时她已75岁，她说当时不知道同性恋是永久性的，甚至图灵自己当时也认为婚姻可能会让他变得更加偏爱异性。图灵在退婚时向琼引用王尔德（Oscar Wilde）的诗句"For each man kills the thing that he loves"（人人都杀心爱的人儿）。

搞过密码学的都知道，加解密这东西就是道高一尺魔高一丈。你改进加密，我改进解密，不断斗争。Enigma 的主要用户是德国海军，他们的潜艇 U-boat 就是用这种密码机。德国人也教会了日本人，这给美国人制造了很大的麻烦。美国人请英国帮忙，英国派出了图灵，1942年图灵再次踏上美国领土。图灵在与 Enigma 的斗争中，逐渐形成了如何建造一台实用的通用计算机的思路。1946年初，他向 NPL 提交了 ACE 的报告，这份报告比冯诺依曼的 EDVAC 报告晚了几个月。所以大家还是觉得冯诺依曼是最早的计算机设计师，但冯诺依曼逢人就说"这都是图灵的主意"。图灵机对实际计算机有影响吗？有两个极端派别，一派认为当然有，另一派认为一点也没有，如第二届图灵奖获得者威尔克斯，他在剑桥读书时，就一直在内心把图灵当作竞争对手。冯诺依曼多次向同事和部下指出"存储程序"（stored-program，所谓冯诺依曼架构的核心）架构就是图灵原创的通用图灵机，应该全部归功于图灵。我个人认为，冯诺依曼架构中真正原创的是随机存储器（random access memory，RAM）。从这个角度看，图灵机是现代计算机的基础。倒是那些早期的计算机，从理论上看没什么价值，它们不过是早期机械计算器的电子实现而已。1947年初，图灵放下手头的工作，再次到普林斯顿访问冯诺依曼，他们讨论了数值分析中的误差问题，发现彼此证明了同样的结果。图灵本以为可以了解美国最新的计算机研发进展，但他对这次访问有些失望，他在给NPL顶头上司沃默斯利的报告中说：大概美国人头年就已经告诉了我们一切。这是图灵和冯诺依曼最后一次见面。

德国的计算机科学家康拉德·楚泽（Konrad Zuse）在1937年也独立发明了存储程序计算机架构，或者说图灵机的某种等价装置，并申请了专利。他在二战时一直努力建造实用的计算机。有不可靠的证据表明，1947年图灵和沃默斯利曾经前往哥廷根审问楚泽。但很明显，英国的专家们并没有高看德国的同行。而德国的导弹专家们，例如V2火箭的总设计师冯布劳恩（Wernher von Braun）被审问过后，就被带回美国并加入美籍，后来还为美国航空航天局（NASA）所重用。楚泽并没有和纳粹走得很近，而冯布劳恩曾经加入过纳粹和党卫队。

战后，为了表彰破解德军密码的贡献，图灵被授予OBE勋位。

足球明星贝克汉姆（Beckham，大家习惯叫他"小贝"）就被女王授过这一勋位，图灵和小贝得的勋位不能被称"Sir"。图灵被授予OBE勋位的过程也是保密的，20年后大家才知道图灵得过勋位。图灵的长跑纪录是奥运水平的。在布莱切利庄园工作时，经常要到伦敦开会，战时单位派车不方便，图灵也不摆谱，说一句"我自己解决吧"，64公里路，跑着去，完事再跑着回来。1948年，图灵本来想代表英国参加伦敦奥运会，但他受了伤，只得放弃。图灵要是只练长跑，说不定能获更高的奖项。

1947年图灵向NPL请假，到他的母校剑桥大学国王学院兼职研究员，表明了他重返学术领域的意愿。他在剑桥又和威尔克斯不睦。在经历了剑桥大学和NPL的不愉快后，他本科时的导师纽曼这时在曼彻斯特大学数学系担任主任，把图灵拉来做数学系的"Reader"，加入新成立的计算机实验室。此时曼彻斯特大学的电工系主任是威廉姆斯，他正在建当时的另一台存储程序计算机Manchester Mark 1。当地的报纸把这台机器叫作"Electric Brain"，这大概是计算机头一次在媒体上被称为"电脑"。纽曼让图灵帮威廉姆斯做Mark 1的软件，但图灵此时已对工程细节失去兴趣。他在私信里表示自己的兴趣已转向"如何构造大脑的动作"。为了"电脑"这个称呼的事儿，英国公众知识分子还辩论是不是合适。反对者有著名的科学哲学家波拉尼。图灵装作不知道有这回事，没参与。其实波拉尼私下和图灵是朋友，他一直催促图灵把想法写成文章，就是那篇著名的《计算机与智能》，后来发表在哲学杂志《心》上。这篇文章定义了"图灵测试"，简单地说，就是如果人不能区分放在黑箱子里的机器是人还是机器，这台机器就该被断定为有智能。

图灵和克里斯托弗·斯特雷奇（Christopher Strachey）是好朋友。克里斯托弗的叔叔立顿·斯特雷奇是著名文学批评家，是罗素、凯恩斯、伍尔芙（Woolf）等一票人的铁哥们儿。克里斯托弗和后来的图灵奖获得者司考特（Dana Scott）创立了"指称语义学"，在中国有传人。图灵很早就有了让计算机下棋的主意，是斯特雷奇1952年实现了第一个跳棋程序。图灵是这个程序的第一个用户，并且无惊无险地赢了计算机。在达特茅斯会议后的1957年，司马贺（Herbert Simon）断言十年内计算机国际象棋程序很快会赢人。但这要到1996年IBM的"深蓝"电脑赢了当时号称要捍卫人类尊严的世界冠军卡斯帕罗夫（Kasparov）才算数。

图灵1951年入选英国皇家学会，成为所谓"院士"。图灵虽身在曼彻斯特大学，仍然同剑桥大学来往密切，他同剑桥大学国王学院的两个学生保持着亲密的友谊。两人都是学数学的，一个是约翰逊（Neville Johnson），他被证实是图灵的爱人；另一个是甘迪，必须多说几句，他是图灵的衣钵传人，图灵死后的遗物（书、信等）都交甘迪保管。甘迪也是图灵的爱人，这一八卦是一个导演先传出来的。1986年伦敦西区出了一部说图灵的戏《破解密码》，戏中扮演图灵的是德里克·雅各比（Derek Jacobi）爵士，后来这部戏在百老汇连演两年，很火，曾得多项托尼奖提名。甘迪被导演拖去看戏，在后台，导演神秘地介绍他说"这就是图灵的爱人"。令人不解的是，甘迪在图灵文集的出版工作上十分拖沓。1959 年图灵的母亲萨拉在图灵传记的序言中就宣布要出版《图灵全集》(*Collected Works of Alan Turing*)。一开始的主编是图灵的老师纽曼。纽曼 1963 年退休后，主编的职务就传给了甘迪。北荷兰出版社为此指定了专门的编辑，但每次都是甘迪掉链子。直到 1987 年，在图灵遗嘱执行人弗班克（Furbank）的干预下，才有了进展。弗班克把图灵全集分为四卷，第一卷数学，第二卷逻辑，第三卷机器智能，第四卷形态学（数学生物学），只要求甘迪负责第二卷。第一、三、四卷都在 1992 年出版，而甘迪负责的第二卷却迟迟没出。直到甘迪 1995 年去世后，他的学生耶茨（Yates）接手才有进展，第二卷终于在 2012 年（图灵 100 年诞辰时）出版。

图灵的爱人大多是知识分子，但图灵最后栽在一个粗人身上，这个人就是默里（Arnold Murray）。图灵在一个酒吧里遇见了他，几杯酒后图灵就把他带回家了。一个月后图灵发现默里是个贼。他一开始只是从图灵钱包里拿钱，图灵也没当回事，可能觉得人没把自己当外人呢，图灵干脆就借钱给默里。但没过多久，图灵家失窃了。他知道肯定与默里有关。图灵伤心地问默里，默里招了："有个哥们儿，在酒吧认识的，叫哈里（Harry），有嫌疑。"图灵决定到警察局报案。但那时他还想着怎么保护默里，就编了一套说辞。结果一到警察局，发现哈里已经被捕了，并且已经供出默里。警察只问了图灵一句："你和默里啥关系？"答："爱人。"警察都没想到，本来只是逮个小偷，结果人家自己招个大的，马上以 Indecency 罪名起诉，这大概就是流氓罪。大约 50 年前，王尔德也是以同样的罪名被起诉，援案照抄。英国这个 Indecency 罪直到 2000 年才立法改过。图灵那时想顶着不认罪，他哥约翰是律师，说"好汉不吃眼前亏"。图灵的律师向法庭陈述：图灵是国家的功臣，他还会为我们这个社会做贡献，把他关起来，是公共利益的损失。法官给图灵两个选择：服罪，或接受治疗。那时对付同性恋就是打激素，图灵决定接受治疗，打雌激素，所有的图灵传记都暗示图灵的身体因此变化。

图灵在布莱切利庄园时的同事兼徒弟米基（Donald Michie）说二战时的布莱切利庄园并没那么歧视同性恋，图灵的感情生活在一个小圈子里是半公开的秘密。倒是二战后的风向变了，政审也突然变严了。图灵的小搭档古德说，要是二战时英国就对同性恋搞政审，那盟国就可能会是输的那一方。

图灵在给他的学生和朋友的明信片里开始夹杂自己的诗句。他常常念叨《白雪公主》里邪恶女王的词："吃一口苹果，像酒酿 / 让毒汁流淌。"（Dip the apple in the brew. / Let the sleeping death seep through.）一个巧合是哥德尔最喜欢的电影也是《白雪公主》，他认为只有童话才能呈现世界应有的样貌。

1954 年 6 月 8 日的凌晨，图灵被发现死于家中床上。他的床头柜上有一个被咬了几口的苹果。尸体解剖说他死于氰化物中毒，死亡时间被认定是 1954 年 6 月 7 日。关于图灵的死，有三种说法。其一，事故，这是他母亲的说法，因为这孩子小时候就喜欢玩化学，不小心整错了。其二，自杀，这是目前主流的说法。其三，阴谋论，因为图灵接触的战时机密太多了，而且那时英国、美国已经出现了几起案件：某大国用男色和女色引诱英美高级人员，无论是同性恋还是异性恋者，又值美国麦卡锡主义流行。目前关于这方面的档案，英国尚未公开。我们还是用霍奇斯的假设：自杀。"剑桥五杰"中就有两人是同性恋，抱持麦卡锡主义的麦卡锡曾说过"同性恋不能碰高级机密"，有一段时间有人相信阴谋论：可能政府害怕图灵因为好色而泄露机密，所以下了黑手。其实支持阴谋论也不是没有根据，图灵的事儿一出，英国情报机构马上吊销了图灵的安全许可证。在英美做过信息安全工作的人都知道，没有安全许可证，基本上没办法待在这个行业。天才沃尔弗拉姆（Stephen Wolfram）的新书《科技群星闪耀时》（Idea Makers）有一章专门讲图灵，他认识一些认识图灵的人，所以他更倾向于阴谋论的观点。

新西兰逻辑学家寇普兰（Jack Copeland）是图灵专家，他2012年出版过一本图灵战时工作的评传。他曾根据最新的资料对图灵生命的最后几年做过翔实的研究，结论和霍奇斯有所不同。他认为图灵死前的两年未必像传说中那么悲惨，他有过新的恋人并一起去希腊愉快度假。"阉割治疗"对图灵智力的影响也没那么大，他还认为图灵自杀这事不能百分之百地确定，他根据最新材料写的更通俗的图灵传记和2014年的图灵传记大片《模仿游戏》同时面世。无论如何，图灵的真实死因是复杂的。图灵的侄子德莫特·图灵（Dermot Turing）近些年撰写的文献（包括2015年出版的图灵传记和之后的各种回忆文章）表明图灵事发后，和家人的关系恶化。这些社会压力对图灵之死造成的影响在更早的文献中并没有得到足够的重视。

图灵在 1952 年开始注射雌激素时在英国皇家学会会刊上发表了《形态发生的化学基础》（"Chemical Basis of Morphogenesis"）一文，这篇文章同时开创了数学生物学和非线性动力学。图灵于 1952 年 2 月 27 日受审，同年 3 月 31 日被判，而这篇文章发表时标注的修订稿日期是同年 3 月 15 日。这是图灵给人类最后的贡献。这时他的声誉已经被质疑，已无法从事密码学和计算机研究。有证据表明，他对数学生物学的兴趣受到他的初恋摩尔康的影响，他觉得摩尔康活在自己身上。甘迪曾多次被问及图灵的死因，他每次回答时都有些激动：" 有些事太深太隐私，不该被八卦。"（Some things are too deep and private and should not be pried into.）科普作家兼无神论斗士道金斯（Dawkins）年轻时所做的生物学工作，据说就是为图灵的理论找到生物学的根据，在向英国政府和女王呼吁向图灵道歉的活动中，道金斯起了重要作用。

美国计算机学会 1966 年设立图灵奖，它被称为计算机科学界的诺贝尔奖。最早的赞助方是贝尔实验室，奖金只有区区几千美元。后来英特尔接手，奖金变成了 25 万美元。2014 年谷歌加入，把奖金增加到 100 万美元。尽管苹果公司和致图灵死亡的苹果没关系，但真该赞助图灵奖。图灵死得不光荣，他的名誉都是死后得来的。2009 年 9 月 10 日（图灵死后 55 年），在英国人民的强烈呼吁下，英国首相布朗（Brown）向全国人民正式宣布对图灵的道歉。布朗说："我们错了，我们应该更好地对待你。"著名数学家、逻辑学家戴维斯（Martin Davis）亲自在霍奇斯的《艾伦·图灵传：如谜的解谜者》中写过一段评论，最后一句是：对图灵的指控是悲剧，他应该被当作民族英雄。

图灵和牛顿类似，和家里人的关系一般，从小被寄养在别人家里，内心都很孤独，又都喜欢研究化学。牛顿传记的作者们普遍认为牛顿的孤僻导致他不喜欢公开自己的观点，而图灵尽管发表的文章不多，却都恰当其时。如果说牛顿有所谓化学的一面（炼金术），代表了他的走火入魔，而物理的一面代表了他的智慧，那么毋庸置疑，图灵计算的一面代表着智慧，但他化学的一面又代表了什么？爱情、孤独或死亡？图灵母亲为图灵写的传记中避免谈及图灵的生活的一面，而把他塑造成天才和对国家无私的贡献者。但图灵侄子最新的图灵传记《解码者：艾伦·图灵传》中指出图灵和母亲关系并不睦，她刻画的图灵和亲朋们熟悉的那个人相去甚远。

图灵最重要的贡献无疑是他1936年的那篇文章《论可计算数》，其中他定义了一种机械装置，后来被他的导师丘奇称为"图灵机"。冯诺依曼说这不仅奠定了计算的理论基础，也为现代计算机的工程实现指明了方向；哥德尔也认为图灵机比他自己的递归函数更令人信服。其次，图灵1950年在哲学杂志《心》上发表的文章《计算机与智能》中把"机器能思考吗"的问题转换为一种模仿游戏——

后世称为"图灵测试",这是人工智能的起源。事实上,图灵 1950 年关于机器智能的思想隐含地假设了丘奇-图灵论题,即图灵机是所有计算装置中最强的。从某种意义上说,图灵的这两项工作的本质是相同的。相较于这两项工作,他的其他工作,包括他在二战中为破解德军 Enigma 密码机所做的贡献,就显得次要了。如果没有图灵机,人类恐怕还要在黑暗中继续摸索很长时间,才能达到今天的文明。

曼彻斯特公园里图灵雕像前的铭牌上引用了罗素的话:"数学不仅有真理,也有最高的美,那是一种冷艳和简朴的美,就像雕塑。"(Mathematics, rightly viewed, possesses not only truth but supreme beauty, a beauty cold and austere like that of sculpture.)我觉得这句话很贴切。以前不懂为什么蒙克(Monk)把图灵列为十二位最伟大的哲学家之一,看了罗素的话后明白了:伟大光荣其实无所谓,重要的是"真"和"美"。

2. 文艺作品中的图灵

《计算机与智能》那篇文章的第 1 节,题目叫"模仿游戏"(imitation game),这是 2014 年同名好莱坞圣诞贺岁大片片名的来由。这部电影的编剧得了奥斯卡奖,但水平实在不怎么样,漏洞百出。历史题材,首先要尊重历史,情节不能和历史事实冲突,历史中可能发生但不一定发生的东西,为剧本作家提供了空间。相较之下,电影《奥本海默》的编导要更胜好几筹。《模仿游戏》中图灵的扮演者是因演福尔摩斯出名的"卷福"康伯巴奇（Cumberbatch），他和图灵都是巨蟹座，而且沾亲，但要回溯到1373 年，他们的父系才有交集，这已超出500 年前是一家了。扮演女一号琼·克拉克（图灵一度的未婚妻）的是风头正健的"85 后"英国女演员兼歌手凯拉·奈特莉（Keira Knightley）。据说最早的男一号候选人是"小李子"迪卡普里奥（DiCaprio），幸亏条件没谈拢，要不图灵一口美国口音真让人受不了。即使是"梅姨"斯特里普（Streep）这么广受欢迎的演员，在演撒切尔夫人时也被英国人毒舌说"她口音还真像伦敦上流（poshest），但说某些词时的表情不对"。故事的主要场景是二战时的布莱切利庄园，那是英国战时破解敌国通信密码的机构。图灵负责破解德军的 Enigma 密码机。故事还不时穿插另外两个年代，即图灵在舍伯恩公学读书时期——在那里图灵结识了他的初恋情人摩尔康；以及图灵晚年在曼彻斯特大学时期——在那里他被以 Indecency 罪名起诉。电影中，图灵为求退婚而告诉琼他是同性恋。但实际上，图灵求婚的当天就告诉了琼，琼虽不爽，但接受了。图灵和琼曾订婚六个月。她其实在剑桥大学国王学院上学时就认识图灵了，而不是电影中讲的在布莱切利庄园。图灵也从来没做过琼的领导，战争的前半段，他们是同事关系，后来琼被升为他们这组的副主管，变成图灵的上司。战后两人没再联系。在与图灵退婚十年后，琼另嫁他人。相似的例子：1931 年维特根斯坦也曾向一位瑞士女人求婚，条件是不同房，自然也未果。哥德尔曾对王浩说也许图灵自杀是因为没结成婚。

图灵临死时是曼彻斯特大学数学系的 Reader。电影中在曼彻斯特的所有场景，图灵都被称作"图灵教授"，而且有一个英国报纸报道的特写镜头，公然印着"剑桥大学教授被判流氓罪"（CAMBRIDGE PROFESSOR SENTENCED FOR INDECENCY）。首先，图灵当时并不在剑桥大学，尽管他时常去剑桥大学看望他的学生兼传说中的恋人甘迪；其次，他也不是教授。这要解释一下英美大学的教职系统。美国系统是统称"教授"，级别看"教授"前的字，"助理教授"（Assistant Professor）是初级，刚出道；如果熬上几年，还能留下，就升"副教授"（Associate Professor），一般都会同时授予终身教职（Tenure）；再熬几年，变"正教授"（Professor）。那时英国的初始职称是讲师（Lecturer），往上是高讲（Sr Lecturer），再往上是 Reader。王浩曾在牛津做过 Reader，自称"准教授"。其实按照《围城》里"如夫人"的说法，Reader 译为"如教授"最接近原意。英国大学里的教授曾经是"稀有动物"，过去一个系只有系主任是教授，后来放宽，一个系也不过三四位教授。牛津大学在 2000 年取消了 Reader 这一职称，但增加了教授名额，否则真不好吸引人才——一个美国教授跑到英国，只给人"讲师"或者 Reader 头衔，那算怎么回事。"如教授"毕竟还不是"教授"。现在可以找到的当时报道图灵案件的报纸都是称他为 Reader，如"University Reader Put On Probation"。编剧没读过书，至少霍奇斯那本传记没好好看。如果说以上所有这些都可以被认为是小节，瑕不掩瑜，那么关于双面间谍凯恩克罗斯（Cairncross）的故事确实有点编过头了。电影中，凯恩克罗斯是图灵的手下，当图灵发现他是间谍时，他威胁图灵："你要揭发我，我也揭发你。"他以不告发图灵是同性恋换取图灵的沉默。实际上，凯恩克罗斯确实在布莱切利庄园干过一段时间，但和图灵不在一组，而且可能两人根本就不认识——在战争结束时，在布莱切利庄园上班的有几千人。即使他们认识，考虑到密码工作的高度保密性，两人也不可能有过多接触。但编导可能对凯恩克罗斯的故事知道得比图灵的更多，顺手就"风马牛"了——关于剑桥五杰的故事实在太多了。这个情节同时得罪了英国人和硅谷"码农"。英国人：这不是给才当上民族英雄没几年的图灵又戴了顶叛国的大帽子吗？硅谷"码农"：咱祖师爷能干出这种事？这次又是美国编剧拿英国人的素材说事，而且有点走偏，英国人当然不干了。英国几乎所有媒体对这部电影的评论都是负面的，尽管票房相当好。

传记电影也是电影，里面总有编的情节。编的部分总会有人不满，如果太写实，即使像图灵这么复杂的人生，也不容易在两个小时内说得有趣。但也有人认为图灵这样丰富的材料：科学、同性恋、密码，随便加点八卦"佐料"就可以很精彩，真没必要去编造低劣的情节，况且这些肤浅的伪造改变了我们对真实图灵的解读。编剧在有些地方还是透着机灵的，如，图灵为了缓和与小组成员的关系，在午餐时给每个人发了个苹果——图灵就是吃了毒苹果死的。图灵和摩尔康的爱情戏份相当感人。电影到一半时，镜头切回中学，在大树（不知是不是苹果树）下，摩尔康夸赞图灵有破解密码的天分时，图灵遥望远方惆怅地说："人和人互相说话时，从来不直说自己的本意，嘴里说的是一回事，却假定对方知道他的真实想法。我就不会这一套,所以密码学和说话有什么区别呢?"这明里是说图灵对密码学的理解,却又暗示图灵对摩尔康的恋情,以及对普世情感的悲观。观影时我偷偷环顾左右,此时观众纷纷面色戚然。

上左图为当时的报纸,上右图为电影《模仿游戏》中的镜头。报纸抬头为"University Reader",指图灵时任曼彻斯特大学准教授,而电影里则说是"剑桥教授"

传记电影最常被问到的问题是演得像不像。"像"，一种是跟真人比，还有一种是和观众自己心里的形象比，康伯巴奇的表演应该属后一种，但换一套编导，他有能力演出前一种，而且会更有趣。有人问传记作者霍奇斯对这部电影的看法，他顾左右而言他。据传他私下对友人讲这部电影是打着他的旗号胡编乱造的。但电影导致他的书大卖，所以他也不公开说什么了。这书第一版 1983 年就出了，前几年出第二版时由《哥德尔，艾舍尔，巴赫，集异璧之大成》的作者侯世达（Hofstadter）写了序，此番配合电影发行又重印了。估计大片会给这本老书带来不少新销量，面对金钱和真相，有人选择闷声发大财。假设我们修改一下图灵的"模仿游戏"，两个房间里分别放一个英国编剧和一个美国编剧，而提问者是台机器，我估计机器不费什么事儿就能猜出谁是谁。而《奥本海默》电影所据传记的作者凯·伯德（Kai Bird）则对编导诺兰（Nolan）夸奖有余，与此形成鲜明对比。

BBC 在 2012 年拍过一部关于图灵的电视纪录传记片 *Codebreaker*。里面采访了当时还活着的图灵的熟人，包括图灵的侄子、摩尔康的侄子，以及图灵临终时的心理医生格林鲍姆（Greenbaum）的两个女儿——图灵和她们相当熟悉。贯穿其中的主线是图灵和格林鲍姆在疗程中的对话，图灵和格林鲍姆由演员出演，对话当然也是杜撰的。一次图灵在向格林鲍姆回忆摩尔康时从口袋里拿出钱包，指着钱包里摩尔康的照片对格林鲍姆深情地说：He made me want to be good. 估计这是从好莱坞电影《尽善尽美》（*As Good as It Gets*）中抄来的。其中男主角杰克·尼克尔森（Jack Nicholson）

对女主角海伦·亨特（Helen Hunt）说过一句词："You make me want to be a better man."这是我听过的最伟大纯洁的爱情表白了。

参考文献

图灵传记

1. Hodges A, 1983. Alan Turing: The Enigma. Simon & Schuster.
2. Copeland B J, 2012. Turing: Pioneer of the Information Age. Oxford University Press.
3. Turing S, 2014. Alan Turing: Centenary Edition. Cambridge University Press.（Matin Davis 写前言，John Turing 写后记）
4. Turing D, 2015. Prof: Alan Turing Decoded.

图灵相关文集

1. Cooper S B, Hodges A, 2016. The Once and Future Turing: Computing the World. Cambridge University Press.
2. Cooper S B, Leeuwen J V, 2013. Alan Turing: His Work and Impact. Elsevier.
3. Copeland B J, Posy C J, Shagrir O, 2013. Computability: Turing, Godel, Church, and Beyond. MIT Press.
4. Copeland B J, 2004. The Essential Turing. Oxford University Press.
5. Copeland B J, 2012. Turing: Pioneer of the Information Age. Oxford University Press.
6. Copeland B J, 2017. The Turing Guide. Oxford University Press.
7. Herken R, 1994. The Universal Turing Machine: A Half Century Survey. Springer.
8. Petzold C, 2008. The Annotated Turing. John Wiley & Sons.（图灵的秘密：他的生平、思想及论文解读. 杨卫东，朱皓，等译. 北京：人民邮电出版社，2012.）
9. Teuscher C, 2004. Alan Turing: Life and Legacy of a Great Thinker.

第 3 章

为什么是图灵

1. 引言

丘奇-图灵论题（Church-Turing Thesis）断言：图灵机是最广义的计算装置。丘奇-图灵论题有时也称图灵论题（Turing Thesis），是计算机科学的基石，它之于计算机科学，宛如公理之于几何学，牛顿定律之于物理学。计算理论的缘起就是丘奇-图灵论题的形成过程。费曼说微积分是上帝的语言。如果我们把第一次工业革命归因于机械和能量，贴上牛顿的标签，而把当下正在经历的第四次工业革命归因于信息和计算，那么，上帝的语言该改成图灵机了。至少，英国50英镑钞票的头像刚刚从瓦特（Watt）换成图灵。

丘奇-图灵论题的根据就是所知的最广义的计算机制都是等价的，这些机制包括：广义递归函数、λ演算、Post系统、图灵机等。这些机制中的任意两个都可以互相模拟。这个结论有时也称为图灵定理，因为这些等价性是数学上可证明的。图灵论题把图灵定理推广到所有可能的、潜在的机制，这个跳跃使得"定理"变成了"论题"，因为没法在现在确定的已知框架中去证明未来不确定的潜在未知。这需要一种信念（conviction），信念就是论题。论题既非数学定理，也非物理定律，而是一种实用主义的共识。当然，如果把这种共识公理化，也有可能证明丘奇-图灵论题，这本是哥德尔的期望。逻辑学家德肖维茨（Dershowitz）和古列维奇（Gurevich）近来曾做过努力，他们按照哥德尔指明的方向，试图提出一套可以被广泛接受的公理，在此之上证明丘奇-图灵论题（Dershowitz & Gurevich, 2008）。但是公理本身也需要某种直觉上的共识，况且，今天对公理的共识也无法消解明天潜在的非议，达成共识两千多年的欧几里得公理体系也可以被"掰弯"。如果公理的根据还不如图灵机在直觉上可靠的话，其上的证明也是徒劳。

有人说数学中只有定义和定理，没听说过"论题"。此言差矣。极限和连续的 $\varepsilon\text{-}\delta$ 定义，其实就是某种"论题"，只不过我们习惯于用定义来指称它，而不说这是"柯西－魏尔施特拉斯论题"（Cauchy-Weierstrass Thesis），这种习惯恰是因为它符合我们对极限和连续的直觉。

对数学或者理论计算机科学外行的人，我们甚至可以采用一种人类学或社会学的标准：如果所有最聪明的人想到的机制都是等价的，那么这个论题肯定是靠谱的。为了避免过多地偏离主线，我们从此以"共识"作为"论题"的解释。这个共识的结论之一就是不存在比图灵机更强的计算装置。

丘奇－图灵论题是计算理论的基础。在计算复杂性理论里，还有"强丘奇－图灵论题"，它有更多的假设：所有计算装置之间不仅可以互相模拟，而且模拟的成本是多项式的。姚期智认为丘奇－图灵论题和强丘奇－图灵论题可能更会受到物理定律的约束（Yao, 2003）。很明显，强丘奇－图灵论题受到的约束更大。彼得·肖尔（Peter Shor）提出素数分解的量子算法之后，量子计算就是对强丘奇－图灵论题的明确且现实的挑战，如果素数分解问题被证明不能在多项式时间内求解，那么量子计算对强丘奇－图灵论题的挑战就成功了。若果真如此，将来某一天我们不得不修正强丘奇－

图灵论题。姚期智聪明地指出，否定强丘奇-图灵论题，甚至都不一定需要量子力学，经典力学中的 N 体问题，可能就没法找到多项式时间的解。但即使如此，大家仍然会认可丘奇-图灵论题。

丘奇-图灵论题的主要论点是图灵机捕捉到了直觉上的计算概念，尽管它不是定理。它有如下几种表述方式。

1) 所有计算装置都与图灵机等价。
2) 人按照算法执行的计算和图灵机等价。
3) 人的智能和图灵机的能力等价。

这几种表述代表了不同的哲学观点，一个比一个强。第一种表述虽不是定理，但目前我们知道的所有计算装置都和图灵机等价，例如哥德尔-厄布朗（Gödel-Herbrand）广义递归函数、珀斯特（Emil Post）的各种产生式系统、丘奇的 λ 演算、乔姆斯基0型文法等。第一种表述目前是几乎所有理论计算机科学家的共识。第二种表述和第一种有很强的关联，丘奇、珀斯特和图灵的初衷都是找到一个机械装置，它可以完整地刻画人施行计算的过程。如果认为算法就是机械过程的话，头两种表述就是等价的。哥德尔认可头两种表述，但不认可第三种表述。认可第三种表述就意味着认可"人是机器"，这是人工智能的终极哲学问题。对丘奇-图灵论题的态度决定了如何应答这个问题。

目前没有证据表明存在某种自然过程可以展现比图灵机更强的能力，但即使某一天真的发现了这种自然存在（就像有些人期望的那样：可能会有某种生物过程超越图灵机），也不影响图灵机是最强的机械计算装置这一点。哥德尔就认为可能存在不可机械计算的心理过程，但他也毫不含糊地认可图灵机是最强、最广义的机械计算装置。哥德尔在 1946 年为他 1931 年提出不完全性定理的文章写的后记中说：是否存在不等价于任何算法的非机械的过程，与"形式系统"或者"机械过程"的定义的充足性没啥关系。

天才物理学家沃尔弗拉姆游走于数学、物理学、计算机科学和复杂系统。他的大部头《新式科学》(*A New Kind of Science*)，主要取材于他的研究领域"细胞自动机"，并没有得到数学家和理论计算机科学家的重视，物理学家也不认为他从事的是合适的（proper）物理学。大概研究复杂系统的研究者都会碰到类似的认同问题。《新式科学》中提出的"计算等价原则"（principle of computational equivalence）其实就是丘奇－图灵论题的一种陈述。如果同时认同进化论和计算等价原则，自然可以推出以上的第三种表述。

2. 图灵与图灵机

图灵在剑桥大学读书时的兴趣是数论和量子力学，但为什么会想到图灵机呢？按照图灵的恋人和衣钵传人罗宾·甘迪 1954 年在《自然》杂志上为图灵写的讣告里的说法：图灵本科毕业后在剑桥大学国王学院做研究员的第一年曾对计算黎曼 ζ 函数的零点感兴趣，由此想到要造一台机器。事实上，图灵怀疑黎曼猜想不成立，于是他一直试图找一个反例。图灵机实际上是图灵研究黎曼猜想的副产品。

> **Dr. A. M. Turing, O.B.E., F.R.S.**
>
> ALAN TURING was born on June 23, 1912, and was educated at Sherborne and King's College, Cambridge. He was made a Fellow of King's in 1934; he submitted his fellowship dissertation—a version of the central limit theorem for the normal distribution—four months after being placed as Wrangler in the Mathematical Tripos. During his first years of research he worked on a number of subjects, including the theory of numbers and quantum mechanics, and started to build a machine for computing the Riemann ζ-function, cutting the gears for it himself. His interest in computing led him to consider just what sort of processes could be carried out by a machine: he described a 'universal' machine, which, when supplied with suitable instructions, would imitate the behaviour of any other; he was thus able to give a precise definition of 'computable', and to show that there are mathematical problems the solutions of which are not computable in this sense. The paper which contains these results is typical of Turing's methods: starting from first principles, and using concrete illustrations, he builds up a general and abstract argument. Many years later he used an elaboration of the same ideas to prove the unsolvability of the word problem in semi-groups with cancellation.
>
> In 1936 he went to Princeton for two years; he worked on group theory and logic, receiving his Ph.D. for a dissertation on "Ordinal Logics". In this he showed that when transfinite induction is used in logic for proofs and definitions, it is not the ordinal up to which induction runs that has significance, but rather the particular way in which that ordinal is described.
>
> He was awarded the O.B.E. for the work he did during the War, and after it he was invited by the National Physical Laboratory to direct the design of an electronic digital computor (which he christened "The Automatic Computing Engine"). Although the theoretical aspects of its design were his chief concern, he was also keenly interested in its electronics; and while the final construction was in progress he turned to long-term problems, considering how machines might be made to learn by trial and error and the ways in which they could be compared with human brains.
>
> In 1949 he was made deputy director of the Computing Laboratory at the University of Manchester, where work on an electronic computor had just started. He was elected Fellow of the Royal Society in 1951. His last work was a mathematical theory of morphogenesis; the main idea was to show how an originally uniform distribution of interacting substances may, as a result of diffusion, develop a strongly marked pattern. He had already published a version of the theory for distributions around a ring, and was at work on the case of a cylinder; using the machine to solve the appropriate differential equations, he was hoping to be able to exhibit the spiral patterns based on the Fibonacci series which are so frequently found in plants.
>
> The marks of Turing's genius were his originality, his ability to control abstract thought by concrete illustration, and his preference for always working things out for himself. The freshness of his mind, his love of inquiry, and his relish for the comic, made him a lively and stimulating companion.
>
> R. O. GANDY

罗宾·甘迪 1954 年在《自然》杂志上为图灵写的讣告

图灵在美国留学结束回到英国后不久，就被军方征召做密码学工作。他关于黎曼ζ函数零点的计算方法的文章拖到 1943 年才在《伦敦数学学会会刊》上发表（Turing, 1943）。但图灵最早设计的计算黎曼ζ函数零点的机器是一个可以进行离散近似的模拟装置。这与甘迪所说不知是否一回事。二战结束后，图灵在曼彻斯特大学时又短暂恢复了对数论的兴趣，他在 1949~1950 年间写了两个程序并在英国最早的计算机 Manchester Mark 1 上运行：一个程序力图找出更大的梅森素数，图灵和合作者验证了当时已知的梅森素数，但没有找到新的；另一个程序计算黎曼 ζ 函数的零点。其实图灵是想找黎曼猜想的反例，自然无果。图灵的计算结果在他去世前一年才在《伦敦数学学会会刊》上发表（Turing, 1953），现在所有计算黎曼 ζ 函数零点的算法都是由图灵的原始算法衍生出来的，于是有人称图灵是计算数论的开拓者（Booker, 2016）。图灵和哥德尔的初衷不一样，哥德尔的起点和终点都是逻辑，而图灵的起点是数论，终点是计算。

马克斯·纽曼是英国当时的领袖级数学家，主攻拓扑，他 1928 年参加了在意大利博洛尼亚召开的国际数学家大会，现场听到身体欠佳的希尔伯特（Hilbert）讲到判定问题。两年后判定问题就被哥德尔从负面解决了，颇令希尔伯特不爽。哥德尔给出的结果激发了纽曼对逻辑的兴趣。他 1935 年春季学期为剑桥大学高年级学生开讲"数学基础"课，图灵也去听讲。1935~1936 年，正是通过这门课程，图灵学习了哥德尔不完全性定理，并受到启发开始图灵机的研究，最终用图灵机明确定义了希尔伯特期望的某种机械过程。

图灵利用图灵机否定了可判定性。1936 年丘奇在其创办的《符号逻辑杂志》（*JSL*）首刊上登了自己关于可判定性问题的两页短文。纽曼收到丘奇寄来的《符号逻辑杂志》首刊时，已经看过图灵的初稿,他马上把丘奇的结果告诉图灵,并给丘奇写信告知他自己的学生图灵也在研究同一问题并取得进展,还推荐图灵给丘奇做学生。图灵知道丘奇的结果后,略有失望和焦急,他在给母亲的信中提到,纽曼认为虽然他的结果和丘奇类似,但方法不同也可发表(Turing, 2015)。事实上,图灵稍晚发表文章,在

图灵机

图灵机是一个超级简单的计算装置,它包含一条纸带,上面有无限多个格子,有个有限自动机,可以在当下的格子上写0或1并能左移和右移。

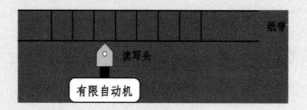

假设我们想利用图灵机计算二进制的 5×3=15:

```
     101
      11
    ————
     101
    1010
    ————
    1111
```

我们用最朴素的算法,并且除了0和1之外,还可以利用符号:"*"和"="。以上结果在图灵机的纸带上可表示为:

| 1 | 0 | 1 | * | 1 | 1 | = | 1 | 0 | 1 | + | 1 | 0 | 1 | 0 | = | 1 | 1 | 1 | 1 |

某种意义上帮助了他，让他有机会完善结果。图灵研究了丘奇的 λ 演算，很快证明了图灵机和 λ 演算是等价的，并把证明过程增补到原文作为附录。恰是这个附录增加了所有人的信心。纽曼利用自己在伦敦数学学会的影响力，帮助图灵把论文投给该会的会刊，这就是那篇无论怎样赞誉都不过分的经典，图灵-1936。

按照数学家、图灵传记作家霍奇斯的说法，图灵想构造一个可计算的实数集合，这样可以建立整数到实数的一个映射，从而创建一套构造主义的实函数理论（Hodges, 2004）。图灵-1936 的打印稿后来被甘迪收藏，打印稿肯定不是图灵亲敲打字机，但上面的公式是图灵亲手写的。打印稿的背面，还有一篇图灵手写的笔记，探讨正规数（normal number）。所谓正规数就是所有数位都是均匀分布的数。图灵在国王学院的朋友戴维·钱珀瑙恩（David Champernowne）证明了 0.12345678910111213... 在十进制下是均匀分布的。图灵 1933 年就得知钱珀瑙恩的工作，一直和钱珀瑙恩较劲，想进一步给出计算正规数的算法。霍奇斯认真研读了这篇从未发表的手稿，其中图灵提到了机械过程（mechanical process）和构造性枚举（constructive enumeration），无疑，图灵的目的是给出可计算性的机械定义。但笔记中存在错误，图灵后来没有再在正规数上花时间。图灵 1932 年还写过一篇手稿《精神之本质》，其中讨论了自由意志和物理确定主义（physical determinism）。图灵-1936 和这两篇手稿的关系密不可分。

最初,"计算"用的词是 calculation,可计算性就是 calculability,因为早期 computer 专指做计算工作的人,通常是女性。随着 20 世纪 60 年代计算机更加普及,大家才开始更多地说 computation,而 calculator 也专指"计算器"。从早期关于递归论和计算理论的教科书的发展也可看到递归论逐步演变成可计算性理论的过程。最早的递归函数的专著大概是匈牙利女数学家罗莎·培特(Rózsa Péter)的《递归函数论》,出版于 1951 年,1954 年由逻辑学家莫绍揆翻译为中文,1958 年由科学出版社出版。有意思的是 Turing 被莫先生译为"杜令"。丘奇早期的学生克里尼(Kleene)的重要著作《元数学导论》也是由莫先生译为中文的,该书也以递归函数作为核心。而丘奇后来的学生哈特利·罗杰斯(Hartley Rogers)常年在麻省理工学院任教,他 1967 年出版的《递归函数论和能行可计算性》(*Theory of Recursive Functions and Effective Computability*)则以图灵机及其各种衍生品作为讨论基础,更容易懂。同年,明斯基也出了一本更加深入浅出的计算理论教科书《计算:有限和无限机器》(*Computation: Finite and Infinite Machines*),看书名就知道这是以机器为出发点的。罗杰斯和明斯基早期的几位学生毕业时,恰逢美国大学纷纷成立计算机系,其中去计算机系教计算理论的要比去数学系教逻辑的多。随着这些人后来都成为领军人物,这几本教科书的呈现风格也帮助塑造了学科的体系。罗杰斯这本书的影响尤其大。克里尼 1967 年出版的更初等的教科书《数理逻辑》(*Mathematical Logic*)也改用图灵机了。

数理逻辑四大论:集合论、模型论、证明论和递归论。其中,递归论逐步演变成了相对独立的可计算性理论。如果从递归论的角度考虑，大家更倾向于说"丘奇论题"，而从可计算性的角度考虑，更倾向于说"图灵论题"。因为递归论和可计算性理论是同一个起因，前者源于哥德尔，后者起于图灵。现在计算理论（包括可计算性和计算复杂性）的教科书的叙述方式都是以图灵机为中心，较少提及递归函数，主要原因是图灵机和计算密切相关，又好懂，而学习递归函数的门槛更高。图灵只在早期几篇文章中提到递归函数与图灵机等价，然后就以图灵机为主进行讨论了。图灵没有主动去宣传图灵机，也没有从严肃的数学角度把可计算性的概念推广。否则，也许计算理论作为一门独立、深刻的学问可能会更早出现。霍奇斯很遗憾图灵在世时没有写一本计算理论与实践（The Theory and Practice of Computing）的书。

图灵关于丘奇-图灵论题的想法也是在不断变化的。一般认为到 1950 年他写《计算机与智能》时已经默认了人机等价的思路。彭罗斯认为图灵已经假设人脑的任何动作可以归约到（还原到，reducible to）图灵机的动作，而彭罗斯当然不认可这一点，他认为人脑是量子计算机。

阿伦佐·丘奇（Alonzo Church，1903 年 6 月 14 日－1995 年 8 月 11 日），美国数学家，美国数理逻辑的奠基者之一。他长期在普林斯顿大学工作，为逻辑学和计算机科学培养了大量人才，并且创办了最重要的逻辑杂志《符号逻辑杂志》。他退休后转场到更暖和的加州大学洛杉矶分校，继续发挥余热。丘奇最重要的贡献是 λ 演算。λ 演算就是无名函数，因为"无名"，所以一段函数可以被当作变量处理，用计算机科学的说法，就是程序当作数据处理，这也恰是通用图灵机的精髓至于图灵《论可计算数》一文的发表时间到底是 1936 年还是 1937 年，大多数引文用"1936"，也有一部分引文用"1937"。例如，图灵专家寇普兰在他所有文章中都用"Turing (1936)"来指称这篇文章，而图灵传的作者霍奇斯大部分时间用"Turing (1937)"。图灵 1948 年的 NPL 报告《智能机器》和 1950 年《心》杂志上那篇《计算机与智能》在引用这篇文章时都用"1937"。图灵原文提交日期是 1936 年 5 月 28 日，接受日期是 1936 年 11 月 12 日。整篇文章太长，共 36 页（pp.230-265），《伦敦数学学会会刊》（*Proceedings of London Mathematical Society*）把文章分成了两部分发表，第一部分（pp.230-240）发表在 vol-42 p3，出版日期是 1936 年 11 月 30 日，第二部分（pp.241-265）发表在 vol-42 p4，出版日期是 1936 年 12 月 23 日。论文发表后，逻辑学家保罗·伯奈斯（Paul Bernays）指出其中的一个小错误，图灵又写了 3 页纸的"更正"，发表于 1937 年 vol-43（pp.544-546）。图灵在这篇"更正"中引用原文时用的是"1936-37"。图灵后来一直用"1937"，大概是把原文和更正加起来当作一个整体来考虑的，但也由此给后人造成了一些困惑，本书中统一使用"图灵-1936"指称这篇经典。图灵在 1937 年把他 1936 年文中有关 λ 演算的思路重新整理成一篇文章，在《符号逻辑杂志》上发表，这篇文章的结尾已经依稀可见麦卡锡后来定义 Lisp 语言的表述。

3. 为什么不是丘奇

1930~1931 年间，在哥德尔研究递归函数的同时，丘奇正在研究 λ 可定义函数。说起来有意思，丘奇最早的论文中是想写 $\hat{x}$，但他的打字员不会打 x 上面的小帽子，便在前面打了个大写的希腊字母 lambda (Λ)，后来演变成小写的 λ。丘奇的本意是定义一个无名函数，结果倒是无意中给这个定义起了个名字：λ 演算，所谓无名到有名。

对计算机科学家来说，演算是很好理解的。$\lambda x[x^2]$ 可以表示平方函数，λ 符号后面的变量是自变量或者约束变量（bound variable），方括号内则是函数的体。约束变量可以被一个表达式替换，这个过程称为 β- 归约（β-reduction）。如果我们想计算函数值，需要把值替换进变量，值也是一个表达式，例如：$\lambda x[x^2]$ (5)，可以计算出 5 的平方。

Java 是最流行的编程语言之一，JDK 8 开始支持 λ 演算。一段简单的代码如下：

```java
public class Tester {
    public static void main(String args[]){

        UnitaryOperation square = (a) -> a * a;

        System.out.println("5 square = « + (new Tester()).
            operate(5, square));
    }

    interface UnitaryOperation { int operation(int a) ;}

    private int operate(int a, UnitaryOperation unitaryOperation){
        return unitaryOperation.operation(a);
    }
}
```

丘奇的学生克里尼在 1933 年证明了一大类数论函数都是 λ 可定义的。丘奇认为这是很强的证据：λ 可定义函数就是"能行可计算性"（effectively calculable）。这就是丘奇论题的根源。丘奇 1934 年 3 月在普林斯顿告知哥德尔他的论题，但哥德尔不买账（thoroughly unsatisfactory）。

哥德尔知道原始递归函数并不包括所有的"能行可计算函数"。希尔伯特的助手阿克曼（Ackermann）1928 年就提出了双递归的概念，即阿克曼函数，这不是原始递归的。哥德尔 1934 年在普林斯顿高等研究院做了几次关于不完全性定理的讲座，听众中有丘奇与他的两位学生克里尼和罗瑟（Rosser）。哥德尔的讲座由克里尼和罗瑟根据听课笔记整理成 35 页的小册子，名为《论形式数学系统中的不可判定命题》（*On Undecidable Propositions of Formal Mathematical Systems*）。受到厄布朗（Herbrand）的启发，哥德尔在讲座中使用了后来被他称为"广义递归函数"（general recursive function，也译为"一般递归函数"）的定义，哥德尔在文章中说：递归函数（最）重要的性质是给定变量的值的集合，就可以通过一个有限的过程计算出函数值来。这处哥德尔附加了个脚注："...This cannot be proved, since the notion of finite computation is not defined, but it serves as a heuristic principle."（这无法被证明，因为有限计算的概念尚未定义，但它可作为启发性原则。）哥德尔 1964 年又写了一篇后记，强调了图灵-1936 那篇长文解答了他在脚注中提到的问题。

1935 年 4 月 19 日，丘奇就数论中的不可解问题在美国数学学会做了一个十分钟的演讲，演讲内容两页纸的摘要登在 1935 年的

《美国数学学会会刊》上（Church, 1935），这里丘奇没有用 λ 演算，而是小心翼翼地说：其他"能行可计算性的定义"要么等价于"通用递归函数"，要么更弱。这是丘奇论题最早的正式说法。此时丘奇还不敢肯定 λ 演算事实上也等价于递归函数。

丘奇的学生克里尼 1935 年 7 月 1 日给美国数学学会提交的摘要中提到他证明了 λ 演算与递归函数的等价性。待丘奇的全文 1936 年发表于《美国数学杂志》（Church, 1936）时，丘奇当然已经知道 λ 演算等价于递归函数。于是他非常有信心地论辩：两种机制的等价性确认了它们广义地刻画了能行可计算性。丘奇最早意识到丘奇论题时，是作为定义提出来的，他 1936 年的长文中明确写道："The purpose of the present paper is to propose a definition of effective calculability."（本文的目的是给出能行可计算性的定义。）此时丘奇的唯一证据就是 λ 演算。

尽管丘奇使用了哥德尔的广义递归函数，但哥德尔还是不认可丘奇论题。图灵的学生甘迪以及逻辑学家西格（Sieg）在回顾这段历史时讲到，丘奇并没有证明每个演算的原子步骤（atomic step）是递归的，这是丘奇文章的一个缺陷。凭哥德尔的智慧，他当然一眼就看穿了。图灵-1936 中也持类似的说法，尽管他没有直接说"定义"，但他指出所谓可计算就是图灵机可计算（all computable numbers are 'computable'）。苏联数学家柯尔莫哥洛夫（Kolmogorov）也对逻辑有浓厚兴趣和深刻研究，他为罗莎·培特的《递归函数论》的俄译本写的序里也提到"可构造性的要求可以简单地理解为'可计算性'"。

当更多的机制都被证明和λ演算等价后，人们自然会认为这捕捉了一类概念而不是单一的想法。这肯定是比"定义"更加具有关联性的概念，于是有了"论题"的说法。

作为丘奇的学生，克里尼也承认丘奇的λ演算并不令人信服，哥德尔自己都不认可自己的递归函数，而丘奇用λ演算和哥德尔的广义递归函数套近乎的做法，并不能打动哥德尔。只有"图灵的可计算性概念令人心服口服"（Turing's computability is intrinsically persuasive）。

丘奇最早是把丘奇论题当作定义来用的，是克里尼在1943年的论文里首次使用"论题"（thesis）。克里尼在1952年出版的《元数学导论》中更加正式地提出丘奇论题和图灵论题，这本书的影响很大。于是论题比定义更加广泛地被使用。其实丘奇－图灵论题的一个哲学推论是智能可以还原为图灵机，如果把丘奇－图灵论题当作定义来用，肯定会引发无谓的哲学争论，而这些争论在图灵－1950中已经预见到了，所以那篇文章的很大一部分就是作为对这些已经预见到的争议的回答。

数学家和逻辑学家多采用递归函数，他们称那个分支为递归论；而后起的计算机科学家或者计算理论家更多采用图灵机，他们称其为可计算性理论。而丘奇的λ演算则无人问津，甚至他自己的学生克里尼在讲课和写书时也鲜有提及。倒是后来人工智能的先驱麦卡锡在设计Lisp语言时用到了λ演算，这导致现代编程语言中的几乎所有重要机制都源于λ演算，例如function/procedure、 variable binding、parameter passing、scoping 等。麦卡锡尽管也出自丘奇所在的普林斯顿大学数学系，但他并非丘奇的门生。

无论如何，图灵赢得了最多的荣誉。谷歌把扫描过的书做了词频统计，做成 Ngram，我在其中查 Church-Turing Thesis 和 Turing Thesis，作为比对，可以看出越来越多的人使用 Turing Thesis。

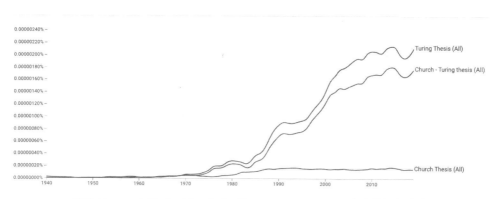

谷歌 Ngram 中 Turing Thesis 和 Church-Turing Thesis 出现的词频统计

4. 为什么不是哥德尔

哥德尔 1931 年著名的关于不完全性定理的文章中用到了"递归函数"的说法，这个提法后来被更精确地称为"原始递归函数"（primitive recursive function），以示与后来"广义递归函数"（general recursive function）的区别。厄布朗 1931 年 4 月 7 日给哥德尔写信，启发了哥德尔想到广义递归函数。同年 7 月 25 日哥德尔回复了厄布朗（Sieg, 2005），两天后，厄布朗因登山事故去世，年仅 23 岁。哥德尔 1934 年 3 月在普林斯顿大学的演讲最早公开提出广义递归函数。此时又恰逢丘奇想到丘奇论题。

库尔特·哥德尔（Kurt Gödel，1906年4月28日—1978年1月14日），亚里士多德之后最伟大的逻辑学家。他证明了完全性定理和不完全性定理。他在连续统假设和广义相对论上都有重要贡献。他晚年琢磨哲学，逻辑学家王浩是他为数不多的知己之一

哥德尔不完全性定理和丘奇论题的关系有两个方面。首先，正如克里尼指出的，如果哥德尔不完全性定理不成立，丘奇1936年的论文也不成立；反之，哥德尔不完全性定理可由丘奇的结果推出来。其次，哥德尔用到的递归函数启发了丘奇想到丘奇论题。

如果非要说也有哥德尔论题的话，那这个论题可以表达如下：所有机械可计算的函数可以用最广义的递归来定义（Every mechanically calculable function can be defined using recursions of the most general kind）(Davis, 1982)。哥德尔虽然没有想出令自己满意的计算装置，但他是那个一锤定音的人。随着他名声的提升，大家越发认可他的话。像丘奇、图灵甚至冯诺依曼都认为他的看法不容置疑，更不要说作为晚辈的王浩、克赖泽尔（George Kreisel）、克里尼和罗瑟了。

哥德尔在20世纪30年代就认识到图灵机可以作为机械可计算性的定义："That this really is the correct definition of mechanical computability was established beyond any doubt by Turing."（机械可

计算性的正确定义毫无疑问是由图灵确立的。）哥德尔认可图灵机捕捉到了"人作为计算机"（human computer）的直觉，并且把这都归功于图灵。之后在他不多的公开发声（文章或演讲）中多次力挺图灵，并且措辞几乎相同。哥德尔 1946 年为"普林斯顿大学建校 200 年"写的文章中的一段话是最多被提到的："one has for the first time succeeded in giving an absolute definition of an interesting epistemological notion, i.e., one not depending on the formalism chosen."（第一次成功给出了一个有趣的认识论概念的绝对定义，这个定义不依赖任何形式化机制。）（Gödel, 1946）哥德尔此处所说的"绝对"，是指图灵机不是相对的概念，它不需要依靠别的机制，它是最基本的装置。

关于图灵机和自己的一阶逻辑的不完全性的结果，哥德尔 1939 年在圣母大学的演讲里，利用莱布尼茨（Leibniz）的"计算机"（Calculemus）把它们巧妙地关联起来："假设机器有一个曲柄，每当你转动曲柄一周，机器会写下谓词演算的一个重言式，如果你足够频繁地转动曲柄，它就会写下所有存在的重言式……。所以就谓词演算公式的推导而言，这台机器真的会完全取代思维。这将是一个字面意义上的思维机器。对于命题演算，你可以做得更多。你可以建造一台打字机形式的机器，这样如果你输入命题演算的公式，机器就会响铃 [如果公式是重言式]，如果不是，就不会响铃。你可以对一元谓词演算做同样的事情……如果是谓词逻辑，你造不出来这样的机器。所以这里已经可以证明莱布尼茨的"计算机"程序不能被实现，也就是说，对于判定一个公式是否是重言式这么简单的问题，人脑也绝不会被机器所取代。"由此可看出哥德尔一方面为图灵机所信服，另一方面他认为人脑能做图灵机不能做的事情，更具体地说是对谓词逻辑的判定问题（Dawson, 1997; Sieg, 2006）。关于这一点，我宁愿相信哥德尔 1939 年并没有想得很清楚，因为谓词逻辑不可判定这事，恐怕人脑也没辙。人脑和机器的差别，我们能如此天真地搞明白？

哥德尔在 1951 年的 Gibbs 讲座中，再次突出了图灵的贡献。他 1968 年给克赖泽尔的信中强调："But I was completely convinced only by Turing's paper."（只有图灵的论文令我完全信服。）哥德尔为丘奇-图灵论题提供了信用担保，但他本人与丘奇和图灵的思路不完全一致。虽然哥德尔认可图灵的"机械过程"，但他不认为心理活动可以归约为机械过程。哥德尔认为图灵犯了"哲学错误"（philosophical error）。哥德尔 1943 年在普林斯顿大学的演讲中提及可定义性概念"会涉及数学研究者心理方面的一些非数学的因素"（some extra-mathematical element concerning the psychology of being who deals with math）。图灵机恰恰在这方面向前走了一大步。

1965 年戴维斯在编辑重要文集 *The Undecidable* 时，曾给哥德尔去信请教他对丘奇-图灵论题的看法，哥德尔在 1965 年 2 月 15 日给戴维斯的回信中明确地表明哥德尔（1934）的脚注并不构成丘奇论题，只是说明"有限计算过程"等价于递归过程。哥德尔认为人在计算时的状态是有限的，而人的整个发展经历的状态可能是无限的。

5. 为什么不是珀斯特

珀斯特在几位计算理论的先驱里最年长，名气却最小。但他是个先知，一个悲剧性人物。他是戴维斯在被称为"穷人的哈佛"的纽约城市学院（CCNY）读本科时的老师，戴维斯最终到普林斯顿随丘奇读了博士。珀斯特 1921 年在哥伦比亚得到博士学位后在普林斯顿做过一年博士后，那时丘奇在普林斯顿读本科。戴维斯和珀斯特都是犹太人，他们都感到普林斯顿那个年代对犹太人不友好。戴维斯对珀斯特极为尊重，反而较少提到他的博士导师丘奇。

埃米尔·珀斯特（Emil Post，1897 年 2 月 11 日—1954 年 4 月 21 日），波兰出生的美籍逻辑学家，他因为心理疾病接受电击治疗后不久死于心脏病。他 13 岁时失去左臂，断送了他做天文学家的梦想，决定改学数学。他 1921 年就证明了哥德尔在 1931 年证明的不完全性定理，但结果没有公开发表。他后来的工作又和丘奇、图灵等重叠。他的女儿曾说"我父亲是天才，我母亲是圣人"。在他的学生马丁·戴维斯的呼吁下，他的工作的原创性和重要性逐渐彰显

珀斯特迟来的名声很大程度上是因为戴维斯的推动。戴维斯编辑的文集 *The Undecidable* 是可计算性理论和理论计算机科学的重要早期文献的汇编，其中最值得看的是戴维斯为这些重要论文写的评注。这本文集被戴维斯题献给珀斯特。珀斯特一生都受心理疾病的困扰。他 1921 年的博士论文证明了《数学原理》中命题逻辑的完全性和一致性，同时还对维特根斯坦和皮尔士（Peirce）的真值表做了梳理。这部分工作发表于《美国数学杂志》（Post, 1921）。

珀斯特把句法推导的概念推广，得出了"产生式系统"（production system），tag 系统是"产生式系统"的进一步简化。

最早在逻辑学之外利用产生式系统的是语言学家乔姆斯基，他从与其同年的戴维斯处了解到珀斯特的工作（Jackson, 2018）。乔姆斯基那篇现代语言学的开山之作《语言描述的三个模型》（"Three models for the description of language"，Chomsky, 1956）中引用了数学家 Rosenbloom 的教科书《数理逻辑原理》（*The Elements of Mathematical Logic*），其中正式地讲述了产生式系统。乔姆斯基这篇文章对计算机科学也有深刻影响。编程语言 Algol 中引入的 BNF（Backus-Naur Form，巴克斯－诺尔范式）是计算机科学的重要工具，BNF 就受到珀斯特产生式系统的启发。

王浩、科克（Cocke，因为 RISC 架构获图灵奖）和明斯基在 1961~1963 年间分别证明了 2-tag 系统可以模拟图灵机（Wang, 1963; Cocke & Minsky, 1964）。他们的工作让更多的数学家和逻辑学家重新审视珀斯特早期的工作。

1921 年对珀斯特极其重要，除了博士论文中的完全性结果，这一年他还证明了罗素－怀特海《数学原理》的不完全性，这部分更重要的工作却没有发表。差不多在此时，他开始受到心理疾病的困扰。1938 年 10 月 28 日，珀斯特见到了哥德尔，心中五味杂陈，第二天心情平静后给哥德尔写了张明信片，苦涩地自嘲："如果我是哥德尔，在 1921 年就已经证明了哥德尔定理。"（As for any claims I might make perhaps the best I can say is that I would have proved Gödel's Theorem in 1921 - had I been Gödel.）哥德尔的回复很客气，但没有为他呼吁。珀斯特不甘心，许多年后，他把 1921 年的成果写成长文，题为《绝对不可解的问题和相对不可判定的命题——一种预见性论述》（"Absolutely unsolvable problems and relatively undecidable propositions–account of an anticipation"），1941 年投给《美国数学杂志》，但被拒稿了。1942 年 3 月 2 日，杂志主编、大数学家赫尔曼·外尔（Hermann Weyl）给珀斯特写了封语气同情但态度坚决的信，说"……但是，我们不能把时钟倒拨，《美国数学杂志》不是发表历史回顾的地方……"（Stillwell, 2004）。该文后来被收录在马丁·戴维斯 1994 年为珀斯特编辑的文集中（Post, 1941）。

他 1936 年和图灵同时且独立地提出了计算装置的数学描述：有限组合过程（finite combinatorial process），他期盼有限组合过程可以被证明和哥德尔递归函数是等价的。他的文章在 1936 年 10 月 7 日寄到《符号逻辑杂志》编辑部，并在当季（1936 年第 3 期，但出版日期仍标为 1936 年 9 月期）的杂志上发表。文章一共只有四页，第一页就明确给出了定义。珀斯特的"盒子"（box）就是图灵机纸带上的一个格子，worker 就是图灵机的有限自动机的 head。其他操作几乎和图灵机一模一样，因为和图灵机太像了，也有后人称之为 Post-Turing 机器。注意，珀斯特的所谓 direction 不是方向，而是指令。和图灵机略有不同的地方是，图灵机使用"内部状态"（internal configuration），而 Post 机直接用了指令。这也使得 Post 机更像当代的计算机。这引起了明斯基对计算理论的兴趣。王浩机其实就是对 Post 机的某种改造。尽管戴维斯一直在为珀斯特发声，力图提升珀斯特的历史地位，但珀斯特 1936 年的文章确实不如图灵同年的文章翔实、严谨。珀斯特（1936）并没有给出严格的证明，而图灵证明了图灵机等价于 λ 演算。

> THE JOURNAL OF SYMBOLIC LOGIC
> Volume 1, Number 3, September 1936
>
> ### FINITE COMBINATORY PROCESSES—FORMULATION 1
>
> #### EMIL L. POST
>
> The present formulation should prove significant in the development of symbolic logic along the lines of Gödel's theorem on the incompleteness of symbolic logics[1] and Church's results concerning absolutely unsolvable problems.[2]
>
> We have in mind a *general problem* consisting of a class of *specific problems*. A solution of the general problem will then be one which furnishes an answer to each specific problem.
>
> In the following formulation of such a solution two concepts are involved: that of a *symbol space* in which the work leading from problem to answer is to be carried out,[3] and a fixed unalterable *set of directions* which will both direct operations in the symbol space and determine the order in which those directions are to be applied.
>
> In the present formulation the symbol space is to consist of a two way infinite sequence of spaces or boxes, i.e., ordinally similar to the series of integers $\cdots$, $-3, -2, -1, 0, 1, 2, 3, \cdots$. The problem solver or worker is to move and work in this symbol space, being capable of being in, and operating in but one box at a time. And apart from the presence of the worker, a box is to admit of but two possible conditions, i.e., being empty or unmarked, and having a single mark in it, say a vertical stroke.
>
> One box is to be singled out and called the starting point. We now further assume that a specific problem is to be given in symbolic form by a finite number of boxes being marked with a stroke. Likewise the answer is to be given in symbolic form by such a configuration of marked boxes. To be specific, the answer is to be the configuration of marked boxes left at the conclusion of the solving process.
>
> The worker is assumed to be capable of performing the following primitive acts:[4]
>
> (a) *Marking the box he is in (assumed empty)*,
> (b) *Erasing the mark in the box he is in (assumed marked)*,
> (c) *Moving to the box on his right*,
> (d) *Moving to the box on his left*,
> (e) *Determining whether the box he is in, is or is not marked*.
>
> The set of directions which, be it noted, is the same for all specific problems and thus corresponds to the general problem, is to be of the following form. It is to be headed:
>
> *Start at the starting point and follow direction 1.*
>
> Received October 7, 1936. The reader should compare an article by A. M. Turing, *On computable numbers*, shortly forthcoming in the *Proceedings of the London Mathematical Society*. The present article, however, although bearing a later date, was written entirely independently of Turing's. *Editor*.
>
> [1] Kurt Gödel, *Über formal unentscheidbare Sätze der Principia Mathematica und verwandter Systeme I*, **Monatshefte für Mathematik und Physik**, vol. 38 (1931), pp. 173-198.
> [2] Alonzo Church, *An unsolvable problem of elementary number theory*, **American Journal of Mathematics**, vol. 58 (1936), pp. 345-363.
> [3] Symbol space, and time.
> [4] As well as otherwise following the directions described below.

珀斯特（1936），FINITE COMBINATORY PROCESSES—FORMULATION 1

珀斯特指称他的系统时，用的术语是很一般的 formulation。值得指出，珀斯特反对把他的 formulation 当作"定义"：如果把它当作定义，人们就会停止对这个问题的"不断探索"（continual verification）。正如戴维斯指出的，珀斯特不喜欢还原到"定义"或"公理"，更倾向于归类到经验的"自然定律"（natural law）。他强调他的 formulation 除了具有逻辑能力（logical potency）外，也注重"心理的保真"（psychological fidelity）。他认为丘奇等人的工作揭示了"智人数学化能力的局限"（limitations of the mathematicizing power of Homo Sapiens），而不只是机器的局限。

珀斯特的 tag 系统

tag 系统包括一个字符表，以及一组形为 $x \rightarrow P(x)$ 的产生式规则，其中 x 为一个字符；给定任意一个字符串，删掉头 m 个字符，把第一个删掉的字符利用产生式规则匹配，匹配的结果附加到剩下字符串的最后，如此循环。下例中，字符表只包含 0 和 1，$m=3$，所以这是一个 3-tag 系统，共两条规则，0->00；1->1101：

```
1010
   01101
      0100
         000
            00
               0
```

这种替代很容易让我们想到考拉兹猜想（Collatz conjecture）：遇到奇数则结果为 $3x+1$；遇到偶数则结果为 $x/2$。事实上，De Mol 在她的博士论文里研究过用 2-tag 系统来做考拉兹猜想（Del Mol, 2007, 2008）：

字符表：{a,b,c}

规则：a->bc；b->a；c->aaa

计算过程（a 连续出现的次数代表自然数 n）:

```
aaa    (n=3)
 abc
  cbc
   caaa
    aaaaa  (n=5)
     aaabc
      abcbc
       cbcbc
        cbcaaa
         caaaaaa
          aaaaaaaa  (n=8)
           aaaaaabc
            aaaabcbc
             aabcbcbc
              bcbcbcbc
               bcbcbca
                bcbcaa
                 bcaaa
                  aaaa   (n=4)
                   aabc
                    bcbc
                     bca
                      aa   (n=2)
                       bc
                        a   (n=1)
                        (halt)
```

1921 年，珀斯特错失了不完全性定理，而 1936 年他再次错失了"Post 论题"。珀斯特要么文章发表晚，要么文章没有提供足够的细节。图灵占尽天时地利人和。所谓天时，图灵在发表文章前看到了丘奇的结果，他随后加了个附录，证明了图灵机和 λ 演算等价，而 λ 演算和哥德尔递归函数的等价性已经被丘奇和克里尼证明，于是图灵机成为递归函数的替代品；所谓地利，纽曼在剑桥大学给了图灵接触丘奇工作的机会；所谓人和，哥德尔认可图灵机。

6. 为什么不是冯诺依曼

很多人（主要是工程师）把他们要革新的计算机架构模糊地称为冯诺依曼架构，甚至把本应该称为图灵机的也称为冯诺依曼架构。而冯诺依曼自己则称"可编程"这一特性实际上就是通用图灵机。

冯诺依曼（1903—1957）

冯诺依曼生于 1903 年 12 月 28 日，逝于 1957 年 2 月 8 日。他在数学、理论物理和逻辑领域都做出了很多贡献。同辈的朋友和晚一辈的同行都认为他是当时最聪明的人。冯诺依曼 19 岁就读于布达佩斯大学时，曾花大量时间去柏林听爱因斯坦（Einstein）的"统计力学原理"的课，只在考试时才中断。1930 年，冯诺依曼先知先觉地加入普林斯顿大学任教，1933 年加入普林斯顿高等研究院，成为创始数学家之一。二战期间他为曼哈顿计划工作。二战结束后，他将大部分精力花在电子计算机项目上。计算机科学一直有两条互相交错的发展路线，工程路线可以追溯到冯诺依曼，而理论的起源则在图灵。他们共同关注的课题是大脑和智能。

冯诺依曼做了无数一流的工作，但他没有像哥德尔定理或图灵机一样的超级成果。以赛亚·伯林（Isaiah Berlin）借用古希腊诗人阿基罗库斯（Archilochus）关于刺猬和狐狸的比喻，把人分为刺猬和狐狸两种：狐狸是全才，知道很多事，但刺猬只知道一件大事。全才科学家弗里曼·戴森（Freeman Dyson）借用类似的说法，把科学家也照此分类，但他用了飞鸟和青蛙的比喻：鸟更像是刺猬，而青蛙更像是狐狸。在戴森看来，希尔伯特、杨振宁都是高瞻远瞩的鸟，而冯诺依曼和费曼则属接地气的青蛙。爱因斯坦当然是超级大鸟。

是冯诺依曼发现了哥德尔定理的重要性，他称哥德尔是亚里士多德（Aristotle）之后最伟大的逻辑学家。他曾半开玩笑地说，要是他不知道哥德尔不完全性定理的话，说不定他很快就能证明一阶逻辑是完全的呢——就在他得知哥德尔不完全性定理的前几天，他做梦证明了完全性定理。

冯诺依曼欣赏并提携了图灵。其实，在图灵 1936 年那篇开天辟地的文章刚出来时，冯诺依曼并没有立即意识到这篇文章的重要性。在给图灵写奖学金推荐信时，冯诺依曼提到了在自己感兴趣的几个领域里图灵展现的才能，却没有提及逻辑和图灵机。也许是由于他还没有从 1931 年哥德尔定理给他造成的心理冲击中缓过劲来。当时所有关注逻辑的主流数学家，在哥德尔定理提出之后，都与逻辑渐行渐远。倒是哥德尔最早慧眼识英雄，他一开始对自己的递归函数也不是那么有信心，但在得知图灵机的那一刻，他立即认为图灵机比自己的递归函数更令人信服。据冯诺依曼的朋友们回忆，在 1938 年图灵回英国前，冯诺依曼曾想把图灵留在普林斯顿大学做自己的助手，但已经对美国生活厌恶的图灵婉拒了。冯诺依曼应该是在 1942 年左右认真读过图灵 1936 年的那篇文章。

冯诺依曼在计算机工程领域的开创性工作是计算机产业的基础，所有的人都在受益。他在了解了宾夕法尼亚大学建造的 ENIAC 机器后，牵头撰写了 EDVAC 报告。这个报告不只是总结 ENIAC 的设计，而且提出了新的设计计算机的系统化思路，这个思路后来被称为"冯诺依曼架构"。之后，所有的计算机项目都以此为基础建造计算机。EDVAC 报告中最核心的概念是"存储程序"，冯诺依曼把这个概念的原创权公正无私地给予了图灵。正像图灵专家、新西兰逻辑学家寇普兰指出的，冯诺依曼生前向他的同事多次强调，计算机中那些没有被巴贝奇预见到的概念都应该归功于图灵。所谓存储程序就是通用图灵机，换句话说，就是把程序和数据等同处理，也由此有了软件的概念，这是 EDVAC 和 ENIAC 的本质区别。

冯诺依曼架构真正区别于通用图灵机的是 RAM，现在却无人提及。一方面，RAM 的概念实际上在珀斯特、王浩和明斯基的机器设计上已经有所体现。另一方面，冯诺依曼曾经和哥德尔讨论过计算复杂性，也是他肯定了哥德尔和图灵的早期工作。冯诺依曼 1946 年写给维纳的信中也明确地说图灵的工作是 absolute and hopeless generality。作为 EDVAC 报告中真正的思想原创：随机寻址及其衍生品寄存器，其重要性和存储程序的概念没法比。

有意思的是，弗里曼·戴森的儿子乔治·戴森（George Dyson）的一本以普林斯顿高等研究院研制最早的计算机为背景的书竟然以《图灵的大教堂：数字宇宙开启智能时代》为题，而书中的主角明显是冯诺依曼，图灵在普林斯顿大学不过是匆匆过客。物理学家费曼曾经"毒舌"讲过普林斯顿高等研究院，说它变成了养老院，曾经杰出的大脑到了这里都没产出什么成果，不知道他具体指的是谁（有人说他暗示的是爱因斯坦），但这肯定不适用于冯诺依曼和哥德尔。如果我们看看在谷歌 Ngram 中 Turing 和 von Neumann 出现的频率，会发现图灵的逆袭出现在 20 世纪 80 年代前期。

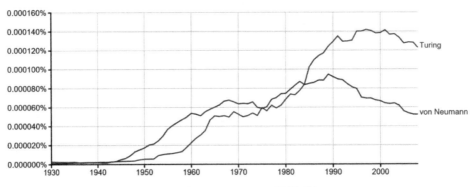

Turing 与 von Neumann 词频对比

冯诺依曼在计算机科学界有无数的继承者。他 1948 年在加州理工学院所在地帕萨迪纳召开的 Hixon 会议上的演讲"自动机的通用和逻辑理论"（The General and Logical Theory of Automata）被收入他的全集，这篇文章开启了细胞自动机的理论研究。冯诺依曼还影响了天才沃尔弗拉姆。沃尔弗拉姆一直在研究细胞自动机，副产品是数学软件 Mathematica 和搜索引擎 Alpha。在沃尔弗拉姆的《新式科学》一书中，冯诺依曼被提及 12 次，排名第二；排名第一的是图灵，被提及 19 次。沃尔弗拉姆在 2003 年冯诺依曼诞辰 100 周年时撰文纪念，在文章结尾处提到，冯诺依曼临终前告知他唯一的孩子玛丽娜（Marina），他有一只大箱子，要在他死后 50 年时再打开。到 2007 年 2 月 8 日，冯诺依曼逝世 50 周年时，玛丽娜把自己的儿孙们聚集在一起，打开了这只箱子。令所有人失望的是，这只箱子竟然不是冯诺依曼的。沃尔弗拉姆在当天的博客里谈及此事，而他猜测这只箱子可能和战时的秘密相关。

1955 年冯诺依曼被诊断出得了癌症，人们认为这和他参与曼哈顿计划受到核辐射有关。在病中，他接受了耶鲁大学西利曼讲座的邀请，但在讲座期间，他的身体太虚弱了，没法到现场。1957 年他去世时，讲稿也没有完稿，1958 年才以《计算机与人脑》为名成书。商务印书馆 1965 年就出版了这本书第一版的中译本。这本书在某种程度上预示了人工智能的发展路线。冯诺依曼在不同场合都高度评价了图灵机和麦卡洛克 - 皮茨（McCulloch-Pitts）的神经网络。图灵虽然没有在论文中引用麦卡洛克 - 皮茨的工作，但可能知道对方的工作。《计算机与人脑》的第一部分是"计算机"，第二部分是"大脑"，冯诺依曼没有让这两条路线对立，他认为这是解决同一问题的两种方法。这给当下的启示是，符号学派和神经学派应该互相倾听互相学习,而不是掐架。另外,他们都应该学学计算理论。

冯诺依曼应该是相信丘奇-图灵论题的,而且他认为图灵对这个论题的贡献是决定性的。但冯诺依曼确实没对丘奇-图灵论题和通用计算架构做出不可或缺的贡献。冯诺依曼架构这个别扭的提法也该改改了。

冯诺依曼和奥本海默在普林斯顿计算机前

7. 超计算:超越丘奇-图灵论题

丘奇-图灵论题的一个自然结果就是不可能存在比图灵机更强的计算装置。那么假设存在一种装置超越图灵机,会出现什么结果呢？新西兰逻辑学家寇普兰用"超计算"（hypercomputation）来指称在可计算性上超越丘奇－图灵论题的装置。注意，这和"超级计算"（super-computing）不同，超级计算是量变，而超计算是质变。有的人会用不同的术语指称"超计算"，例如彭罗斯就用"非算法"（non-algorithmic，Penrose, 1989），还有人用"超图灵"（Trans-Turing 或者 Super-Turing）。其实图灵本人就曾提出过 oracle（译为"神谕"或"天启"）的思想：一个图灵机可以问 oracle 任何问题。当 oracle 的能力超过图灵机时，这个图灵机就有了超计算的能力。oracle 的存在有理论的方便性，但具备超计算能力的 oracle 还都不存在物理实现的可能性。

一个最常被提及的超计算模型是实数计算模型 BSS（Blum et al, 1998），BSS 分别是三位数学家（Lenore Blum、Michael Shub 和 Steve Smale）姓氏的首字母。BSS 的主要用途是为数值计算中的算法分析提供理论基础。BSS 模型的一个很大的假设是，任意精度的实数四则运算可在单位时间内完成，这在数值分析中是有用而又方便的假设，但目前尚不知道如何在物理上实现。其实，即使在数值分析之外，我们也经常做类似的假设，例如，在排序算法分析中，任意精度的数（可能是实数）之间的比较是单位时间的。

BSS 和图灵机的本质区别可溯源到 20 世纪 30 年代初期，那时哥德尔证明了整数的一阶逻辑是不可判定的。但几乎在同时，塔尔斯基（Tarski）证明了实数的一阶理论（几何和代数）是可判定的。我们可以说图灵机和 BSS 分别是哥德尔定理和塔尔斯基定理的计算体现。对于复杂性的有些性质，BSS 也和图灵机不同。比如线性规划在图灵机上被证明是多项式时间的，但在 BSS 上，复杂度是啥，目前不知道。如果在 BSS 上可以找到线性规划的多项式时间算法，在图灵机上就可以找到线性规划的强多项式时间算法。这个问题被斯梅尔称为最重要的计算机科学理论问题。

20 世纪 80 年代初就有人证明三层以上的神经网络可以逼近任意连续函数。20 世纪 80 年代末期，史蒂夫·贾德（Steve Judd）在他的博士论文里证明了三层以上的神经网络学习问题在图灵机上是 NP 完全的。作者本人则证明了在 BSS 模型上，类似的神经网络学习问题展现出与图灵机上不尽相同的性质，例如单神经元学习问题等价于线性规划问题，等等（Zhang, 1992）。目前各种神经网络学习算法都是工程，鲜有科学，神经网络研究多是些经验算法外加调参，从业人员也多数没有受过计算理论的训练。在各种学习算法里，很少看到关于什么算法适合什么问题的理论指导。目前来看，BSS 模型没法在物理上实现，在某些情况下，可作为模拟计算看待。BSS 至少为简化带实数的算法分析提供了工具。

8. 模拟 vs 数字，连续 vs 离散

"模拟 vs 数字"和"连续 vs 离散"，是一个问题的两种说法，一般我们把模拟大致对应于连续，数字对应于离散。连续和离散之分从古希腊时就有了。连续是更容易被想到的。几何中的线都是连续的。但也有人认为世界是离散的，德谟克利特（Democritus）

认为宇宙最终是由原子构成的，量子物理学家经常把他们的思想溯源到德谟克利特那里，理论计算机科学家斯科特·阿伦森（Scott Aaronson）的量子计算教科书的书名中就有德谟克利特。

图灵机在两个方面都是离散的：在空间方面，计算的数值都是可操控的数字，而不是必须测量才能得到的模拟量；在时间方面，计算是由一个中央时钟同步控制的，同步的方法就是离散的时间脉冲。当然，如果同步不是中央集中同步而是分布式同步，只要时间脉冲是离散的，也不会影响结论。图灵对模拟计算和数字计算并没有做详细的区分，也许他认为这两个东西是没法区分的。图灵1939年在维特根斯坦的课堂上和他讨论过"实验 vs 计算"的问题：实验就像是模拟计算。在图灵-1950中，图灵甚至提出可以把模拟和连续之分做成一个模仿游戏。我们现在对模拟和数字之分有了比图灵时代更加深刻的理解。

尽管离散不如连续那么显而易见，但我们有足够的终极理由，认为世界是离散的，那就是量子力学。有时，我们只是把离散和连续之分当作某种约定。例如我们在做排序算法时，并不把被排序的数看成离散的，于是一个方便的约定是可以在单位时间内完成两个数值的比较。无论如何，计算机科学家在这个对立中，一般是站在离散和数字这一边的。

可能数学家和物理学家对离散和连续的看法也是不同的。哥德尔虽然认可图灵机是所有机械离散装置的通用机器，但他指出图灵机的状态数是有限的，而人的心智的状态数可能是无限的，或者说是连续的。物理学家弗里曼·戴森关于生命是模拟的还是数字的，也给出了和常规计算机科学家不同的思考。他说模拟是黑胶而数字是 CD。他认为人的存储分为两部分，一部分是 DNA，另一部分是大脑；DNA 无疑是数字的，而大脑则可能一部分是模拟的。所以他不敢相信莫拉维克（Moravec）把大脑里的内容上传到云的想法，因为模拟信号每次复制时都会损失内容。他这个玩笑式的说法挺有哲理。他对大脑是量子计算机的说法似乎不太买账，但量子本质上还是离散的，也就是数字的。我们可以把 DNA 看作通过遗传带来的先天信息，而大脑里的信息是后天的。戴森曾在《现代物理评论》上写文证明生命有可能永生，而善做科普的"网红"物理学家劳伦斯·克劳斯（Lawrence Krauss）后来写文驳斥戴森，认为生命不可能永生，最终他们都同意对方可能是对的，原因是他们关于什么是生命做了不同的假设，戴森认为生命是模拟的，而克劳斯认为生命是数字的。克劳斯的这个结论有点反直觉。戴森把存储到天上的"乌云"的动作叫 upload，而存储到数字硅基芯片的动作叫 download，他说他总是选乌云而不是硅云。

戴森的理论依据是明尼苏达大学的逻辑学家 Pour-EL 和理查德（Richards）的合作工作，他们证明了存在数字计算机不可解的问题，但用模拟设备测量一下就行了。戴森的论断假设了能量量子化不适用于模拟系统。这种模拟和 BSS 的实数计算还不同，BSS 是为了做数值分析的一种简化考虑，而 Pour-EL 等人的工作是试图证明存在物理可解而图灵机不可解的问题，这倒是间接在说"物理 > 数学"。也许物理学家马克斯·泰格马克（Max Tegmark）

应该花更多的时间在计算理论而不是人工智能上。模拟机是无法做成通用机器（universal machine）的。

人工智能中神经网络的研究者可能会比较偏向模拟和连续。辛顿（Hinton）在从谷歌退休前，也讨论过模拟计算更适合实现神经网络。认知科学家保罗·斯莫伦斯基（Paul Smolensky）曾经是 20 世纪 80 年代推动神经网络复兴的重要人物之一，他在评论图灵-1948 时指出神经网络需要另一种范式，即"次符号"（subsymbolic），而次符号对应的计算是连续的。很明显，他们都认为图灵机、递归函数、乔姆斯基文法这类离散装置代表了智能的符号范式。也许他们对连续和离散的本质区别有误解。冯诺依曼在《计算机与人脑》中讨论了模拟计算和数字计算，他的注重点在数字计算，尽管他花了些篇幅讨论模拟-数字转换。冯诺依曼关注的神经网络是 McCulloch-Pitts 网络，这是 0-1 网络。其实，在 20 世纪 80 年代中期，Hopfield 网络就有连续和离散两种版本。

迈克尔·阿蒂亚（Michael Atiyah）爵士在 2000 年世界数学年大会上发言总结 20 世纪的数学发展时，用了牛顿和莱布尼茨的对立作为类比：牛顿和莱布尼茨同时发明了微积分，但牛顿的出发点是几何，服务对象是物理；而莱布尼茨的出发点是代数，旨在严谨和抽象。我们现在用的微积分符号是莱布尼茨首创的，英国很晚才引进欧洲大陆早已通行的莱布尼茨符号，导致数学在很长一段时间内落后于欧洲大陆，多亏了巴贝奇等一伙人的努力才帮英国扳回来。几何是空间的、连续的；而代数是时间的、算法的、离散的。阿蒂亚"毒舌"道：浮士德出卖灵魂给魔鬼换取女人，而数学家出卖灵魂则换得代数。

柯西和魏尔施特拉斯定义的严格连续性，实际上是一个数学上的便利，类似于丘奇-图灵论题，可以被当作共识，而不是定义或者定理。严格的连续性定义和物理世界不一定相符，但有了它，就可以定义可导，就可以做微积分，连续的微分要比离散的差分简单得多，微分的结果可以为计算差分带来洞见。在这个意义上，微分是差分的近似。几何中理想的点是不是实在的（real），认为是的，那肯定是柏拉图主义者，而认为点是某种近似的，估计是实用主义者。**广义地说，连续是离散的近似**。计算机科学家出卖灵魂换得离散，更具体地说是图灵机，也许不是出卖，而是牺牲。这个问题本身是哲学中所有二分概念对（例如理性 vs 经验，分析 vs 综合，演绎 vs 归纳，唯物 vs 唯心）中最值得讨论的。

9. 结语

物理学家费曼曾说人分两类，一类是懂了足够多的数学从而能够理解自然，还有一类则不是。这基本是所有物理学家的共识，也就是说物理学为其他科学奠定基础，而其基础则是数学。逻辑学家们曾经有过一个一厢情愿的想法，即逻辑为数学奠定了基础，但这个想法数学家们并不买账。王浩曾经对此失望并不解。那时，数学家普遍认为逻辑学家构造出来的问题太过于人为，和他们正在研究的问题关系不大。当珀斯特以及后来的苏联数学家们，如马尔可夫（Markov，马尔可夫链因他父亲得名），开始建立数学中具体问题和逻辑的关系时，大多数逻辑学家的注意力已经从数学转往别处，他们找到了新的服务对象：计算机科学。丘奇－图灵论题作为逻辑学家的贡献，确实为计算机科学奠定了基础，并一直在直接或间接地推动计算机科学及其衍生学科（例如人工智能）的发展。这算是对逻辑学家们的安慰吧。

丘奇－图灵论题的解释大致有三类。首先，这是数学的，要么是定义，要么是定理。例如，哥德尔倾向于把它看作定义式的约定，那么它的应用范围就不能超过约定。哥德尔指出图灵机的状态数是有限的，而"心智"（mind）的状态数可能是无限的，所以尽管图灵机刻画了通用机械装置，但不能把它等同于智能。我们可以看出哥德尔有心理主义的倾向，这种解释的问题是如何实现无限。其次，这是物理的，或者更局限地，是机械的，最早明确提出这种解释的分别是王浩和甘迪。绝大多数计算机科学家就持此态度。这种解释自动会是经验主义的。波兰逻辑学家奥尔谢夫斯基（Olszewski）神父详细讨论了这种解释的几种可能的变种。还有一种解释我宁可称之为实用主义的，或者进步主义的。这种解释的核心是"无反例"（lack-of-counterexample argument），或者更局限地，"目前无反例"。这种解释的优势是可以把论题当作可用的工作假设，同时对在这个论题下得到的结论也可持同样的态度。我们把几位的态度不严谨地总结为下表。

不同人物的态度

解释的依据	逻辑主义的 （数学，定义，定理）	经验主义的 （物理，定律）	实用主义的 （论题）
丘奇		物理定律	
哥德尔	在合适的假设下可以证明丘奇定理（？）		
图灵			可进步的假设
珀斯特		物理定律	
冯诺依曼		工程上的考虑（？）	
王浩		机械的，物理主义	
乔姆斯基	天生的（innate）		

新古典经济学假设"完美理性"（perfect rationality），后来又有司马贺的"边界理性"（bounded rationality）。罗素（Stuart Russell）和诺维格（Peter Novig）的人工智能教科书套用了经济学和心理学的说法来给智能体（agent）下定义，"计算理性"（calculative rationality）对应"完美理性"，"有界优化"（bounded optimality）对应"边界理性"。于是经济学里的"理性人"，就变成了人工智能里的智能体。从计算理论的角度考虑，一个智能体就是图灵机，"计算理性"的边界就是可计算性，而"有界优化"的边界就是计算复杂性。

计算理论是新时代的通识。理论计算机科学家斯科特·阿伦森苦口婆心地劝哲学家应该学一些计算理论。其实，在中学和大学中像教数学和物理一样，教计算理论的入门课，也未尝不可。逻辑、数学、物理为所有其他学问奠定了扎实的基础，计算理论为我们思考几乎所有问题划定了边界，有些人在边界里面做工程，还有些人试探边界是否有弹性。例如，"机器 = 人"，同意的一派和反对的一派之间的争辩会激励学问的进步。

恰恰因为丘奇-图灵论题，计算机科学比电气工程更加接近数学和物理学，也正因为同样的原因，计算机科学既不同于数学，也不同于物理学。图灵机在数学与物理、理性与经验之间建立了某种比以往任何时候都更令人踏实的桥梁。这也是为什么大家会为图灵的贡献和故事所感动，即使是最冷酷的数学家。

参考文献

1. Aaronson S, 2013. Why Philosophers Should Care about Computational Complexity. Computability: Turing, Godel, Church and Beyond.
2. Atiyah M, 2000. Lecture at the World Mathematical Year 2000 Symposium. Toronto, June 7-9, 2000.
3. Blum L, Cucker F, Shub M, et al, 1998. Complexity and Real Computation. Springer-Verlag.
4. Booker A, 2016. Turing and Primes. The Once and Future Turing: Computing the World.
5. Chomsky N, 1956. Three Models for the Description of Language. Proceedings of Symposium on Information Theory.
6. Church A, 1935. An unsolvable problem of elementary number theory. Preliminary report (abstract). Bull. Amer. Math. Soc. 41: 332-333.
7. Church A, 1936a. An unsolvable problem of elementary number theory. American J. of Math, 58: 345-363.
8. Church A, 1936b. A note on the Entscheidungs problem. J. Symbolic Logic, 1: 40-41. Correction: 101-102.
9. Church A, 1937a. Review of Turing 1936. J. Symbolic Logic, 2(1): 42-43.
10. Church A, 1937b. Review of Post 1936. J. Symbolic Logic, 2(1): 43.
11. Cooper S B, van Leeuwen J, 2013. Alan Turing: His Work and Impact.
12. Cooper S B, Hodges A, 2016. The Once and Future Turing: Computing the World. Cambridge University Press.
13. Copeland B J, 2004. The Essential Turing.

14. Davis M, 1982. Why Gödel did not have Church's Thesis. Information and Control, 54: 3-24.
15. Davis M, 1988. Mathematical logic and the origin of modern computers: 149-174.
16. Davis M, Sieg W, 2015. Conceptual Confluence in 1936: Post & Turing. Turing Centenary.
17. Dawson J W, 1997. Logical Dilemmas: The life and work of Kurt Gödel.
18. De Mol L, 2007. Tracing unsolvability. A historical, mathematical and philosophical analysis with a special focus on tag systems[D]. Universiteit Gent.
19. De Mol L, 2008. Tag systems and Collatz-like functions. Theoretical Computer Science, 390(1).
20. Dershowitz N, Gurevich Y, 2008. A Natural Axiomatization of Computability and Proof of Church's Thesis. The Bulletin of Symbolic Logic, 14(3).
21. Dyson F, 2001. IS LIFE ANALOG OR DIGITAL? Edge, 2001-03-13.
22. Gandy R, 1954. Dr. A. M. Turing, O.B.E., F.R.S. Nature, 1954-09-18.
23. Gödel K, 1931. Postscriptum to Gödel 1931. The Undecidable: 71-73.
24. Gödel K, 1934. On Undecidable Propositions of Formal Mathematical Systems. Institute for Advanced Study, Princeton, NJ. (mimeographed lecture notes by S. C. Kleene and J. B. Rosser; corrected and amplified in The Undecidable, 41-74.)
25. Gödel K, 1946. Remarks before the Princeton Bicentennial Conference on Problems in Mathematics. The Undecidable: 84-88.
26. Hejhal D, Odlyzko A M, 2016. Alan Turing and the Riemann Zeta Function. The Once and Future Turing: Computing the World. Cambridge University Press.
27. Herken R, 1988. The Universal Turing Machine: A Half Century Survey. Oxford University Press.
28. Hodges A, 1983. Alan Turing: The Enigma.
29. Hodges A, 2004. Alan Turing: the logical and physical basis of computing. Alan Mathison Turing 2004: A celebration of his life and achievements.
30. Jackson A, 2018. Psychological Fidelity. Inference: International Review of Science.
31. Kleene S C, 1952. Introduction to Metamathematics.
32. Kleene S C, 1967. Mathematical Logic.
33. Kleene S C, 1981a. Origins of recursive function theory. IEEE Annals of the History of Computing, 3: 52-67.

34. Kleene S C, 1981b. The theory of recursive functions, approaching its centennial. Bull. A.M.S.
35. Kleene S C, 1987. Reflections on Church's Thesis. Notre Dame Journal of Formal Logic, 28.
36. Kleene S C, 1988. Turing's analysis of computability, and major applications of it.
37. 尼克，2014. 哲学评书，浙江大学出版社．
38. 尼克，2018. 人工智能简史．2 版，人民邮电出版社．
39. Olszewski A, 2005. Church's thesis as an empirical hypothesis. Annales UMCS Informatica AI, 3: 119-130.
40. Penrose R, 1989. The Emperor's New Mind. Oxford University Press.
41. Peter R, 1951. Rekursive Funktionen. Budapest.（递归函数论．莫绍揆，译．北京：科学出版社，1958.）
42. Post E L, 1921. Introduction to a general theory of elementary propositions. Amer. J. Math, 43.
43. Post E L, 1936. Finite combinatory processes—formulation I. J. Symbolic Logic, 1(3).
44. Post E L, 1941. Absolutely unsolvable problems and relatively undecidable propositions–account of an anticipation. Solvability, Provability, Definability: The Collected Works of Emil L. Post.
45. Pour-El M B, Richards J I, 1987. Computability in Analysis and Physics.
46. Russell S, Norvig P, 2021. Artificial Intelligence: A Modern Approach. 4th ed.
47. Sieg W, 1994. Mechanical procedures and mathematical experience. Mathematics and Mind. Oxford University Press: 71-117.
48. Sieg W, 1997. Step by recursive step: Church's analysis of effective calculability. B. Symbolic Logic, 3: 154-80.
49. Sieg W, 2005. Only two letters: the correspondence between Herbrand & Gödel. B. Symbolic Logic, 11(2): 172-184.
50. Sieg W, 2006. Gödel on computability. Philosophia Mathematica, 14(2).
51. Sieg W, Szabo M, McLaughlin D, 2016. Why Post Did [Not] Have Turing's Thesis. Martin Davis on Computability, Computational Logic, and Mathematical Foundations (Outstanding Contributions to Logic).
52. Smolensky P, 2013. Cognition: Discrete or Continuous Computation? Alan Turing: His Work and Impact.
53. Soare R, 1999. The History and Concept of Computability. Handbook of Computability Theory.

54. Stillwell J, 2004. Emil Post and His Anticipation of Gödel and Turing. Mathematics Magazine.

55. Turing A M, 1932? Handwritten essay: Nature of Spirit. The Turing Digital Archive, item C/29. Text in (Hodges 1983, p. 63).

56. Turing A M, 1936a. On computable numbers, with an application to the Entscheidungs problem. Proc. Lond. Math. Soc. (2) 42: 230-265 19. A correction (1937). Proc. Lond. Math. Soc. (2) 43: 544-546.

57. Turing A M, 1936b. A note on normal numbers. The Turing Digital Archive, item C/15.

58. Turing A M, 1939. Systems of logic based on ordinals. Proc. Lond. Math. Soc.（这实际是图灵 1938 年的博士论文）

59. Turing A M, 1939. Blueprint of machine. The Turing Digital Archive, item C/2.

60. Turing A M, 1943. A method for the calculation of the zeta-function. Proc. Lond. Math. Soc. (2) 48: 180-197.

61. Turing A M, 1947. Lecture to the London Mathematical Society, 1947-02-20.

62. Turing A M, 1948a. Intelligent machinery. National Physical Laboratory report. The essential Turing. Oxford University Press.

63. Turing A M, 1948b. Rounding-off errors in matrix processes. Quart. J. Mech. Appl. Math, 1: 287-308.

64. Turing A M, 1950. Computing machinery and intelligence. Mind, 59: 433-460.

65. Turing A M, 1951. Can digital computers think? BBC talk. The essential Turing. Oxford University Press.

66. Turing A M, 1953. Some calculations of the Riemann zeta-function. Proc. Lond. Math. Soc.

67. Turing A M, 1954a. Solvable and unsolvable problems. Science News, 31: 7-23.

68. Turing A M, 1954b. Postcards to Robin Gandy. The Turing Digital Archive, item D/4.

69. Turing D, 2015. Alan Turing Decoded.

70. von Neumann J, 1958. The Computer and the Brain. 3rd ed. Yale University Press.（计算机与人脑. 甘子玉，译. 北京：商务印书馆，1965.）

71. Wang H, 1963. Tag systems and lag systems. Mathematische Annalen, 152.

72. Yao A C C, 2003. Classical physics and the Church-Turing thesis. Journal of the ACM, 50: 100-105.

73. Zhang X D, 1992. Complexity of Neural Network Learning in the Real Number Model. Proceedings of 2nd IEEE Workshop on Physics and Computation. Dallas, Texas.

第 4 章

图灵与计算复杂性

1. 计算复杂性的源头

计算复杂性的基本概念的形成可以归功于科巴姆（Cobham）、哈特马尼斯（Hartmanis）与斯特恩斯（Stearns）。科巴姆于 1964 年发表了文章《函数的内在计算难度》（"The intrinsic computational difficulty of functions"，Cobham, 1964），哈特马尼斯与斯特恩斯 1965 年在《美国数学学会会刊》上发表了《论算法的计算复杂性》（"On the computational complexity of algorithms"，Hartmanis & Stearns, 1965）。这两篇文章定义了计算的时间和空间复杂性，科巴姆甚至探讨了用多项式时间作为有效计算的衡量，但他博士没有毕业就进入工业界，后来帮助美国东部精英学校 Wesleyan 大学创办了计算机系；而哈特马尼斯和斯特恩斯则获得 1993 年的图灵奖。这两篇文章成文都在 1963 年，有意思的是，科巴姆的文章是发表在科学哲学的会议上，尽管那会议和逻辑关系密切，但由此可见计算复杂性那时真是没人待见，会议论文集也出版于 1965 年。库克（Cook）在哈佛读博期间就和科巴姆相熟，哈特马尼斯到哈佛做过一次关于计算复杂性的演讲，库克记忆深刻。

哈特马尼斯 1988 年发现了一封哥德尔 1956 年 3 月 20 号写给冯诺依曼的信（Hartmanis, 1989），信中哥德尔指出：一个问题的难度可以表达为在图灵机上求解该问题所需步骤的函数，这个函数就是算法复杂性。哥德尔还特别提出素数判定问题的复杂性。于是，哈特马尼斯把计算复杂性理论的诞生日推早到 1956 年。美国计算机学会和欧洲计算机学会于 1993 年创立哥德尔奖，每年颁发给在计算复杂性领域做出贡献的人。

在 2012 年解密的美国国家安全局（NSA）一批文件中，发现了一封天才纳什（Nash）1955 年 1 月给 NSA 的信（Nash, 1955）[见下图]。这封信手写在麻省理工的办公信纸上，一共 8 页。纳什在前一年（1954）就提出了多项式复杂性和指数复杂性的区别，他推测指数复杂性对加密算法是有用的。纳什和当时麻省理工的几位同仁还讨论过所谓"指数猜想"，其中就有后来发明霍夫曼编

纳什给 NSA 的信

码的霍夫曼（Hoffman），且英雄所见略同，霍夫曼也有类似想法。于是麻省理工学院计算理论大家 Sipser 认为纳什是复杂性概念的原创者（Sipser, 1992）。

但更早，王浩在 1953 年曾写过一篇文章《递归与可计算性》（"Recursiveness and calculability"），文中提出了 speed function 的概念，这其实就是复杂性概念的雏形。可惜此文从未公开发表。王浩 1953 年夏天将此文提交给《英国科学哲学杂志》。评审的修改意见很长，王浩 1954 年做了修改，经过和评审的几次沟通，王浩失去了进一步修改的耐心。1984 年，北大的逻辑学家吴允曾看到这份 1954 年的手稿后，建议王浩将此文收录进文集《计算，逻辑，哲学》（*Computation, Logic, Philosophy*, Wang, 1989），并将文章题目改为《可计算性的概念》（"The Concept of Computability"）。不知道吴允曾先生有没有看到过 20 世纪 50 年代王浩和杂志编辑的通信。王浩还为此文写了一篇后记讲述了这段趣事。据此，我们也可以说计算复杂性起源于 1953 年。

我甚至曾把复杂性理论的缘起回溯得更早。1939 年，哲学家维特根斯坦在剑桥开讲"数学基础"，内容主要是维特根斯坦转型期思想的杂烩。图灵几乎全程旁听了维特根斯坦的课。其间，他们就证明的复杂性有过深刻讨论：一个命题的证明难度和证明的长度有关。如果由此把计算复杂性的生日再推早到 1939 年似乎是公平的。

有人研究过图灵在二战时所做的密码学工作，指出图灵在解密时用到了交互式随机算法，并分析了多层加密的内在复杂性

（Eberbach, Goldin and Wegner, 2004）。2012年开始，更多的图灵战时密码学工作逐步解密，并且被整理上传到arXiv上。这是计算机科学家和计算历史学家的研究课题。各国的保密法使得军事研究的credit很难确认优先权，密码学是一个典型的领域，例如，普遍认为20世纪70年代中期，迪菲（Diffie）和赫尔曼（Hellman）等人的工作开创了公钥加密，但近来解密的文件表明图灵战时工作过的单位GCHQ的密码学家在1970年就提出了公钥密码学。

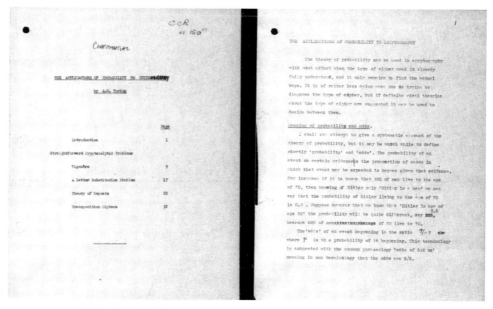

图灵（1941），"The Applications of Probability to Cryptography"

计算复杂性概念溯源见下表。其实，如果只是泛泛而谈，我们甚至可以把计算理论的起源推早到巴贝奇和爱达对"分析机"的研究。但任何事情的发展脉络都要有若干明确、毋庸置疑的里程碑，里程碑之前和之后确有明显不同。从这个意义上说，图灵

（1936/1937）和库克（1971）有更显著、更深刻的影响。最近有欧陆中心主义者对图灵的冷嘲热讽显示了对英美的学术话语体系的不满。但不满归不满，我们还是要看成果的彰显性（significance）。库克的文章提出了 P vs NP 的问题。这是当今计算机科学和数学中最重要的问题之一。库克为此获得 1982 年图灵奖。P vs NP 问题也被克雷数学研究所列为七大千年数学难题之首。其中的庞加莱猜想已被神秘的俄罗斯数学家佩雷尔曼（Perelman）证明，剩下的另一个著名难题是黎曼猜想。值得一提的是，这篇文章发表在计算理论的会议（ACM SIGACT Symposium on the Theory of Computing）上，SIGACT 后来成为计算理论的顶级会议。顶级会议的重要性甚至高过杂志，这是快速发展的计算机科学的一个特点，会议的论文发表周期比杂志更短。

计算复杂性概念溯源

时间	人物	工作
1939	图灵，维特根斯坦	证明的难度和长度
1941	图灵	交互式随机加密算法
1948	图灵	部分随机机器，即库克的非确定性机器
1953	王浩	speed function
1954	纳什	指数猜想
1956	哥德尔	在图灵机上求解问题的步骤
1959	罗宾	计算一个函数的复杂度
1964	科巴姆	《函数的内在计算难度》
1964	哈特马尼斯，斯特恩斯	《论算法的计算复杂性》
1971	库克	NP 完全性
1972	卡普	归约
1973	列文	NP 完全性和几个等价问题

20世纪30年代初期，对"effectively calculable"的定义是不清楚的，就像现在对"智能"的定义。早期人们更喜欢用"calculable"，甚至王浩在1953年也在用"calculability"，而到20世纪60年代，人们普遍用"computability"了。丘奇和克里尼实际上早于图灵，在1934年就知道他们的 λ-definable 与哥德尔和厄布朗1933年提出的递归函数是一回事，于是有了所谓丘奇论题，但哥德尔本人不买账。哥德尔是在看到图灵的东西后才信服的。于是，丘奇论题变成了丘奇-图灵论题。

2. 库克与 P vs NP

库克本科在密歇根大学，一开始学的是工程，但后来数学教授鼓励他改学了数学。他最后去哈佛读研究生，想学代数，但那时已经在哈佛读研究生的科巴姆影响了他。他和王浩很聊得来，就选定王浩做博士导师，并于1966年获得博士学位。

库克于1966~1970年在加州大学伯克利分校数学系教书，但1970年因为没有拿到终身教职而被迫离开。在美国，拿不到终身教职（Tenure，一般同副教授教职一起获得）是"不升即走"的。图灵奖获得者卡普（Richard Karp）当时也是加州大学伯克利分校教授，他后来回忆说：我们没能给库克终身教职是加州大学伯克利分校永久的耻辱。库克后来去了离他老家水牛城不远的多伦多大学，同时担任计算机系和数学系的副教授。那时计算机系刚成立，只招收研究生，第二年他的划时代论文发表，他也得到终身教职，全职在计算机系了，而计算机系也渐成熟，开始招本科生了。20 世纪 60 年代后期，计算机科学作为一门独立的学科刚刚开始，数学系的主流还没把计算理论当回事。

尽管加州大学伯克利分校数学系那时有个很强的逻辑学小组，带头人塔尔斯基曾经野心勃勃地想把数学系的十分之一教职留给逻辑学（见 [尼克，2014] 一书中关于塔尔斯基的一章）。尽管相比数学系的主流，逻辑学家会更加理解库克的工作，但很明显，不是所有的逻辑学家都能预见到计算理论的重要性。计算理论一开始只是作为逻辑学四大论之一递归论的若即若离的边角料，而现在计算机系则成为逻辑学家最理想的就业地。王浩曾说罗素时代的数理逻辑是 90% 逻辑，10% 数学，而当下则是 90% 数学了。另一位图灵奖获得者戴克斯特拉（Dijkstra）大约在同时也被阿姆斯特丹大学拒绝了终身教职，之后搬到美国加入得克萨斯大学奥斯汀分校。

库克（1971）证明了命题逻辑的可满足性问题（简称 SAT）是 NP 完全的，这是第一个 NP 完全问题。这个证明现在有标准的教科书式呈现方式，基本思路是：首先证明 SAT 属于 NP 类，这很简单，只要能够说明任何 SAT 问题是多项式可验证的就可以了；接下来比较难，要证明所有的 NP 问题都可以归约到 SAT。库克的办法是用命题逻辑来描述非确定性图灵机多项式时间运行的所有可能状态。也恰是因为库克用了命题逻辑，于是他的论文题目和定理证明相关。

把库克理论推向大众，首功是卡普。他 1972 年证明了 21 个问题（大部分是组合数学问题）都可以和库克的可满足性问题互相归约（reducibility）(Karp, 1972)。这就意味着有一大类问题和可满足性问题有类似的性质，此即 NP 完全性。理论计算机科学的很多结果有类似的呈现方式，就是把一些貌似不相干的东西，利用某种变换，找到隐藏的内在共性。丘奇和克里尼在证明 λ–definable 和递归函数等价时，证明了大量数论函数是递归的，异曲同工。好的教科书对早期理论的普及也起着至关重要的作用，NP 完全理论的"圣经"是贝尔实验室的两位研究员的著作（Garey & Johnson, 1979）。

值得指出，苏联数学家列文（Levin）在 1972~1973 年间独立提出了 NP 完全性并证明了几个等价问题（Levin, 1973）。他得到无所不在的伟大数学家柯尔莫哥洛夫的指导，在研究柯尔莫哥洛夫复杂性（Kolmogorov complexity）时发现了 NP 完全性。但由于政治问题，他没有被授予博士学位。1978 年他移民美国，麻省理工学院很快给他补了一个博士学位，此后他的结果渐为人知。他后来在波士顿大学教书直到退休。2000 年后的计算理论教科书把原来的库克定理改为库克－列文（Cook-Levin）定理。2012 年他被授予高德纳奖，与面向特定贡献的图灵奖和哥德尔奖不同，高德纳奖更加考虑对整个学科的影响，有点终身成就奖的意思。这算是对他缺失图灵奖的补偿吧。列文的写作颇有苏联时期数学家的遗风，很短，他 1986 年开创平均复杂性分析的文章只有两页（Levin, 1986）。有意思的是，列文倾向于认为 P=NP，他肯定是少数派。

图灵奖获得者瓦利安特（Valiant）讲述他 1972 年在导师帕特森（Mike Patterson）的办公室里听到一场刚在 IBM 开的会的录音，被震撼到，他听到的那段恰是卡普在讲那篇归约的文章，他回去研究了一晚上卡普的文章，第二天早上兴冲冲地去帕特森的办公室问："你看过这篇文章了吗？"帕特森反问："为啥这么激动，你解决了吗？"于是计算复杂性成为瓦利安特终生的学术追求（Valiant, 2019）。瓦利安特本科的背景是数学和物理，他说计算机科学那时还没成形，学校里教授的计算机课程的内容经常变来变去，没有定式，但卡普的文章使他脱胎换骨（transforming experience）。这不仅是他的个人经验，对那时一批站在数学、逻辑学和计算机科学交叉路口的人，库克和卡普的工作就是灯塔。把关于"计算机"的研究冠以"计算机科学"，和这有着密切关系。数学家、菲尔兹奖得主斯蒂芬·斯梅尔（Stephen Smale）晚年沉迷于计算理论，他曾说"NP 完全问题是计算机科学送给数学的大礼"。

3. 计算复杂性中方法的缘由

王浩 1948 年在哈佛哲学家蒯因的指导下获得了博士学位，那时他的主要方向是数学基础和数学哲学。20 世纪 50 年代王浩曾动过回国的念头，于是把兴趣转向更接近实际、与计算机相关的研究，具体地说就是计算理论和机器定理证明。王浩在这方面的主要贡献见下表。下面几节分别介绍其中重要且有趣的几项。

计算复杂性中的方法

时　　间	主要贡献
1953—1954	speed function
1954—1957	王浩机
1957—1965	机器定理证明
1960—1961	AEA，王浩瓷砖
1966	指导库克的博士论文
1974—1976	Co-NP

王浩 1961 年从牛津重回哈佛，职位是"计算理论讲席教授"。他对计算机科学做出诸多贡献，其中一个重大而直接的贡献就是指导了库克的博士论文（1966）。按照库克的回忆，王浩尽管是数理逻辑教授，但他的归属并不是在数学系，也不是在他导师蒯因所在的哲学系，而是在应用物理学部，这个回忆可能不严谨，哈佛那时正在扩大自己的应用科学和工程系。1914 年，哈佛和麻省理工学院曾计划把哈佛的应用科学系并给麻省理工学院，但后来麻省州法院取消了合并计划，这使得哈佛后来应用科学和工程系一直落后于隔壁，20 世纪 60 年代正是哈佛重振应用科学与工学的时候。

一个被忽视的事实是库克用到的方法受到图灵和王浩的启发。这个方法的核心就是用逻辑来描述一个要解决的问题，从而定义一个问题类，在图灵，就是用一阶逻辑来描述图灵机，而在库克，就是用命题逻辑来描述非确定多项式时间运行的图灵机。库克（1971）引用了王浩1962年关于一阶逻辑限制形式AEA不可判定性的论文。库克在定义NP类时用到了非确定性图灵机。值得指出，图灵-1948中提出的"部分随机机器"就是非确定性机器（Turing, 1948），只不过这篇文章最早作为英国NPL的内部报告，因为各种原因没有得到应有的重视，直到1969年才为外人所知。王浩在那篇论文里发明了"王浩瓷砖"（Wang tiles），作为逻辑和被描述问题的一个中间环节。很多人头一次看明白库克定理时的震撼来自那方法，就像头一次看明白哥德尔定理和图灵-1936时一样。王浩有把论文结集的习惯，他1962年那篇长达33页的长文被编入他的文集《计算，逻辑，哲学》（Wang, 1962）。

库克后来回忆王浩对他的启发："我很了解王浩的思想和方法，我对NP完全问题的结论与他非常类似。只不过图灵和王浩说的是谓词演算，我说的是命题演算。"我们必须意识到库克的方法来自图灵和王浩，即用逻辑描述机器的行为，从而证明机器的某些行为与逻辑问题等价：图灵用一阶逻辑描述图灵机的行为，王浩用一阶逻辑的一个限制形式AEA描述"王浩瓷砖"，库克用命题逻辑描述非确定性图灵机。

库克和他的学生Reckhow 1974年的文章（Cook & Reckhow, 1974）是库克所有文章中引用数第二高的。命题逻辑的可满足性是测试一组逻辑公式是否有可满足的真值分配。而一般的定理证明问题则是测试不可满足性，也就是不存在可满足的真值分配。定理证明问题一般是用反证法，也就是"不可满足性问题"，它是 NP 问题的补，也称"Co-NP"问题。这篇文章开启了"证明复杂性"。

王浩此时也和 IBM 人工智能的老兵邓纳姆（Dunham）合作研究永真式问题的复杂性，结果 1976 年发表于《数理逻辑年刊》（Dunham & Wang, 1976）。永真式问题就是把不可满足性问题正过来说，也是 Co-NP 问题。王浩和邓纳姆之所以对 Co-NP 问题感兴趣，主要是因为它和定理证明的关系更加密切。定理证明中最常用的"归结"（resolution）方法已经被证明不是多项式的（Haken, 1985）。但 NP 和 Co-NP 是否相等，现在尚不知道。这是 2019 年纪念库克在多伦多大学任教 50 年的会议上讨论最多的议题之一。素数分解问题属于 NP∩Co-NP，但不知道是不是 NP 完全的，如果素数分解是 NP 完全的，则 NP=Co-NP。相当多属于 NP∩Co-NP 的问题是多项式的，最广为人知的问题就是线性规划，但我们不知道是不是 P=NP∩Co-NP。值得指出，素数分解又是量子计算和传统理论计算机科学的最重要的链接。王浩那时正在深研唯物辩证法，能够分神和老友关注 Co-NP 问题实属难得，除了因为他们早期对定理证明感兴趣之外，王浩肯定也洞察到库克工作的深刻性并被之吸引。

4. 强丘奇-图灵论题

一个鲜为人知的轶事是，王浩把中国数学家洪加威推荐给库克做访问学者。洪加威在多伦多大学期间提出了曾经轰动一时的相似性原则，即计算装置之间互相模拟的成本是多项式的（Hong, 1986），也就是说靠谱的计算装置之间并不存在原则上的差异。相似性原则实际上是复杂性版本的丘奇-图灵论题，也被称为"强丘奇-图灵论题"。相比丘奇-图灵论题，强丘奇-图灵论题更加是经验性的观察，而不是数学式的定理。洪加威证明了若干种计算模型之间都可以在多项式时间内互相模拟。相似性原则现在不大被人提起，主要原因是它已成为计算理论的工作假设，被大家默认。

如果量子计算能够在多项式时间内解决图灵机上不能有效解决的问题，有可能导致强丘奇-图灵论题不成立。彼得·肖尔的量子素数分解算法是目前量子计算机具有"量子霸权"或"量子优势"（quantum advantage）的主要证据。尽管数学家和理论计算机科学家普遍认为素数分解是难解的问题，这也是目前最通用的加密算法 RSA 是基于素数分解的原因。但素数分解在难解的问题中具有一些独特的性质，我们至今尚不知道素数分解是不是 NP 完全的，我们甚至不知道素数分解问题在复杂性分层中的位置。不过，如果素数分解有可实用的量子算法，那么相当一部分目前的加密算法将是不安全的。我们需要有"抗量子（quantum-safe 或 quantum-proof）密码学"。

相比可计算性问题，复杂性问题初看和哲学关系不那么大，但阿伦森认为复杂性实际上要比可计算性有更多的哲学含义。

5. 一个插曲：王浩机与随机读取

冯诺依曼架构有两个核心思想，第一是存储程序，第二是随机读取。图灵机的存储纸带是顺序读取而不是随机读取的。但一般大家都把冯诺依曼架构等同于第一条，而把第二条当作理所应当的。冯诺依曼早就指出，存储程序就是通用图灵机，原创权应归于图灵。王浩注意到在计算机设计上理论和实践的脱节，于是 1954 年在 ACM 的一次会议上发表了《图灵机的一个变种》("A Variant to Turing's Theory of Computing Machines"，Wang, 1954)，这篇文章后来重印在 1957 年的 *JACM* 上。文中，王浩对原始图灵机做了简化和增强，使得计算模型不只是某种思想实验，而在工程上更加可行，结果被称为"王浩机"(Wang machine)。王浩机中，图灵机中的有限自动机被替换成了一系列程序指令，这已经有点像现代汇编语言了。

明斯基是王浩的铁粉，他不仅是人工智能的先行者，也曾经深度介入计算理论，他的学生中唯一得过图灵奖的是理论家曼纽尔·布卢姆 (Manuel Blum)，论文题目是递归论 (1964)。明斯基在 1967 年出版有计算理论专著《计算：有限和无限机器》(*Computation: Finite and Infinite Machines*，Minsky, 1967)，这书的价值被低估，其实内容深入浅出，今天读来仍有意思，应该比他两年后出版的诋毁神经网络的《感知机》更加长寿。明斯基在书中高度评价了王浩机，称之为"第一个得自真正计算机模型的图灵机理论"（the first formulation of a Turing-machine theory in terms of computer-like models）。这带动了一批对原始图灵机修正的工作，在 20 世纪 60 年代的计算理论的刊物上充斥着各种机器模型的论文。王浩看不大起这类工作，他说：作者们不过是找个借口向做实际工作的工程师吹牛说他们是理论家，但又回头向真正的理论家小声说我们在干实际工作。

6. 又一个插曲：王浩瓷砖

王浩在研究机器定理证明的过程中，碰到了一阶逻辑的某些子类，AEA 就是其中之一。

AEA 就是前束范式只有三个量词的公式，这里 A 是全称量词，E 是存在量词。AEA 被证明也是不可判定的。这有点像把 SAT 问题缩小到 3-SAT，仍然是 NP 完全的。为解决并说明 AEA 问题，王浩设计了王浩瓷砖。王浩瓷砖就是用一系列瓷砖来铺满地面，一块瓷砖四边可以有不同颜色，约束条件是两块相邻的瓷砖的边颜色必须相同。普遍的铺砖问题是不可解的：王浩的另一位学生伯杰（Robert Berger）把图灵机归约为铺砖问题，也就是说，可以用王浩瓷砖来实现任何图灵机。在伯杰和其他人的后续工作中，进一步对 AEA 的各种子类做了梳理。

王浩瓷砖后来在逻辑之外找到了更加广泛的应用。王浩 1965 年在《科学美国人》杂志上写了篇科普文章介绍王浩瓷砖（Wang, 1965），一时间各路数学家和理论计算机科学家都在拓广王浩的结果，如鲁宾逊（Robinson）、高德纳（Donald Knuth）、康威（Conway）等。而后来得过诺贝尔物理学奖的彭罗斯则把王浩瓷砖从四边形推广到多边形，做出了王浩瓷砖的变种——彭罗斯瓷砖，彭罗斯瓷砖在研究准晶体中的原子排列时有用。王浩瓷砖变成了一种组合数学的工具，后来在证明二维细胞自动机可逆性不可判定时也起了重要作用。有意思的是，王浩的学生伯杰后来加入麻省理工学院的林肯实验室从事集成电路的研发工作，大概受王浩瓷砖的影响不小，直到 2017 年还有新专利挂在他名下。

7. 思考与结语

得过数学领域最高奖之一 Abel 奖的理论计算机科学家 Wigderson 一直在思考计算理论，特别是计算复杂性理论和其他几门科学的关系（Wigderson, 2019），就像费曼在他著名的《物理学讲义》里开篇就思考物理学和化学、生物学、天文学、地质学乃至心理学的关系。Wigderson 企图说计算理论对其他学科是有用的。计算理论应该成为通识教育的一部分，就像数学、物理从古希腊时期开始就一直是通识教育的核心一样。如果要我们定量地比较丘奇

-图灵论题和牛顿第二定律哪个更重要、更基础,恐无标准答案。但丘奇-图灵论题应该成为所有人受教育的一部分,这些知识为其他学科设定了边界和可能性,就是俗称"第一性原理"的东西。计算理论之于数字化社会,就像牛顿力学之于工业化社会。

和费曼、温伯格(Weinberg)、杨振宁等对当代哲学的鄙视不同,阿伦森曾撰长文苦口婆心地劝说哲学家学点儿计算理论,尤其计算复杂性。王浩作为哲学家,有着深厚的数学背景,他对机器定理证明、逻辑的多个分支和计算理论都有过深刻的贡献,同时他又深度卷入他所处时代的重要事件。可惜他去世太早,没有把他的思想更加系统地写出来,这和他晚年一直没有找到合适的话语有关。

在可计算性理论和计算复杂性理论之间,王浩起了承上启下的作用,其实,他介入复杂性理论相对机器定理证明要更早,但他对复杂性理论的贡献多少被忽视了。这有外在的原因,图灵(1936)和库克(1971)影响如此之广之深;也有内在的原因,王浩晚年转向哲学,对计算理论兴趣不大。1986~1987年间,我的老师杨学良教授曾到洛克菲勒访问,王浩请杨老师吃饭,席间杨老师谈起我们合作的一项工作用到了王浩研究过的Co-NP问题和调度问题的关系,但王浩说他对这类工程性的枝节问题已无兴趣。连续统假设,在哥德尔20世纪40年代的工作之后,一直是数理逻辑学家努力研究的题目,就像当下数论家都在试图证明黎曼猜想。据说,王浩也曾下过功夫,但1966年这个问题被保罗·科恩(Paul Cohen)解决之后,王浩就没再研究过大的技术问题。王浩曾经比较过自己和杨振宁的经历，杨振宁离开普林斯顿高等研究院到石溪分校，好似入世，他以此为基地培养了一批学生；而他自己则从哈佛跳槽到洛克菲勒大学，似躲进象牙塔，因为洛克菲勒大学没有本科生，不用上课，他可以花更多的时间研究哲学。洛克菲勒体制独特，每个教授都有以自己名字命名的实验室，"王实验室"网罗了当时逻辑学领域最重要的人物。但后来洛克菲勒重定位，削减了数学、物理等学科，只保留生物学科，"王实验室"只剩下王浩光杆司令，他也真成了"躲进小楼成一统"（尼克，2014）。

芝加哥大学的逻辑学家罗伯特·索阿雷（Robert Soare）2013年在评论图灵（1936/1937）时自问"Why Turing and not Church"（Soare, 2013），他的漂亮自答用了文艺复兴初期的艺术家多拿太罗（Donatello）和盛期的米开朗琪罗（Michelangelo）作为对比，他们都有以大卫为题的雕像，但米开朗琪罗的大卫像是艺术史上最重要的作品之一。多拿太罗比达·芬奇（da Vinci）大60多岁，而米开朗琪罗比达·芬奇小23岁。索阿雷引用艺术史家的评论，认为米开朗琪罗最完美地体现了艺术家在现代的概念，即使是和达·芬奇相比。他暗喻图灵是计算理论的米开朗琪罗。

王浩呢？他更像是比米开朗琪罗年长一辈、更加多才多艺且兴趣广泛的达·芬奇。有人说当代的哲学从业者是想从事写作但又没有写作能力的一帮人。对王浩其人和学问都深有研究的哈佛哲学家帕森斯（Charles Parsons）曾经在纪念哥德尔90岁冥诞的会议上有文：《作为哲学家的王浩》（"Hao Wang as Philosopher",

Parsons, 1996），比较了王浩和视王浩为知己的哥德尔两人的哲学方法，他们都是从更加专门的学问起家，逐渐过渡到更加广泛的哲学，帕森斯称之为"逻辑之旅"（王浩书名），他们晚年都对自己的哲学阐述不够满意，但帕森斯说王浩的哲学对即使不赞同他立场的人也是有益的。这令我们宽慰。

仿照索阿雷，我们也可以对计算复杂性类比发问"Why Cook, but not Hartmanis, not Cobham, not Nash, not even Wittgenstein"，因为库克就是复杂性理论的米开朗琪罗，但他两脚分别踩在巨人图灵和王浩的肩膀上。

参考文献

1. Aaronson S, 2019. NP-complete Problems and Physics. Symposium on 50 Years of Complexity Theory: A Celebration of the Work of Stephen Cook.
2. Aaronson S, 2013. Why Philosophers Should Care about Computational Complexity. Computability: Turing, Godel, Church and Beyond. The MIT Press.
3. Cobham A, 1965. The intrinsic computational difficulty of functions. Logic, Methodology and Philosophy of Science: Proceedings of the 1964 International Congress. Studies in Logic and the Foundations of Mathematics. Amsterdam: North-Holland: 24-30.
4. Cook S, 1971. The complexity of theorem proving procedures. Proceedings of the Third Annual ACM Symposium on Theory of Computing: 151-158.
5. Cook S, 2002. Oral history interview with Stephen Cook. Charles Babbage Institute.
6. Cook S, Reckhow R, 1974. On the length of proofs in the propositional calculus. Proc. Sixth Annual ACM Symposium on Theory of Computing: 135-148.

7. Cook S, Reckhow R, 1979. The Relative Efficiency of Propositional Proof Systems. The Journal of Symbolic Logic, 44(1): 36-50.

8. Dunham B, Wang H, 1976. Towards feasible solutions of the tautology problem. Annals of Mathematical Logic: 117-154.

9. Eberbach E, Goldin D, Wegner P, 2004. Turing's Ideas and Models of Computation. Alan Turing: Life and Legacy of a Great Thinker.

10. Garey M R, Johnson D S, 1979. Computers and Intractability: A Guide to the Theory of NP-Completeness. W. H. Freeman.

11. Haken A, 1985. The intractability of resolution. Theoretical Computer Science, 39: 297-308.

12. Hartmanis J, Stearns R E, 1965. On the computational complexity of algorithms. Transactions of the American Mathematical Society, 117: 285-306.

13. Hartmanis J, 1989. Godel, von Neumann and the P=?NP Problem. Bulletin of the European Association for Theoretical Computer Science: 101-107.

14. Hong J W, 1986. Computation: Computability, Similarity and Duality. Pitman.

15. Karp R M, 1972. Reducibility Among Combinatorial Problems. Complexity of Computer Computations. New York: Plenum: 85-103.

16. Levin L, 1973. Universal search problems (Russian: Универсальные задачи перебора, Universal'nye perebornye zadachi). Problems of Information Transmission (Russian: Проблемы передачи информации, Problemy Peredachi Informatsii), 9(3): 115-116.

17. Levin L, 1986. Average case complete problems. SIAM Journal on Computing, 15(1): 285-286.

18. Minsky M, 1967. Computation: Finite and Infinite Machines.

19. Nash J, 1955. Communication to NSA.

20. 尼克，2014. 哲学评书. 杭州：浙江大学出版社.

21. Parsons C, 1996. Hao Wang as Philosopher. Gödel '96 Logical Foundations of Mathematics, Computer Science and Physics - Kurt Gödel's Legacy.

22. Shor P, 1994. Algorithms for Quantum Computation: Discrete Logarithms and Factoring. FOCS: 124-134.

23. Shor P, 1997. Polynomial-Time Algorithms for Prime Factorization and Discrete Logarithms on a Quantum Computer. SIAM J. Computing, 26(5): 1484-1509.

24. Sipser M, 1992. The History and Status of the P versus NP Question. 24th

ACM STOC - 5/92.

25. Sipser M, 2019. Adventures in Complexity. Symposium on 50 Years of Complexity Theory: A Celebration of the Work of Stephen Cook.

26. Soare R, 2013. Turing and the art of Classical Computability. Alan Turing: His Work and Impact.

27. Teuscher C, 2004. Alan Turing: Life and Legacy of a Great Thinker.

28. Turing A M, 1936-1937. Proceedings of the London Mathematical Society, 42: 230-65.

29. Turing A M, 1941. The Applications of Probability to Cryptography. The National Archives (United Kingdom), HW 25/37.

30. Turing A M, 1948. Intelligent Machinery. Alan Turing: His Work and Impact.

31. Valiant L, 2019. NP-Completeness and its Algebraic Siblings. Symposium on 50 Years of Complexity Theory: A Celebration of the Work of Stephen Cook.

32. Wang H, 1957. A Variant to Turing's Theory of Computing Machines. JACM.

33. Wang H, 1962. Dominoes and the AEA case of the decision problem. Proceedings of Symposium on Mathematical Theory of Automata: 23-55.

34. Wang H, 1965. GAMES, LOGIC AND COMPUTERS. Scientific American.

35. Wang H, 1975. Notes on a class of tiling problems. *Fundamenta mathematicae*, 82: 295-305.

36. 王浩，1980. 数理逻辑通俗讲话. 北京：科学出版社.

37. Wang H, 1989. Computation, Logic, Philosophy. Springer Netherlands.

38. Wittgenstein L, 1939. Wittgenstein's Lectures on the Foundations of Mathematics, Cambridge, 1939. University of Chicago Press.

39. Wigderson A, 2019. Mathematics and Computation.

第 5 章

图灵 vs 维特根斯坦

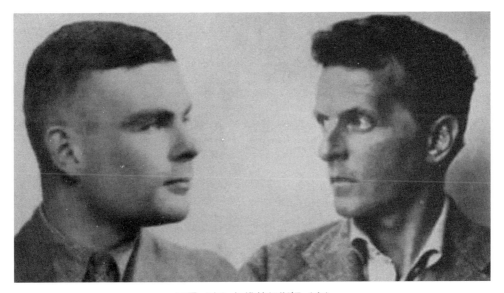

图灵(左)与维特根斯坦(右)

英国老式的教授系统是，老同志不退休，后面的讲师甭管多"高级"，也得熬着。上个世纪，英国大学一个系一般只有两到三位教授，现在在美国高校系统影响下，人数略微增加。教授再下一级的职称就是 Reader（准教授，或者"如教授"）和高级讲师了。

维特根斯坦 1929 年重归剑桥，当时去火车站接他的凯恩斯私下跟自己老婆说："上帝来了。"但"上帝"在剑桥熬了十年，才升成教授——那还是因为剑桥的另一位大佬摩尔（Moore）退休，给维特根斯坦让出位子。维特根斯坦此时已经年届五十了。维特根斯坦出生于欧洲最富豪的家庭之一。像他的家庭成员一样，他有极高的艺术品位，尤其在音乐上。但他在读了弗雷格（Frege）的《算术基础》和罗素的《数学原则》（*Principles of Mathematics*）（注意，不是同怀特海合著的《数学原理》，*Principia Mathematica*，从某种意义上说，《数学原则》是《数学原理》的热身）后，他的兴趣转向逻辑。他在一个夏天跑到耶拿找分析哲学的鼻祖弗雷格。弗雷格把他推荐给了罗素，于是他成了罗素最出名的学生。他在一战时当兵期间写了《逻辑哲学论》，深刻影响了英美系和欧洲的维也纳学圈。朋友兼学生马尔科姆（Malcolm）第一次见到维特根斯坦是在 1938 年，他觉得大师年轻，看上去只有 35 岁左右。其实维特根斯坦是长得少兴，也爱捯饬。

1939 年，维特根斯坦在焦急地等待着消息：自己是否能被提名为摩尔的继承人。很多人，包括罗素，倾向于把维特根斯坦描绘成不食人间烟火的仙人，但面临剑桥的一个教授位置，维特根斯坦也沉不住气，他很担心另一位候选人被提名。

正是在这种忐忑心情中，他开讲数学基础课。这是一门关于数学哲学的课，基本是他转型期的各种思想杂烩。课时是一周两次，每次两个钟头。维特根斯坦回剑桥后，上课只在自己房间，不去教室，来听课的学生自带板凳，要不就坐地板上。"只闻来学，未闻往教"说的就是维特根斯坦。

比维特根斯坦年轻 23 岁的图灵此时 27 岁，是数学系的小字辈。图灵 1936 年发表了那篇其重要性用任何形容词都不会过分的文章《论可计算数》，奠定了整个计算机科学及相关所有数学和哲学的基础，但其价值当时并没有显现。

图灵的老师纽曼称图灵是"应用数学家"，这有点令人吃惊，因为现在看图灵的工作都是基础性的：逻辑、代数、概率论。但图灵的兴趣确实广泛，他解决问题的方式是工程师式的，这点从"图灵机"可看出，而且他最后的学术工作的大部分和造实际的计算机有关。这其实也没什么，维特根斯坦不也是工科出身嘛。

图灵被纽曼推荐给美国普林斯顿的数学家、逻辑学家丘奇，丘奇认识到图灵那篇文章的意义，在他主编的《符号逻辑杂志》上写了篇关于图灵 1936 年文章的评论，丘奇在评论中头一次使用"图灵机"来指图灵发明的装置。后来大家把丘奇和图灵工作的一个推断称为"丘奇-图灵论题"。这个论题断言图灵机就是最强的计算装置。这只是一个工作假设，没法数学地证明为定理，又大于物理地总结为定律的东西。从实践上看，人类想出来的所有计算装置和逻辑装置，如丘奇的 λ 演算、Post 系统、哥德尔递归函数，都和图灵机等价。也就是说，一帮最聪明的大脑，独立想出来的东西，其实是一回事，英雄所见略同。20 世纪 50 年代，乔姆斯基发明形式句法后，大家又证明乔姆斯基 0 型文法和图灵机等价。细想想，在某种意义上，只能例示但不能证明丘奇-图灵论题，恰是唯心和唯物的鸿沟。这是整个计算机理论和人工智能以及若干潜在新学科的起点。

图灵在丘奇的指导下得了个普林斯顿的博士学位。那时拿美国学位到英国教书是一件稀罕事，大部分的大脑流动是反方向的。图灵回到剑桥申请讲师未遂，只好接着当研究员。1939 学年，图灵接替他的老师纽曼讲"数学基础"。尽管有了图灵机的贡献，但与维特根斯坦相比，图灵此时尚是无名小卒，他是在看了学校的课程表后才知道维特根斯坦要开一门同名课程，于是决定旁听，去会会这位大名鼎鼎的人物。故事就从这儿开始了。

维特根斯坦活着的时候，只出版过一本《逻辑哲学论》，发表过一篇文章和一篇文风刻薄的书评。他的十几卷本的文集大部分是死后出版的，内容一方面是他的笔记，另一方面是他几个亲信学生的笔记。

维特根斯坦这学期数学基础的讲课内容，在他去世二十多年后被他的几个学生整理成了书：《维特根斯坦剑桥数学基础讲义，1939》。图灵和维特根斯坦的对话构成该书的很大一部分内容，图灵的发问最精彩（尼克，2014）。它给了我们机会，看看两个聪明人，就他们共同关心的话题是如何斗智斗勇的。顺便寄语一句中青年女读者：维特根斯坦是金牛座，图灵是巨蟹座。

维特根斯坦的坏脾气众所周知，在剑桥读书时就和老师罗素磕磕碰碰，掐架是家常便饭，从不给人台阶下。摩尔在道德科学俱乐部发表了一篇文章，那时发表论文都叫"宣读论文"（read a paper）。尽管现在进步了，大家都会使PPT了，但很多人还是喜欢拿个"小抄"念稿，都是当年"宣读"的流毒。

摩尔论文说的是人可以知道自己的感觉。这和维特根斯坦的观点相左，维特根斯坦认为知识和确定性无法应用到人的感觉上，通俗地说，就是经验和理性没法联系起来。摩尔宣读论文时，维特根斯坦赶巧不在，第二天听说了摩尔的观点，带着几个学生直奔摩尔的办公室，说："你为啥在我不在时妄言与我观点不同的观点，当着各位老少爷们，有种再宣读一遍。"

摩尔仗着岁数大，而且马上要把教授座位禅让给维特根斯坦，就真把论文重念了一遍，话音还没落地，维特根斯坦就一通乱骂，把摩尔批得体无完肤，摩尔真是秀才遇见兵，但他有贵族气，不和维特根斯坦一般见识。

维特根斯坦和人掐架一般不动手，一次可疑的例外是1947年和卡尔·波普尔（Karl Popper）。波普尔到剑桥去读篇论文，听众中有罗素和维特根斯坦等人。波普尔和维特根斯坦一言不合，就起了冲突。据说维特根斯坦边说边冲着波普尔挥动手里的拨火棍。大部分当事人早把这事忘了，但事发后，波普尔马上给所有他认识的欧洲哲学家满怀欣喜地写了封信，开头就是："我被打了，是维特根斯坦打的，地点是在被罗素霸占的牛顿办公室。"大部分哲学家的私生活其实很平淡，闹点八卦不容易。于是一点破事，几十年后还被无聊地写成书，以讹传讹。

为什么维特根斯坦与波普尔对掐了半个小时，就有人八卦了一本书；而维特根斯坦和图灵智力交锋了一学期，却没人评论？可能是维特根斯坦与波普尔的对掐有戏剧性、有动作（一个拿着拨火棍追另一个）。另外，波普尔比较会营销，找名人掐架自然会抬高自己。现在看起来，微博上这点雕虫小技也是人家玩剩下的。

没人关注的另一个原因是学术的。维特根斯坦一生的传世之作是《逻辑哲学论》（前期哲学）和死后出版的《哲学研究》（后期哲学）。其实在这两本书之间的转型期，他研究最多的是数学哲学。除了《维特根斯坦剑桥数学基础讲义，1939》和《数学基础评论》（*Remarks on the Foundations of Mathematics*）之外，其他几本后人整理的著作和谈话录也是以数学哲学为主题。

逻辑学家克赖泽尔是维特根斯坦尊重的学生和朋友，也是哥德尔的好友，还是《哥德尔全集》的编委之一。他认为维特根斯坦这期间关于数学哲学的工作是无聊的（insignificant），浪费了他宝贵的大脑。他这话是 20 世纪 50 年代说的，那时，数学中构造主义还没开始流行，计算机科学尚不存在。现在似乎有人主张重新评估维特根斯坦的数学哲学。

维特根斯坦的早期著作喜用格言体，即使《逻辑哲学论》这样严谨的著作也如此。但格言体使得内容被极大地压缩，经常导致歧义，这反而给那些一点数学都不懂的人提供了诠释的机会。

而维特根斯坦的其他著作也多是微博体，如"我背着沉重的哲学包袱，爬行在数学的山路上"。这句话，把"哲学"和"数学"代换成其他名词，如"国学"和"佛学"，"代笔"和"抄袭"，"文盲"和"作家"，照样好使。格言体解读起来着实费劲。

在《维特根斯坦剑桥数学基础讲义，1939》中维特根斯坦就没那么文艺了。对于一个数学家（如图灵），歧义不是什么好事。你来我去的对话，减少了格言体语言的晦涩，它表达的思想，相对于文体，变得更重要。对话的好处是没有黑话，全直来直去。此时，反而是那些可以滔滔不绝就《逻辑哲学论》和《哲学研究》说三道四或故作深沉的人集体失言，生怕露怯。

下面说几个他们对话的例子。原文太长，枝节繁多。维特根斯坦（这里简称"维特"）的授课方式是苏格拉底式的，不备课，也没有讲稿，随着性子来，跑题是常态。这里是我的通俗的、总结性的转述。

关于悖论

维特：说谎者悖论"我正在说谎",我没说谎,所以我说谎;我说谎,所以我没说谎。这种车轱辘话,你可以一直说到小脸发青。但这只是个没意义的语言游戏而已。也不知道大家为啥会对这个悖论那么激动。

图灵：让大家困惑的是,一般情况下,有矛盾肯定就是出错了,但在这个例子中,大家不知道哪儿出错了。

维特：哪儿也没出错!哪来的危险?

图灵：在实际情况下,桥会塌的。

维特：这里要分清数学矛盾和非数学矛盾。如果桥塌了,那是物理规律出错了。但数学中有矛盾,有什么可怕的?

图灵：如果你不知道你的演算是不是有矛盾,怎么能信任你的计算结果呢?

维特：哦,那你的意思是说,因为有了说谎者悖论,2乘2就不等于4了,就等于369了,是吗?好,如果如此,那就不能管这叫"乘法"。

图灵：如果没有矛盾,桥不一定会塌,但如果有矛盾,肯定会出错。

维特：但以前还没有因为这事儿出过错呀。

构造性证明

维特："史密斯画了一个正五边形"不是一个几何命题，而是一个实验命题，它可能真，也可能假。但是"史密斯画了一个正七边形"是真命题还是假命题？（注：用圆规和直尺画不出一个正七边形或正七角形，这就像尺规不能三等分一个角。）

图灵：毫无疑问，假命题。

维特：那这两句话为什么如此不同呢？也许我们应该换一种说法："有可能画一个正五边形""不可能画一个正七边形"。因为不可能画一个正七边形，所以"史密斯画了正七边形"是一个假命题。图灵的意思是说只借助圆规和直尺不可能画一个正七边形。我们怎么证明一个五边形是正五边形，一种办法是用量角仪和直尺去验证，还有一种办法就是看一下画的过程，画的过程就是一种验证。

图灵：还有其他的原因。

维特：是，那不是唯一的原因，但如果把你的"其他原因"强加到这个过程中，画出来的不是正五边形，我们还能管这个过程叫"画正五边形"吗？当我们说不能数学地画一个正七边形时，到底是啥意思？

图灵：就是说我们不能给出一系列画正七边形的指令。

维特：但是一个人真要画出一个正七边形，我们又怎么说？我们说他没有遵照我们的"指令"？数学上证明不可能画出一个正七边形所取得的结论是排除了"画一个正七边形"这一短语，所以"史密斯画了一个正七边形"这句话不是假的，而是无意义的。

我们用实验的理由排除了它，尽管"不可能画一个正七边形"这句话不是一个实验的语句。也许我们可以给出指令去画一个正七边形，但这个指令序列是无穷长的。如果说我们可以证明有可能画一个正五边形，我们证明的是什么样的可能性？是目的（一个正五边形）还是手段（画这个正五边形的过程）？

图灵：当然是画的过程。碰巧画出来一个，那不算。

实验 vs 计算

维特：数学家观察到一些规律，然后企图证明这些规律是必然的。这好像同我的观点有些矛盾：数学中的发现其实是发明。当然，你可以再问：一个小孩做算术，25 乘 25 等于 625，他不过是发现而已，没发明什么。说小孩发明数学事实，是不对的。但我们在此可以做个类比，发现一般是通过做实验。那做算术的小孩是在做实验吗？

图灵：对一个熟悉乘法表的人来说，这不像做实验吗？

维特：计算也有结果，实验也有结果，但它们是一回事儿吗？如果结果算错了，咋办？

图灵：如果算错了，那实验应该以不同的方式安排。

维特：哦，你的结果都是安排来的？当规则没有预设必然的结果时，当事先并不知道对错时，这是实验。当然，如果你非要在一种更加宽泛的意义下使用"实验"一词，我也拦不住你。

图灵：那我们比较下物理实验和数学计算。一种情况，有个天平，你在一端放砝码，然后找平衡。另一种情况，给你两个数和一些表（如乘法表），然后你在表里头找结果。

维特：听起来这两种情况蛮像的，但到底像在哪里呢？

图灵：人们都想看看最终会发生什么。

维特：假设人们发明一种新的算术，2 加 2 等于 4 是这样证明的：拿个天平，在一边先放俩东西，再放俩东西，在另一边放 4 个东西，如果平了，就证明是对的。那如果你在一边放了两个球，再放两个球，在另一边放 4 个球，天平没平，你只得在一边再多放一个球，天平突然平了，那是不是 2+3=4？如果我们每次做乘法，每人都得出不同的结果，那还能管这叫计算吗？

维特：什么是计数？

图灵：如果你想给我们每个人 4 个小面包，你清点人数，一，二，三，好了，然后你买了 12 个，这就是计数。

维特：数出班里有多少人和数出一个五角形有 10 个交点，是两种计数。前一个不是数学命题，后一个是数学命题。在后一种情况下，你能说：根据定义，五角形有 10 个交点?

证明复杂性

维特：数学命题都是没有时间因素的，而其他命题（如物理命题）则是有时间因素的。

图灵：那当我说"这个命题很难证明"时，这有时间因素吗？

维特：这句话可以有时间因素，也可以没有时间因素。如果没有时间因素，这句话就是一个数学命题。你说的那个命题可以有一个度量，比如证明那个命题的长度、证明的步数，等等。比如说：那个证明需要 60 步。但你那句话也可以有时间因素，比如，"现在这个证明需要很多很多步"，这意味着现在没法用更少的步数来证明那个命题。又比如，"我现在喝高了，不能证明那个命题"，这句话就不是数学命题。

关于悖论。维特根斯坦总结弗雷格的公理定义，公理有两种意义：一、游戏的规则；二、游戏的开局。但是当两条规则发生矛盾时，该怎么处理呢？比如，如果 0 不等于 0，那么根据魏斯曼（Waisman）的解释，你可以引入新的规则来避免矛盾。维特根斯坦在评论哥德尔不完全性定理时说：矛盾不一定就是有害的。

我们语言里有这种东西，并不见得就使语言不可用了，矛盾存在的价值就是它能折磨人。维特根斯坦 1939 年讲课时说："如果矛盾是隐藏的，那就无所谓，即使某一天它被暴露了，那也无害。"哥德尔从王浩处听到维特根斯坦对不完全性定理的评价，深不以为然，他说：维特根斯坦要么是真不懂，要么是装不懂，真不知道图灵在和维特根斯坦的讨论中能得到什么。

关于构造性证明。维特根斯坦认为命题的意义就是这个命题的证明，一个命题如果没有证明，就没有意义。而证明又有存在性证明和构造性证明，维特根斯坦对存在性证明不以为然，他常用的例子是 n 次方程有 n 个根的存在性证明。

一般认为维特根斯坦的数学哲学里有有限主义、构造主义和一部分约定主义，从而是反柏拉图主义的，或反实在论的。但普特南认为维特根斯坦的观点并不是反实在论的，而是一种"常识实在论"。

维特根斯坦在 1930 年的《哲学评论》中说："无限序列只是有限序列的无限可能性，而把无限序列当外延那么谈是无意义的。"是拉姆齐（Ramsay）让维特根斯坦意识到无限的复杂性。

关于"计算 vs 实验"。维特根斯坦的传记作家蒙克很困惑图灵为什么不直接用图灵机来反驳维特根斯坦，图灵机清楚地解释了图灵所说的计算和实验之间的关系。也许图灵认为维特根斯坦并不知道图灵 1936 年的那篇文章，不愿意反客为主，枉费口舌。

而现在的证据表明维特根斯坦在 1939 年已读过图灵 1936 年的文章，并且有评论："那不过是人在计算而已。"当我们设计算法解决问题时，自然认为这是数学手段而不是物理手段，没人关心一台计算机做矩阵乘法涉及了多少原子运动。当然，有人可以说量子图灵机，这个扯远了。

关于证明复杂性。在维特根斯坦和图灵的上述对话中，貌似二人在 1939 年就已想到此问题。计算机科学这样年轻的学科，没多少人研究历史。但对于计算复杂性这样的大是大非问题，还是要正本清源。

数学家、科普作家约翰·卡斯蒂（John Casti）写过一本科学小说《剑桥五重奏》。注意科学小说（scientific fiction）不同于科幻小说（science fiction），科幻小说不科学。小说的背景是 1949 年春夏之交的某一天，那位提出"两种文化"的剑桥教授斯诺，邀请了另外四位剑桥人到家里吃饭喝酒，主要客人是图灵和维特根斯坦，围观的有物理学家薛定谔（Schrödinger）和遗传学家霍尔丹（Haldane）。

聊天的主题是："机器能思考吗？"卡斯蒂了解这五位的立场和观点，尽管这书是虚构，但比那本号称是八卦考证的《维特根斯坦的拨火棍》来得更写实。在卡斯蒂笔下，图灵当然认为机器能思考，薛定谔更加同情图灵，而维特根斯坦则站在图灵的对立面。

在《维特根斯坦剑桥数学基础讲义，1939》中，维特根斯坦在谈到"逻辑机器"时，粗暴地说：根本就没这回事。如果这话是针对图灵机说的，那他真是看走了眼。

维特根斯坦给人留下的印象是对老师（如摩尔、罗素）不敬，对同辈（如卡尔纳普，Carnap）戒备，对后辈蔑视。但从和图灵的对阵却看出他对图灵少有的尊敬。一般台下的人比台上的人更具进攻性——因为要表白，要搏上位。经常听到的有"请容许我代表亚洲人民"，等等，台上的人被问得一愣一愣的。

但在图灵 - 维特根斯坦的对掐中，倒是台上的维特根斯坦一直在企图向台下的图灵证明什么，想得到图灵的认可。对图灵的一个小问题，维特根斯坦的回答都是长篇大论。从中我们似乎看出维特根斯坦可能满头是汗，而图灵可能面无表情，但是不是想扔鞋就不知道了。

维特根斯坦每次讲完课都精疲力尽，因为他不光讲课，还发火，而且讨论班的授课方式要求注意力格外集中。散课后，他经常到附近的电影院看场电影，坐第一排，边看电影边啃面包和冷猪排。

这学期结束，二战爆发，维特根斯坦被正式提名为摩尔的接班人。而图灵则被秘密调入情报部门开始针对德国的密码破译工作，图灵其实没有出现在维特根斯坦的最后几次课中，也没有证据表明他们之间此后发生或保持过任何关系。

维特根斯坦相信一个人不能同时是大学老师又严肃诚实。他劝其学生去当手艺人而不是搞学术。哥德尔可能会说维特根斯坦教的那些东西会把本想当公知的人也都教成手艺人了。维特根斯坦的所有学生都深受其影响，后来当了老师后，也都学维特根斯坦的姿势和语气。

维特根斯坦对图灵的影响，却看不出来；而图灵对维特根斯坦的影响则有迹可循。1950年图灵那篇《计算机与智能》刚发表，重病之中的维特根斯坦已经注意到，他对学生马尔科姆说："我还没看呢，但估计那不是闹着玩的。"

维特根斯坦的方法中批评多于构建，批评就是找碴、掐架。他越老，找碴的痕迹越重。哥德尔晚年一次同王浩聊天时，以鄙夷的口气问王浩："维特根斯坦在《逻辑哲学论》后到底干了些啥？"哲学家、无神论者丹尼尔·丹尼特（Daniel Dennett）在评价图灵－维特根斯坦之争时说："图灵貌似天真，但他给后世留下了计算机，而维特根斯坦呢？他给我们留下了……呃……维特根斯坦。"

第 6 章

语言＝思维吗

乔姆斯基对语言学、计算机科学、认知科学和哲学有深刻贡献，同时他也是活着的最有影响力的知识分子。很多人说他是有史以来引用数最高的十位思想者，这话即使不完全准确的话，也应该很接近。用谷歌 Ngram 查一下：他的名声和维特根斯坦差不多，高于波普尔、托尔斯泰（Tolstoy）、图灵和哥德尔，但逊于罗素，更不要说爱因斯坦、牛顿和希腊三大贤。

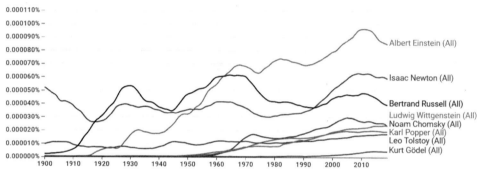

谷歌 Ngram 人物出现频次

2022 年底 ChatGPT 横空出世。2023 年 3 月 8 日，近 95 岁的乔姆斯基在《纽约时报》发表了特邀文章"The False Promise of ChatGPT"，如文题所示，乔姆斯基对 ChatGPT 不买账。文中用了一个几乎在他老人家所有著作中都出现过的例句：John is too stubborn to talk to。乔姆斯基认为机器会把这个句子理解为"John 太固执不愿意和人谈话"，而不会正确地理解其本意：John 不可理喻。但网民们把这个例句丢给 ChatGPT，ChatGPT 准确地知道这个句子的深层含义。乔姆斯基被打了脸。乔姆斯基对他年轻时代的新兴学科，如计算机科学和认知科学的前沿成果了如指掌，但对大语言模型却持忽视态度。斯坦福大学的计算语言学家克里斯·曼宁（Chris Manning）在推文中说："看到一位年轻时深刻的创新者，现在却保守地阻碍激动人心的新方法，真是令人悲伤。"这大概也是崇拜过乔姆斯基的两代人的普遍失望：乔老爷老了。当然，期盼年过九旬的乔姆斯基亲手微调大语言模型，是不公平的。

1. 乔姆斯基其人

乔姆斯基的父母和那时大多数犹太人一样是复国主义者，同时有强烈的不自私的社会主义色彩。作为左派犹太家庭的孩子，乔姆斯基12岁就涉足政治，他的政治态度受他老师哈里斯（Harris）的影响，反布尔什维克，反犹太复国主义。乔姆斯基刚结婚时曾考虑迁居以色列，反讽的是，他出名后因为反犹立场被以色列拒绝签证。他20世纪60年代因参与反越战活动，曾被美国政府关押。他的同牢房狱友是诺曼·梅勒（Norman Mailer），梅勒说他是个书呆子，在监狱里还在担心给学生们误课。他1970年冒险访问越南和老挝。为了保护乔姆斯基，麻省理工学院一度雇了两个专职保镖。相较于"鸡贼"的邻居哈佛，麻省理工更富理想和勇气。他最新的政论书《财富与权力》，表现出他的博学，我们甚至有信心他可以成为一个绝妙的美国宪法律师。他的政治立场也并非一成不变，但有一个基本原则：永远站在弱势一边，借用那个"墙和鸡蛋"的比喻，乔姆斯基永远是那个鸡蛋，具体地说，就是反美反犹。在评论拉美政治时，乔姆斯基居然坚定支持笃信天主教的神父们。基辛格（Kissinger）影响力如日中天时，乔姆斯基曾是他的激烈批评者。

简单地说，"柏拉图之问"和"奥威尔之问"是驱动乔姆斯基一生的两条主线。"柏拉图之问"即后人所谓"刺激贫乏论"（poverty of stimulus）：在可借鉴的事物极端贫乏的情况下，人类是如何获取如此丰富的知识的；而"奥威尔之问"恰相反：在可借鉴事物如此之多的情况下，人类所知为何如此之少。奥威尔（Orwell）采用第一人称叙事，他曾说："每个生命从内部看都是一串失败。"（Every life viewed from the inside is a series of defeats.）第一人称叙事者少有乐观派。乔姆斯基做学问时，贴近柏拉图，而从事政治活动时，遵循奥威尔。在他麻省理工学院办公室里，曾经挂着一幅巨大的罗素照片，大有罗素之后舍我其谁的架势。语言学之于乔姆斯基，就像逻辑学之于罗素。他们都关心政治和社会进步，承认平等的同时也强调自由。在乔姆斯基心中，奥威尔大概会排在罗素之前。乔姆斯基不是一般意义上的左派，他是无政府主义者。

乔姆斯基虽自称理性主义者，但内心却鄙视现代欧陆哲学。他和法国人福柯（Foucault）的对谈，被欧陆学界引申，但乔姆斯基自己则称两人不是严肃的对话，只是看看不借助翻译是否能听懂彼此的母语。乔姆斯基直言德里达（Derrida）、拉康（Lacan）和福柯等法国文科知识分子是"骗子""文盲""邪教"。他对反智极端愤恨。

如果看乔姆斯基过去 20 年的著作和访谈，翻来覆去都是讲同样的几件事，但核心立场并无大变。他的所有采访都被编成书。他讲话虽然少有激情，但语言严谨、清晰且通俗，这是他能海量出版的原因，只要把演讲和采访的录音转为文字就可以了，几乎不用修改。《语言的科学》一书是加拿大语言哲学家詹姆斯·麦克吉尔夫雷（James McGilvray）对乔姆斯基的采访记录，这是乔姆斯基思想最通俗易懂的介绍。乔姆斯基认为笛卡儿和休谟之后，哲学家已经普遍落后于时代，只有少数几个哲学家例外：康德（Kant）、弗雷格、罗素和美国哲学家中唯一被他佩服的皮尔士。《语言与心智》是根据乔姆斯基 1967 年在加州大学伯克利分校的三次 Beckman 讲座的内容整理而成的，到 2006 年出第 3 版时增加了生物语言学的内容，篇幅增加了近一倍。更新的《我们是谁》很可读，最后一章显示出他对科学史的广泛涉猎。如果把这几本书当作乔姆斯基本人的著述，别人写的必读书肯定包括英国语言学家莱昂斯（Lyons）的《乔姆斯基》，这书附有术语表，解释乔姆斯基特定的术语。另一位英国语言学家尼尔·史密斯（Neil Smith）写的乔姆斯基学述更加全面，除了语言学，还公平地评论了他的政治，书名就叫 *Ideas and Ideals*（Smith, 2016），很明显，Ideas 指学问，Ideals 指政治。

1953 年乔姆斯基和新婚妻子卡罗尔（Carol）去欧洲度假，在从蒙特利尔到鹿特丹的跨洋破船上，乔姆斯基严重晕船，于是躺平，开始重新审视他老师哈里斯的结构语言学。他想出了广义文法（universal grammar，UG）。乔姆斯基从与他同年的数学家、逻辑学家马丁·戴维斯处了解到戴维斯的老师、逻辑学家珀斯特的工作。乔姆斯基早期最有影响的文章《语言描述的三个模型》中引用了数学家 Rosenbloom 的教科书《数理逻辑原理》，其中正式地讲述了产生式系统。这篇文章后来衍生出乔姆斯基分层，对语言学和计算机科学都有深刻影响：乔姆斯基 0 型文法（递归可枚举语言）等价于图灵机，1 型文法（上下义相关语言）等价于线性有界非确定性图灵机，2 型文法（上下文无关语言）等价于非确定下压自动机，3 型文法就是"码农"们熟悉的正则表达式，等价于有限自动机。"短语结构文法"（phrase structure grammar），在乔姆斯基早期著作中不严格地用来泛指 Post 系统，但后来则特指 1 型和 2 型文法。对编程语言有巨大影响的 Algol 60 语言是用 BNF（巴克斯－诺尔范式）描述的，而 BNF 就是上下文无关文法。乔姆斯基认为短语结构文法不足以描述自然语言。除了四层分法，还有五层分法，即在常规的 0 型和 1 型之间，加个递归语言（recursive language），递归与递归可枚举的区别在于对应的图灵机是不是可停机。再讲下去需要点数学和计算理论的知识，就此打住。语言学家冯志伟先生的《现代语言学流派》可作为进一步的入门参考。

乔姆斯基最重要的著作《语言学理论的逻辑结构》（*The Logical Structure of Linguistic Theory*，LSLT）完成于 1955 年（Chomsky, 1975），他的博士论文取自这书。他把打字稿交给麻省理工学院出版社，想作为专著出版，但审稿的语言学家们并不认可，回复是这样一个初出茅庐的年轻人提出的非常规思路应该先写成论文交给学术刊物，待学术界认可后再出书。但乔姆斯基关于此题材的第一篇论文恰被拒稿。审稿者根本就没看，直接将原件寄回。《三个模型》一文最终还是在美国电气电子工程师学会 IEEE 的前身 IRE 组织的信息论会议上宣读，后来正式发表于 IRE 的《信息论学报》。乔姆斯基在这次会上结识了参会的数学家所罗门诺夫（Solomonoff），他在会上也宣读了一篇文章，并由此开辟了算法信息论。两人互相启发，所罗门诺夫早期文章常引用乔姆斯基的生成文法。如果他也像乔老爷这么长寿，就能够活着欣慰地看到：是算法信息论为 ChatGPT 奠定了理论基础，这个故事值得另一篇长文，暂且不表。

乔姆斯基的伯乐是比他年长几岁的同校青年教授，一位是认知心理学的创立者之一乔治·米勒（George Miller），另一位是犹太裔语言学家莫里斯·哈利（Morris Halle）。米勒是最早看过 LSLT 的人。哈利看了乔姆斯基给本科生上课的讲稿，推荐给 Mouton 出版社作为现代语言学丛书的一个小册子先出版了。这就是《句法结构》（Chomsky, 1957）。这本科普书好评如潮，奠定了乔姆斯基在语言学界的地位。1961 年，计算机科学界的大神高德纳度蜜月时，鬼使神差随身带了本，他在邮轮上读完，企图回答语言学中的数学问题，并滋生用上下文无关文法定义计算机编程语言的想法。而作为《句法结构》的思想源泉，更学术的 LSLT 则要到 20 年后才得正式出版（Chomsky, 1975）。帮助和提携乔姆斯基的几位后来也都深受乔姆斯基的影响，变成他的学说的推广者。乔姆斯基的语言学经历了几个阶段的变化：20 世纪 50 年代转换生成文法，20 世纪 60 年代标准理论，20 世纪 70 年代管辖与约束（government 和 binding），20 世纪 80 年代最简方案。平克（Pinker）曾经用某东方革命家的话戏称乔老爷语言学思想的变化为"继续革命"（continuous revolution）。但他的核心思想"思维是由语言生成的"（这里简称"思维即语言"或"语言即思维"），从来没有变过。

2. 思维即语言

乔姆斯基的理论在语言学界被认为是开天辟地的，所谓"乔姆斯基革命"。但从计算机科学和逻辑学的角度看，它是自然的。乔姆斯基承认 UG 受到珀斯特的启发。可惜珀斯特既没有被逻辑学家（如哥德尔）欣赏，也没有被数学家包容。相较于计算机科学，语言学是迟钝的：计算机科学几乎与相应的数理逻辑是同步的，当哥德尔和厄布朗 1934 年定义了广义递归函数，图灵 1936 年就发明了图灵机，而珀斯特的工作要到 1956 年才被乔姆斯基引入语言学。乔姆斯基之前，语言学是文科，乔老爷力图把语言学变成自然科学。乔姆斯基称第一次认知革命发生在 17 世纪，主角是笛卡儿；而第二次认知革命发生在 20 世纪 50 年代的麻省理工。乔姆斯基甚至把"思维即语言"回溯到早已消失的基督教杨森派主要人物阿尔诺（Arnauld）写的《王港语法》（*The Port-Royal Logic*），阿尔诺与同时代的笛卡儿和帕斯卡（Pascal）相熟，并深受他们影响。也有语言学史家认为乔姆斯基误读了《王港语法》。

与英美经验主义传统不同，乔姆斯基自称理性主义者，他的语言学理论也被他冠以笛卡儿语言学的帽子。在语言是区分智人和其他物种的决定性因素上，认知科学家和进化心理学家都同意乔姆斯基。但在语言的来源上，乔姆斯基和大家有明显分歧。波普尔和平克等认为语言是进化的产物，所谓渐进派；而乔姆斯基则认为语言是突现的，他自称"跳跃"（saltation）派。

乔姆斯基不断地引用洪堡（Humboldt）的说法"语言是有限手段的无限运用"（makes infinite use of finite media）。他提出的一个极为简单的机制"合并"（merge），其实是一种原始的递归机制，考虑到通用递归函数等价于图灵机，我们不惊奇"合并"机制可以解释所有的语法现象。对乔姆斯基来说，只要能找到"合并"的生物学解释，他的计划就可以变成科学理论了——他目前都以更加谦逊的"计划"（program）而不是"理论"来指称他的研究。如果"合并"的生物学解释成立，那么这不过是丘奇－图灵论题的一个生物学支持证据而已。在"乔姆斯基革命"之前，赵元任在台湾中研院"语言问题"的系列讲座中提过"没有主动知识，就没有被动知识"。我们可以把"主动知识"理解为乔姆斯基的"天生官能"，而"被动知识"为经验输入。如果承认语言等于思维，实际上间接承认了图灵机可以思维。

语言学家说"思维即语言"，有点像物理学家（例如，"网红"马克斯·泰格马克）说"数学等于物理"。常人看，思维肯定大于语言，而数学也大于物理。图灵测试是语言能力的测试，无关其他模态。十几年前深度学习能火起来，是因为神经网络解决了语音和视觉问题，但那时人们只是兴奋。GPT 却令人惊喜甚至震撼。无论是语音还是视觉，我们都认为这是增强人的能力。但直到 2022 年 ChatGPT 在语言能力上的突破才使人意识到人性可能被"冒犯"。语言要比听觉和视觉更接近人性。

乔姆斯基认为语言的交流功能是思想功能的外化，思想在先，交流在后。他还认为人类可能在 10 万到 5 万年前因为基因突变产生了递归枚举能力。这种突变可能在人类更早的历史上发生过多次，只不过这次有了显著的群体效果。感觉－运动系统（sensory-motor system）是语言外化的结果。乔姆斯基的妻子卡罗尔是麻省理工学院的生物语言学家，她研究过两岁前得过脑膜炎的儿童，他们丧失了视觉和听觉，但还保留有触觉。他们能通过触觉补偿语言能力，从而能思维。这证明了语言是比其他感知模态更加基础的官能。

GPT 的 G 就是乔姆斯基生成文法中所谓"生成"。乔姆斯基最出名的例句大概是：Colorless green ideas sleep furiously。这个生成的句子被传统经验主义者批判为"虚无"。但很多诗人赞赏这个句子，称其富有禅意。按照当下流行的 GPT 术语，就是"幻觉"（hallucination），或者创造力。

乔姆斯基虽不愿承认还原论，但他的方法论本质上还是还原论的：他企图找到语言的生物学基础。他称赞图灵把生物学问题还原到物理学问题——图灵 1952 年研究过形态学（《形态发生的化学基础》）。牛顿也很困惑万有引力不能归约到机械力学，即任何运动必须有某种物理的推动。乔姆斯基不认可经验主义和行为主义，他有时也称之为马赫主义。他认为深度学习就是当代的行为主义。洛克（Locke）说心灵是白板，莱布尼茨说心灵不是白板，而是有纹理的大理石板。虽然图灵测试被看作是行为主义的，但一个基本假设是数据是喂给图灵机的，而图灵机不是白板。经验主义者也不得不承认思维源于某种有组织的物质（organized matter）。如果承认丘奇-图灵论题，那么所谓"有组织的物质"和理性主义者所谓"纹理"都可被看作图灵机或者与之等价的"语言官能"。经验主义者会把学习看作记忆，而承认丘奇-图灵论题的人会把学习看作压缩。通用人工智能（AGI）不过是由不熟悉计算理论的人提出的口号，如果我们认可语言即思维，那么，AGI 的标准就是语言，无关乎其他模态，这就又回到图灵测试。

3. 思维不等于语言

塔南鲍姆（Joshua Tenenbaum）是麻省理工学院大脑与认知科学系的学术新星。他父亲曾是 20 世纪 80 年代硅谷人工智能重镇 Schlumberger 实验室的掌门人，后来连环创业，我和老塔同事时，小塔还没大学毕业，现在已然成了大佬。ChatGPT 出来后，小塔跟风，企图标新立异这样一种观点：大语言模型解决了语言问题，但还是不能思维。他和几位同道学生在 arXiv 上挂了篇文章 "Dissociating language and thought in large language models: a cognitive perspective"（Mahowald et al, 2023），标题一目了然：分离语言与思维。他们把语言能力分为形式能力（formal competence）和功能能力（functional competence），结论大致是大语言模型掌握了形式能力，而没有掌握功能能力，所以思维不等于语言。小塔所谓"功能能力"就是用言语同世界打交道，换成大模型的术语就是"多模态"。其实，他们对语言能力的划分，都是乔姆斯基玩剩下的，乔老爷早就有内部语言（I-语言）与外部语言（E-语言）之分，内部语言是天生的能力（competence），其标准是自洽（coherence）；而外部语言用于行为（performance），其标准是对应（correspondence）。这本就是两件不同的事情。小塔的"功能能力"对应于乔老爷的外部语言。内部语言受制于生物、数学和物理的约束。乔姆斯基应该认可丘奇-图灵论题的某个版本。任何相信丘奇-图灵论题的人不会是纯粹的理性主义者，也不会是纯粹的经验主义者。乔姆斯基0型文法等价于图灵机，所谓"语言官能"（language faculty）等价于某种自动机。这间接地支持思维即语言的论断。

内部语言关乎"真"，尺度是内在一致性；而外部语言关乎"意义"，尺度是外在对应性。意义得自交流，维特根斯坦后期所谓"意义即使用"，或者奥斯汀（Austin）所谓"以言行事"（do things with words）、"言语行为"都是指外部语言。意义是功能层在与外界交互时进行强化学习的过程。乔老爷认为外部语言是交流而不是思维。其实维特根斯坦早期是倾向于内部语言的。牛津的哲学家达米特（Michael Dummett）在《分析哲学的起源》一书中企图探讨哲学史中的"语言转向"。很明显，他在"概念"和"意义"等几个词之间打转转，没有足够地关注后来的计算理论和语言学的进展。于是他继承了弗雷格对心理主义的批判，但又没有新的建设。在承认丘奇-图灵论题的前提下，无论是否认同"语言=思维"，都可以使双方的立场更加明晰。

小塔并没有提出什么新东西。即使马斯克（Musk）这样聪明的工程师也认为自动驾驶之类的具身智能是狭隘的（narrow form），要远比人们想象的简单，这很明显要比喜欢讨好大众的小塔更加有洞见。

图灵-1948可看作图灵-1950的前奏。在该文"人作为机器"一节中，图灵解释了人肉身的感知器官，可以用麦克风、喇叭和摄像机在机器身上实现，但即使如此，机器对于人感兴趣的食物、运动等，仍然无所适从。图灵建议研究那些不太需要和外部世界交互的功能，例如 i) 游戏，ii) 语言学习，iii) 语言翻译，iv) 密码学，v) 数学。图灵甚至说，即使数学，也应该限制于那些不太需要画图的数学分支，我们且把这当作英国式的冷幽默。图灵强调语言翻译是最让人动心的。外部语言对应于工程师们感兴趣的"具身智能"，用当下更流行的话说就是"多模态"（视觉、听觉、触觉等）。由此，图灵应该也是承认语言即思维的。

承认思维即语言，对工程实践也会有影响。设计多模态大模型时，承认派会把语言模型作为基座，其他模态坐在语言基座之上，不同模态之间的沟通也通过语言进行。但否认派可能企图直接在任意模态之间建立映射，这明显不经济（见下图）。语言与其他模态的区别在很多方面有体现，例如，图像和音频相对容易加入水印，而文本不易用水印。

"语言 = 思维"对多模态大模型的启示

设想在火星上做自动驾驶，如果所有的停车标志（STOP）都是绿色的，难道我们需要拿所有的数据重新训练一遍火星自动驾驶大模型吗？如果驾驶员是人，一条简单的指令"注意！停车标志是绿色的"，就足以让人适应新的驾驶场景。难道在大语言模型上不可以用一条简单的提示或者"咒语"（prompt）"把所有停车标志的颜色替换成绿色"吗？事实上，20世纪70年代，普渡大学的傅京孙就曾经用语言学的手段研究视觉，但当时不被广泛认可。可惜他英年早逝。如果在"思维即语言"的立场重新审视视觉，傅京孙可算得高瞻远瞩。

德语诗人里尔克（Rainer Maria Rilke）的情诗《闭上我的眼睛》（LÖSCH MIR DIE AUGEN AUS）倒是可以刻画语言与多模态的关系：

> 闭上我的眼睛，我仍能看见你。
> 堵住我的耳朵，我仍能听见你。
> 没有脚足，我仍能走向你。
> 没有嘴巴，我仍能呼唤你。
> 折断我双臂，我就用我的心
> 紧抓住你，就像用手。
> 停住我的心，我的脑就跳动。
> 你再把火焰掷进我脑里，
> 我就在我血液上携载你。

诗中，断绝了所有感觉（或者模态），但仍然鲜活的东西就是平克所说的"心语"。

4. 大语言模型的可解释性

2000 年，麻省理工学院的人文社科学院成立五十年的庆祝大会上，乔姆斯基、普特南和平克三人参加一个论坛，题为"关于人性，我们知道什么？"（What Do We Know About Human Nature?）这场论坛被组织者称为"三大男高音"。从休谟起，人性的核心是思维。平克把认知革命归功于乔姆斯基。乔老爷和普特南曾经在宾夕法尼亚大学同学，立场偶有不同，但彼此尊重。2011 年 5 月，麻省理工学院为配合 150 周年校庆，召开名为"大脑，心，机器"的研讨会（Brain, Mind and Machine Symposium），本校的几位大佬乔姆斯基、明斯基、温斯顿（Winston）等悉数出席，并由平克主持。乔姆斯基批评当时重新开始流行的神经网络是黑盒子：没有提供解释和知识。麻省理工学院主办的《技术评论》杂志为这个研讨会发了专文，标题故意挑事儿：《不会思考的机器》（"Unthinking Machines"）。时任谷歌研发总监的诺维格很快回应乔姆斯基，他批评说：语言学的规则在自然语言处理上根本就没用。现在看，诺维格的工程实践还真给了他一些先知先觉。有人用"两种文化"来总结乔姆斯基和诺维格的隔空招架。

语言问题曾被理所应当地认为是逻辑的，现在却通过神经网络得到满意的解决，这本身就是令人惊奇的。工程师们甚至认为语言的中间任务（词分析、句法分析、语义分析）已经不需要认真对待了，因为以 ChatGPT 为代表的大模型对语言学问题给出了端到端的解决办法。语言学家就是研究各种中间步骤的，中间步骤就是解释。其实在20世纪90年代统计方法被引入之后，自然语言处理（NLP）就越来越不需要语言学了，曾有玩笑：NLP团队每开除一个语言学家，系统的性能就提升一个台阶。估计令乔姆斯基沮丧的是：大语言模型把自己的工作彻底搞丢了。诺维格的合作者、加州大学伯克利分校教授斯图尔特·罗素的态度则一直温和得多。他怀疑ChatGPT的良好表现是不是凑巧碰上的。他说："如今的自然语言处理不再研究语言，我认为这是非常不幸的。"这和乔姆斯基的态度差不多，斯图尔特·罗素仍然把希望寄托于知识和推理。他们都认为ChatGPT是工程而不是关乎语言的科学。人类专属的技能不多了，难道我们要等到机器证明了黎曼猜想才能被彻底打服吗？

乔姆斯基与笛卡儿的不同之处在于，乔姆斯基并不是试图在心身之间画一条明确界线的二元论者。这和晚年蒯因的"整体主义"也没啥太大区别，都接近皮尔士的实用主义。相同的是，他们都认为语言是人独有的能力，但乔姆斯基用语言作为人和动物的划界，而笛卡儿用语言作为人和机器的划界。笛卡儿认为人类语言是任何自动机也不能实现的，他大概不会认可丘奇-图灵论题。与达尔文同时提出自然选择的华莱士（Alfred Russel Wallace）从人类中心主义的立场提出人与动物不同，但他的立论是动物是进化来的，而人是上帝亲手造的。乔姆斯基肯定不同意华莱士。

乔姆斯基曾说他自己的方法是"伽利略式"的，也就是从小数据里找寻基本定律，而不是用大数据构建黑盒子。但如果人人都有低成本的黑盒子，谁还麻烦基本定律呢？虽然乔姆斯基在技术上对 ChatGPT 可能有所误判，但他"思维即语言"的立场是大语言模型引发的这场革命的哲学基础之一。

参考文献

1. Berwick R, Chomsky N, 2016. Why Only Us.
2. Chomsky N, 1956. Three models for the description of language. IRE Transactions on Information Theory.
3. Chomsky N, 1957. Syntactic Structures.
4. Chomsky N, 1975. The Logical Structure of Linguistic Theory.
5. Chomsky N, 1988. Language and Problems of Knowledge.
6. Chomsky N, 2006. Language and Mind. 3rd ed.
7. Chomsky N, 2012. The Science of Language: Interviews with James McGilvray.
8. Chomsky N, Roberts I, Watumull J, 2023. False Promise of ChatGPT. New York Times, 2023-03-08.
9. Chomsky N, 2018. What Kind of Creatures Are We?
10. 冯志伟, 2013. 现代语言学流派. 北京：商务印书馆.
11. Mahowald K, Ivanova A A, Blank I A, et al, Dissociating Language and Thought in Large Language Models: A Cognitive Perspective. arXiv:2301.06627.
12. Smith N, 2016. Chomsky: Ideas and Ideals.
13. Sperlich W, 2006. Noam Chomsky.

第 7 章

智能机器

图灵，1948[①]

[①] 图灵这篇文章花费了超过百分之六十的篇幅讲解数字计算机及其构造，并且假设了图灵为 NPL 设计的计算机 ACE 的许多知识。从"机器的种类"一节（第 3 节）起，首先讲述了理想计算机"逻辑计算机"（LCM）以及可工程实现的"实用计算机"（PCM），前者的存储方式是纸带，而后者是 RAM。可编程的计算机称为"通用机器"，LCM 的可编程版本是 ULCM，PCM 的可编程版本是 UPCM。图灵还讲述了如何把一个神经网络训练成通用机器。最后一节讨论了广义的学习过程。

这篇文章的组织编排给人以未完稿的印象。例如，"无组织机器"一节和"把无组织机器变得有组织"一节之间插入的三节，似乎和前后内容的关系不大，反而把前后内容割裂了。

1. 摘要

本文讨论了使机器表现出智能行为的可能方法。与人类大脑的类比被用作指导原则。本文指出只有经过适当的教育，人类智能的潜力才能得到发挥。这项研究主要聚焦于一个应用于机器的拟人的教学过程，定义了无组织机器（unorganised machine）的概念，并指出人类婴儿的大脑皮层也具此性质。本文给出这类机器的简单例子，并讨论了通过奖惩机制对它们进行教育。在其中一种情况下，教育过程会一直持续，直到组织变得与ACE类似。[1]

我打算研究机器是否有可能表现出智能行为的问题。人们通常想都不想就认为这是不可能的[2]。常见的（鄙视的）说法如"像机器一样行事""纯机械行为"表明了这种普遍态度。不难看出为什么会这样。其中一些原因如下。

(a) 不愿承认人类在智力上可能有任何对手。这种情况在智力高的人群和其他人群中一样多：智力高的人更加难堪。承认这种可能性的人都同意，实现这种可能性将会令人不快。如果说我们人类有可能被其他动物所取代，也会让人不舒服，而理论上这种可能性确实存在。[3]

(b) 宗教信仰，认为任何制造这种机器的企图都是某

---

[1] ACE是图灵为NPL设计的一台存储程序计算机，也就是通用计算机。因为本文是给NPL的内部报告，图灵假设读者知道ACE的背景知识。

[2] 这句话应该是针对当时NPL的一把手达尔文爵士的，他不认为研究机器智能有任何意义，他也不支持NPL的计算机研究。图灵写完这篇报告不长时间就离开NPL，到曼彻斯特大学去投奔纽曼了。

[3] 这是人类中心主义，即认为人是最高级、最神圣的物种，要高过其他物种，也高过机器。人类中心主义很容易归约到宗教或某种活力论。这点在图灵-1950中有更多的讨论。

种普罗米修斯式的不敬。[①]

(c) 现代（1940 年之前）正在使用的机器只具备非常有限的功能。这促使人们相信，机器必然只能干极其简单甚至重复性的工作。多萝西·塞耶斯[②]（《造物主之心》，第 46 页）明确地表达了这种态度……这种想法认为上帝创世后，就盖上了他的笔帽，把脚放在壁炉架上，让世界自生自灭。这是圣奥古斯丁式的比喻或神秘说法，这些说法是从根本不存在的事物中构建出来的。我们不知道如果造物主第一天就退出，哪一种造物还能自行创造自己，这其实是说：上帝创造了一个巨大的机器，然后让它自己运行，直到燃料烧光为止。这都属晦涩的类比，我们没亲眼见过能自动生产各种产品的机器，我们了解的机器都是"不停运转，重复做同样的事情"。

(d) 最近，哥德尔定理和相关结果（哥德尔，1931；丘奇，1936；图灵，1937）已经表明，如果人们试图使用机器来判定数学定理的真伪，并且不愿意容忍偶尔出现的错误结果，那么任何给定的机器在某些情况下可能都无法给出答案。另外，人类的智能似乎能找到越来越强的方法来处理这些问题，并能"超越"（transcending）机器可用的方法。[③]

(e) 如果机器能表现出智能，那就只能被看作它的创造者的智能的反映。

[①] 普罗米修斯（Prometheus）是希腊神话人物，他的故事有很多版本，其中最著名的是他用茴香秆从宙斯那里偷到火种，并点亮人间，火种也象征知识和文明。另一个版本是他用泥土造出人类。作为惩罚，宙斯用铁链绑住普罗米修斯，并派鹰每天啄食他的可以自动长好的肝。奥本海默最著名的传记的书名就是 *American Prometheus*（电影《奥本海默》即改编自此书），这可能是在第一种意义上比喻奥本海默。图灵此处可能两种含义都有。

[②] 多萝西·塞耶斯（Dorothy Sayers，1893—1957），英国小说家、翻译家、神学家。她战时著作 *The Mind of the Maker*（《造物主之心》）中提出人类的创造性是理解神性的最佳机会，尽管这种理解不完美。如果上帝创世后不视人事，那么祈祷也没啥用了。这很容易导致不可知论和泛神论，即把自然当作上帝。

[③] 关于哥德尔、丘奇、图灵等人工作的评述，详见"为什么是图灵"。

2. 对某些反对意见的反驳 [1]

本节中，我提出几个我们不需要接受上述反对意见的理由。(a) 和 (b) 纯粹是情绪性的，并不需要认真反驳。如果有人觉得必须得反驳它们，那你说什么恐怕也难占上风，除非真造出来这种机器，才会对对方有点影响。如果我们受到这些论点的影响，那么至少在目前，我们必然会对整个计划感到不安。这些反对意见没法完全忽略，因为"智能"这个概念本身就是感性的，而不是数学的。

反对意见 (c) 的最原始版本已经被机器的实际存在（例如 ENIAC[2] 等）所驳倒。假设没有故障，这些机器可以无重复地进行大量的操作（例如 ACE 约为 $10^{60\,000}$ 次）。这种异议的更精细版本将在第 11~12 节中详细讨论。

哥德尔和其他定理的论证（反对意见 (d)），主要建立在机器不能出错的条件上，但这并不是智能的必要条件。高斯（Gauss）在幼儿时在学校被要求做加法 15+18+21+⋯+54（或类似的东西），他马上就写下 483，大概是按照 (15+54)(54−12)/2·3 [3] 算出来的。我们可以想象这样的情况：一个愚钝的老师告诉孩子，他应该把 18 加到 15 上得到 33，然后再加 21，等等。从某些角度来看，这是"不对"的，尽管也展示了智能。人们也可以

---

[1] 图灵-1950 也借鉴了这篇文章的写法，即先提出问题的正面，然后对问题的各种可能反对意见一一回应。图灵-1950 的结构和行文更加圆润，讲了 why 和 what，而这篇文章因为目的之一是给 NPL 的计算机项目交差，所以必须覆盖一部分 how。这也使得这篇文章更加干涩。

[2] ENIAC 是美国宾夕法尼亚大学在第二次世界大战时设计并制造的电子计算机，全名为电子数值积分计算机（Electronic Numerical Integrator and Computer），ENIAC 是最早的电子计算机之一。

[3] 等差数列的求和公式是：(首项+尾项)×项数/2，项数=(尾项−首项)/公差+1，所以这个等差数列的和应该是 (15+54)((54−15)/3+1)/2=(15+54)(54−12)/2·3。原文的几个整理过的版本（包括寇普兰版、库珀版）中都把分母误印为 2.3，且没有修正。估计图灵打印原稿时图省事用了"."。

想象另一种情况，孩子们被要求做一些加法，其中前 5 个构成等差数列，但第 6 个是例外，比如 23+34+45+⋯+100+112+122+⋯+199。高斯可能会把它当作等差数列来给出答案，而没有注意到第 9 项是 112 而不是 111。这明显也是个错误，但资质平庸的孩子却不太可能犯。

认为机器的智能仅仅是其创造者的智能的反映，这种观点与认为学生的发现应该归功于他的老师是类似的。在这种情况下，老师会为他的教育方法的成功而感到高兴，但除非他真的把结果告诉了他的学生，否则他不应声称自己取得了成果。他当然会粗略地设想学生可能做的事情，但不会预见到所有细节。目前已经有可能制造出在某种程度上具有一定智能的机器。人们可以设计出下棋用的"纸质机器"①。和这样的机器下棋给人一种明确的感觉，好像是在和有生命的东西斗智斗勇。

① 纸质机器（paper machine）或人肉机器是指不一定实际造出来，但机器的程序可以通过人用纸和笔执行。

下面将更全面地阐述这些观点。

3. 机器的种类

先引入几个技术术语来描述现有的各种机器，否则就无法讨论制造智能机器的不同手段。

"离散"机器和"连续"机器。当我们很自然地将一台机器的可能状态描述为一个离散的集合时，可以称之为"离散"机器，机器的运动是通过从一个状态跳转到另一个状态而发生的。另外，连续机器的状态形成一个连续流形（continuous manifold），机器的行为可以用连续流形上的曲线来描述。所有的机器都可以看作是连续的，但只要有可能，最好还是把它们看作是离散的。离散机器的状态可以用"配置"来描述①。

"控制型"（controlling）机器和"动作型"（active）机器。如果机器只处理信息，则称为"控制型"，这种机器产生的实际的物理效果可以任意地小，只要我们不通过布朗运动来引入混乱。"动作型"机器旨在产生某种明确的物理效果（definite physical effect）。②

各种机器的例子如下。

推土机	连续动作型
电话	连续控制型
Brunsviga 手摇机械计算器③	离散控制型
大脑（可能）	连续控制型，但非常类似于离散机器
ENIAC、ACE 等	离散控制型
微分分析机④	连续控制型

我们将主要讨论离散控制机器。正如我们所提到的，大脑基本就属于这一类，有充分的理由相信，把大脑归为这一类，不会改变其基本性质。"离散"的性质对理论研究者来说是一种优势，对进化没有任何意义，我们不能指望大自然帮助我们制造出真正的"离散"的大脑。⑤

① 受图灵的影响，早期文献中，配置（configuration）就是状态（state）。现在（2024年），"配置"专指计算机的各种硬件的规格。考虑到术语的一致性，这里还是统一译为"配置"，读者在碰到"配置"这个词时，内心需要把它读成"状态"。

② "控制型"与"动作型"之分是想区别内在和外在。如果把"控制型"理解为大脑、心智，而把"动作型"理解为感官、身体，应该不算错。本文后面"人作为机器"一节有更详细讨论。

③ Brunsviga 是德国的手摇机械计算器的牌子，19世纪晚期投产，直到20世纪70年代才停产，原始设计由俄罗斯籍瑞典移民奥德纳（Willgodt Theophil Odhner，1845—1905）授权。

④ differential analyser，一种用于求解微分方程的模拟机械计算机。美国二战时的科技主管万尼瓦尔·布什和英国曼彻斯特大学的道格拉斯·哈特里都曾研制过微分分析机。

⑤ 关于连续vs离散和模拟vs数字，图灵在几篇文章中多次涉及，详见"为什么是图灵"中"模拟vs数字，连续vs离散"一节。图灵真正的讨论还是围绕离散机器展开，避免陷入不必要的哲学争论。

给定任何一台离散机器,我们首先希望了解它可以拥有多少种状态(配置)。这个数字可能是无限的(但可以枚举),在这种情况下,我们说机器具有无限的内存(memory)或存储(storage)容量。如果机器有 N 个可能的状态,那么它的内存容量是(或等于)$\log_2 N$ 个二进制数字。根据这个定义,我们粗略得到了下面的容量表。

Brunsviga 计算器	90
ENIAC 不带卡,只有固定程序 [①]	600
ACE(设计中的)[②]	60 000
曼彻斯特机器(1947 年 8 月 8 日实际运行版)[③]	1100

一台机器的内存容量比其他任何性质更能决定其可能行为的复杂性。

将机器的状态(配置)当作前一状态和相关外部数据的函数,这样就可以完整地描述离散机器的行为。

逻辑计算机

图灵(1937)描述了一种特定类型的离散机器。它具有无限的存储容量,存储是通过一条无限长的纸带来实现的,纸带被分成方格(square),每个格子上可以打印一个符号。在任何时候,机器里只有一个正在被扫描的格子,其上的符号称为"扫描符号"(scanned

① 一般认为 ENIAC 没有存储程序的概念,更换程序需要做硬件的调整,所以它不是通用计算机。之后经冯诺依曼总结的 EDVAC 设计结合进存储程序的概念。

② 图灵 1948 年离开 NPL 时,ACE 并没有完成,直到后来才由威尔金森(1919—1986)建造了一台较小规模的版本。

③ 曼彻斯特大学设计的一系列存储程序计算机的统称,第一台是 Manchester Baby,于 1947 年设计,1948 年 6 月 21 日运行第一个程序。

symbol）。机器可以改变被扫描的格子中的符号，并且其行为部分地由该符号描述，而纸带上其他的符号不影响机器的行为。纸带可以在机器里左右移动，这是机器的基本操作之一。因此，纸带上的任何符号最终都可能被扫描到。

我们称这种机器为"逻辑计算机"（logical computing machine，LCM）。我们利用它们来探究一台机器究竟在原理上能干什么，这种机器没有时间和空间的约束。

通用逻辑计算机（universal logical computing machine，ULCM）。有可能用一种标准的方式来描述 LCM，这种标准描述可以被任何一台特定机器所"理解"（或使用）。特别地，有可能设计出一种"通用机器"，即 LCM，把其他 LCM 的标准描述写到外部的空白纸带上，然后这台通用机器就可启动并执行这台特定机器的描述。关于细节，读者必须参考图灵（1937）。[①]

① 所谓机器的标准描述就是"程序"，这段话用现代的话说就是：一台通用机器可以执行一段程序去模仿任意一台特定的机器。我们现在使用的机器，假设时间和空间不受限的话，都是通用机器。

通用机器的重要性是显而易见的。我们不需要无数种机器做不同的工作，一种机器足矣。为不同任务制造不同的机器，是个工程问题，这个问题可以通过对通用机器编程来实现。

实际上，任何用"经验法则"（rule of thumb）或"纯机械的"等说法描述的东西都可以通过 LCM 来实现。这一点已经得到了充分的证实,逻辑学家们一致认为,所有这些说法和描述都是与"LCM 可计算"这个精确的说法在数学上等价的,尽管各种描述的方式表面上看起来不一样。①

实用计算机

虽然 LCM 可以执行所有的经验法则所包括的过程,但所需的步骤数量往往是巨大的。这主要是因为存储是在纸带上顺序排列的,需要同时使用的两个符号可能在纸带上存储的位置相隔很远。在这种机器上,压缩存储表达式也不是很容易。用阿拉伯数字表示一个数(例如 149 056)所需的符号数量并没有明确的界限,用"简化罗马"数字表示也一样(IIII...I,其中 I 出现 149 056 次)。人们更愿意使用简化罗马数字而不是阿拉伯数字,主要是因为其规则更简单。

然而,实际的计算机要为能处理的数字设定上限。例如,我们可以通过下面的方式,为在真实机器上能执行的计算步骤数量指定一个上限。假设存储系统依赖于电容为 $C=1\mu F$ 的充电电容,我们使用两种充电状态,$E=100$ 伏和 $-E=-100$ 伏。想知道电容器所携带的信息,可以测量其电压。由于热扰动,观察到的电压总是略有误差,V 和 $V-dV$ 之间的误差概率为

① 图灵这里所说的"等价",就是丘奇-图灵论题,即所有我们能想到的装置(例如丘奇的 λ 演算、哥德尔的递归函数、Post 系统、乔姆斯基 0 型文法等)都是和图灵机等价的。这个论题的一个更加通俗的说法是"图灵完备"(Turing-complete),当我们发现或发明一种新的机制时,首先看看能不能用它来模拟图灵机,如果能,那么这个机制就是图灵完备的。丘奇-图灵论题是计算机科学的第一性原理。详见"为什么是图灵"。

$$\frac{2kT}{\pi C} e^{-\frac{1}{2}V^2C/kT} V dV$$

其中 k 为玻尔兹曼常数。按照以上公式，读取电压时出错的概率约为 $10^{-1.2\times10^{16}}$。如果一项工作需要超过 $10^{10^{17}}$ 个步骤，我们几乎可以肯定答案会出错，因此必须限制在步骤更少的工作上，这种量级的限制可能过于简化，但依然有用。更实际的上限是假设光波在每一步之间需要传播 1 厘米（这个假设只有在机器非常小时才会不对）[①]，并且我们不能等待 100 年以上才出答案。这样，步数的上限是 10^{20}。存储容量的上限也必须与此相当，因此我们可以使用 20 位的十进制数字来描述给定数据的位置，这是一个非常有用的可能值。

"自动数字计算机"（automatic digital computing machine）就是在这种可能性下设计的。信息存储的方式和纸带完全不同。借助于类似于电话交换机的系统，通过"拨号"来定位信息，就几乎可以立即获得该信息。对某些系统来说，延迟可能只有几微秒。这样的机器将被称为"实用计算机"（practical computing machine，PCM）。[②]

通用实用计算机（universal practical computing machine，UPCM）。几乎所有正在建造中的 PCM 都具有前面提到的 ULCM 的基本特性。实际上，任何可以在 LCM 上完成的工作，都可以在这些数字计算机上完成。我并不是

---

① 图灵这里假设光速是信号传播的极限，但 1 厘米的假设很明显过于保守了。

② 图灵在本文中用了几个术语来分类机器：LCM 和 PCM。这两种机器又都有通用（universal）版本，即可编程版本。LCM 和 PCM 的主要区别在于寻址方式。LCM 是理想化的计算机，例如原始图灵机，其存储方式是纸带，纸带只能左移或右移，所以信息的定位是顺序的。PCM 是通过随机读取（random access）来定位信息的，如当时正在制造的电子计算机 ENIAC 和 ACE 等。如果我们用多项式时间作为复杂性的界定，那么原始图灵机和 RAM 定位信息所需的时间差别是 n 和 $\log n$ 这样量级的，并不是很大。PCM 的寻址可以通过拨号来实现，是把存储位置编码，也就是随机读取。另外，在 ULCM 中，程序被称为"机器描述"，而在 UPCM 中，则被称为"指令表"。

说我们现在就动手设计一台计算机来做此事,但如果大家针对 ACE 问此问题,是的,我们可以通过编程来做任何要求它做的工作。编程纯粹在纸上就能进行。人们很自然地会问:如果 ACE 的存储容量可以无限扩展,它是否就变成通用机器了?尽管我还没有证明任何相关的数学定理,但我研究过这个问题,答案如下:众所周知,ACE 目前使用有限的数字来描述内存的位置,实际上是 9 位二进制数字(至 1947 年 9 月)。ACE 处理其他数据时用 32 位二进制数字。如果需要扩展内存,假设扩展到现有容量的 1000 倍,最自然的办法是把 9 位数字所能寻址的最大容量排成块(block),需要的话,从一个块切换到另一个块。而用来存储更基本的指令表和相关切换信息的内存则不需切换,这部分内存相对较小,可以称为"中心部分"(central part)。然后,我们需要一个数字来确定在任何时刻需要哪个存储块。然而,这个数字可能很大,以至于即使 32 位也存不下,甚至整个中心部分也存不下。那么为了存储这个数字,就必须留出一个块,甚至多个块,比如块 1、2、……、n。我们还需要存储 n,这个数理论上也是没上限的。这种过程可以各种方式不断扩展,但我们总是会碰到一个无界的数,除了引入"纸带"(tape)状存储之外,似乎没有办法解决这个难题。但是,一旦这样做了,由于我们只是试图证明一个理论结果,那么,在证明定理的同时,不妨忽略所有其他形式的存储，只用"纸带"状就够了。实际上，我们得到的是一个有点复杂的 ULCM。这实际上意味着，我们没法给出一个让所有人智力上满足的证明。①

纸质机器

写下一套程序规则并要求一个人去执行它们，也会产生和计算机一样的效果。这种人与纸面指令的结合被称为"纸质机器"。如果一个人有纸、铅笔和橡皮，并受到严格规则的约束，那么他实际上就是一台通用机器。下面会经常使用"纸质机器"一词。②

部分随机和表面上部分随机的机器

上述离散机器还可以如下修正：在某个时间点，允许几个可能（alternative）的操作同时进行，这些可能的操作通过随机过程选择。这样的机器被称为"部分随机的"（partially random）。而非随机的机器，我们称之为"确定的"（determined）。有时，一台机器可能严格说来是确定的，但表面上看起来好像是部分随机的，比如，用 π 的值来确定部分随机机器的选择，而不是用掷骰子或其电子等效物，那么这类机器被称为"表面上部分随机的"。③

---

① ACE 用了随机寻址，好处当然是不用来回移动原始图灵机中的纸带，但一个问题是寻址空间受到寻址寄存器的大小限制。为了使 ACE 变成通用计算机，就必须能在需要时对寻址寄存器的位数进行扩充。图灵此处讲述的烦琐的过程就是为了这个扩充的目的。但现代计算机是通过 CPU 不同代的进步而达到的，例如最早有 8 位，后来有 16 位、32 位，直到现在的 64 位（2024 年）。寻址寄存器和数据寄存器的宽度不一定是一样的。

② "纸质机器"的"纸"指的是程序。

③ 现代理论计算机教科书里称之为"非确定性机器"（non-deterministic machine）。库克在定义 NP 完全性时用到了非确定性图灵机。

4. 无组织机器

到目前为止，我们一直在考虑为确定的目的而设计的机器（而通用机器在某种意义上是个例外）。我们可以考虑如何用某种标准部件，按照一种相对非系统化的方式构建一台机器。我们可以考虑具有这种性质的特定机器，并研究它可能做些什么。以这种方式构造的机器在很大程度上是随机的，故称为"无组织机器"。这并不是一个准确的术语。可以想象，同一台机器在一个人眼里是有组织的，而在另一个人眼里则是无组织的。①

无组织机器的一个典型例子如下：机器由 N 个相似的单元（unit）组成，每个单元有两个输入端口，并有一个输出端口，可以连接到（0 个或更多）其他单元的输入端口。我们可以想象，对于每个整数 r，$1 \leq r \leq N$，随机选择两个数 $i(r)$ 和 $j(r)$，从 $1, \cdots, N$，我们将单元 r 的输入连接到单元 $i(r)$ 和 $j(r)$ 的输出。所有单元都连接到一个中央同步单元，以相等的时间间隔发射同步脉冲。这些脉冲到达的时间被称为"时刻"（moment）。每个单元在每个时刻都只能有两种状态：0 和 1。状态值由一个规则决定，即两个输入单元的前一刻的状态相乘，相乘的结果从 1 中减去就是此刻的状态②。下图显示了这种无组织机器。

① 图灵这一节描述的"无组织机器"由一堆功能简单的单元构成，这些单元能执行简单的二元二进制运算，这有点像 McCulloch-Pitts 的神经元。但图灵提出这些看似"无组织"的机器可以通过干预（interference），即学习，而变得"有组织"。McCulloch-Pitts 神经网络没有学习过程。McCulloch-Pitts 的文章中引用了图灵-1936，他们的工作在冯诺依曼的 EDVAC 报告里被提及，故图灵应该知道，但图灵没有提及 McCulloch-Pitts。图灵 1949 年第一次见到 McCulloch，但对他印象不好，觉得他太忽悠（charlatan）。图灵在舍伯恩公学的数学老师和剑桥的导师纽曼都提及图灵在解决问题时，喜欢自己从头开干而不是先阅读参考文献，从前人的工作中获取灵感。

② 图灵这里描述的运算其实就是"与非门"（NAND），即把两个输入，先"与"（AND），再"非"（NOT），NAND(x, y) = NOT(AND(x, y))。只有当两个输入都是 1 时，输出是 0；其他情况的输出都是 1。这里我们需要知道，所有的逻辑运算，"与""或""非"，都可以用"与非"来表示。例如 NOT(x) = NAND(1, x)；OR(x, y) = NAND(NOT(x), NOT(y))；AND(x, y) = NOT(NAND(x, y))。所以在计算机逻辑电路中，只要实现"与非门"，就能实现所有逻辑运算。不难看出，"或非门"也能起到相同的作用。

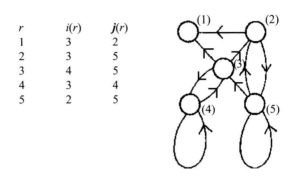

r	i(r)	j(r)
1	3	2
2	3	5
3	4	5
4	3	4
5	2	5

整台机器可能出现的 6 个连续时刻的状态序列为：

1	1	1	0	0	1	0
2	1	1	1	0	1	0
3	0	1	1	1	1	1
4	0	1	0	1	0	1
5	1	0	1	0	1	0

具有如此少单元的机器的行为自然是非常简单的。然而，当单元数量很多时，这种机器的运行方式就非常复杂。我们可以称之为 A- 型无组织机器。因此，上图中的机器是一台由 5 个单元组成的 A- 型无组织机器。具有 N 个单元的 A- 型无组织机器的运动当然最终是周期性的，就像在任何具有有限存储容量的确定机器中一样。周期的时间长度不会超过 2^N，周期开始前的时间长度也不能超过 2^N。在上面的例子中，周期是 2 个时刻[①]，在周期开始前有 3 个时刻，2^N 是 32。

A- 型无组织机器是由随机排列的神经元组成的最简单的神经系统模型。因此，研究其行为非常有意义。现

---

① 这个例子中，第 6 个时刻的状态开始重复第 4 个时刻的状态，故周期为 2，而第 4 个时刻之前一共有 3 个时刻。

在我们描述第二种无组织机器,这种机器不一定有什么内在的重要性,但是在后面的演示中会用到。如下,我们用右边的符号作为左边电路的简略表示。

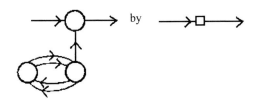

对于每一台 A- 型无组织机器,我们可以通过将其中的每个连接——→——替换成符号——→□→来构造一台新机器,我们称之为 B- 型无组织机器。大家可能会认为 B- 型机器就是 A- 型机器。对此,我会回答说,上述定义的正确(但有点烧脑)的形式应该是概率的,即判定 A-(或 B-)型机器属于给定集合的概率,而不仅仅是区分哪些是 A- 型机器,哪些是 B- 型机器。如果随机选择一个具有给定单元数量的 A- 型机器,那么不太可能会获得 B- 型机器。①

很容易看出,连接符号——→□→可以有三种情况。(i) 将输入信号的 0 和 1 颠倒; (ii) 无论什么输入信号,输出都被强置为 1; (iii) 不同时刻交替出现 (i) 和 (ii)((iii) 有两种子情况)。具体哪种情况会发生,取决于初始条件。通过——→□→时会有两个时刻的延迟。②

① B- 型机器的连接是可变的,用现代神经网络的话说就是权重可调。B- 型机器就是可训练的,或者说能学习的。

② 考虑到所有的神经元都是与非门,连接符——→□→表示的电路的下半部分的两个单元,每个时刻的状态都是上一个时刻状态的反。$NAND(x, x) = NOT(x)$。如果来自下半部分的输入是 1,那么连接符的水平输入信号被颠倒(interchange); 如果来自下半部分的输入是 0,那么连接符的输出就被强置为 1。

5. 对机器的干预，可修正和自我修正的机器

到目前为止，我们所考虑的机器类型主要是不受外界干预，以自己的方式无限期运行的机器。通用机器是例外，因为人们可能会不时地改变被模仿的机器的描述。而下面要考虑的机器中，干预是常态而不是例外。

我们可以区分两种干预。一个极端是将机器的某些部件移走，用其他部件替换。这可以被描述为"螺丝刀式干预"（screwdriver interference）。另一个极端是"纸张式干预"（paper interference），它仅仅通过传递信息给机器，以改变机器的行为。考虑到通用机器的特性，两者的区别并不大。对通用机器进行纸张式干预的效果，和螺丝刀式干预是一样的。①

我们主要感兴趣的是纸张式干预。因为螺丝刀式干预可以毫不费力制造出一台全新的机器，所以没啥可说的。以下"干预"通常指的是"纸张式干预"。

当有可能从根本上改变一台机器的行为时，我们说这台机器是"可修正的"。这是一个相对的术语，一台机器可以比另一台更容易修正（more modifiable）。

① 图灵此处所谓"螺丝刀式干预"就是改变硬件，"纸张式干预"就是改变软件。对通用计算机来说，改变硬件和改变软件是等价的，或者说硬件的改变可以通过软件的改变来实现。软件和硬件的等价性是丘奇－图灵论题的一个简单的推论。但是在图灵的时代，靠直觉想象这种等价性确实不是一件容易的事情，所以图灵费了些周折说明这一点，但恐怕仍不能令人满意。不熟悉计算机科学的人喜欢用计算机不能改变硬件作为机器不可能有智能或者学习能力的论据，其实这在数学上是靠不住的。详见"为什么是图灵"。

人们有时会说一台机器可以修正自己，或者一台机器可以改变自己的指令。这种说法不严谨，却很方便。按照约定，只要给出所有可能配置在前后时刻的关系，机器的描述就是完全确定的。这种关系是一种抽象，一旦定义，就不会随时间而改变。但是，如果我们把特定的配置当作起点，那些不受干预便从这个起点无法到达的配置，可能会被我们忽略。我们由此得到的配置"后继关系"（successor relation）与原来的机器性质上是不同的，因而，我们也就得到一台新的机器。

现在考虑干预：每次干预发生时，机器可能会发生变化。正是在这个意义上，干预"改变"了机器。但这和机器能够自我修正的意思相去甚远。如果我们愿意，可以把机器的操作分为两类：正常操作和自我修正操作。如果机器只进行正常操作，就可以认为机器未作任何改变，显然，也就不会有"自我修正"。但是我想到的一种情况也许是例外：像 ACE 这样的计算机，很多存储空间被用来存储指令表（UPCM 中的指令表相当于 ULCM 中的机器描述）。当这部分存储空间的内容被机器的内部操作改变时，人们自然会说机器在修正自己。①

---

① 修改指令表，就是修改程序。

6. 人作为机器

有可能制造出会思考的机器的一个正面依据是：有可能制造出机器来模仿人，即使是人的很小一部分。例如，麦克风模仿耳朵，电视摄像机模仿眼睛，这些已经司空见惯了。人们还可以制造遥控机器人，它们的肢体借助伺服机制来平衡身体。我们主要感兴趣的是神经系统。我们可以制造相当精确的电气模型来模仿神经的行为，但这样做似乎意义不大，就像花大气力研究用腿而不是用轮子的汽车。电子计算机中的电路似乎具有神经的基本特性。它们能够传输信息，也能存储信息。当然，神经有很多优点。它非常紧凑，不会磨损（如果放在合适的介质中，可能使用数百年！），而且能耗非常低。与这些优点相反，电子电路的吸引力只有一个，那就是速度。但这种优势的数量级是如此之大，以至于它有可能超过神经的优势。

制造"思维机器"（thinking machine）的一种方法是把人当作一个整体，并试图用机器来代替人的所有部分，把电视摄像机、麦克风、扬声器、轮子和"操纵伺服机制"以及某种"电子大脑"集成到一起。这当然是一项艰巨的任务。这台机器，如果用当下的技术制造，将会有巨大的体型，即使"大脑"部分是静止的，并可从远处控制身体。为了让机器有机会自己发现事物，它应该被允许在乡间漫游，但可能会对普通公民构成严重威胁。此外，即使提供了上述设施，这种人造物（creature）仍然无法接触食物、运动和人类感兴趣的许多其他事物。因此，尽管这种方法可能是制造思维机器的"可靠"方法，但它似乎太慢了，而且不切实际。

我们只研究"大脑"能做些什么，这个"大脑"或多或少没有身体（a 'brain' which is more or less without a body），顶多只有视觉、语音和听觉器官①。于是，我们面临的问题是为机器寻找合适的思想分支来发挥它的力量。在我看来，以下领域具有优势：

(i) 各种游戏，如国际象棋、圈叉游戏（noughts and crosses）②、桥牌、扑克

(ii) 语言学习

(iii) 语言翻译

(iv) 密码学

(v) 数学

其中 (i)、(iv) 以及在较小程度上 (iii) 和 (v) 都是好的选择，因为它们几乎不需要与外界接触。例如，为了使机器能够下棋，唯一需要的器官就是"眼睛"，以辨别棋盘上的各种位置，以及告知自己走法的手段。数学最好局限于

---

① 所谓 embodied 和 dis-embodied 之分，最早是由布鲁克斯提出的，其源头在此。embodied 被很多人翻译为"具身"。布鲁克斯认为图灵-1948 比图灵-1950 对他影响更大，就是因为图灵此处提到了所有感官的可能性。（图灵原话：take a man as a whole and to try to replace all the parts of him by machinery.）布鲁克斯把这当作 embodied 的依据，他更关注 artificial creature 而不是 artificial intelligence，所以他的科普书的书名叫 Flesh and Machines（《肉身与机器》）而无关乎"心灵与智能"（mind and intelligence）。但看图灵的上下文，本意是认为"没有身体的大脑"的功能才真正是智能的本质。这一点和乔姆斯基类似，乔姆斯基把语言区分为内部语言和外部语言。内部语言对应的是图灵此处所说的"大脑"，而外部语言对应的是各种感官，用大模型的术语说就是"多模态"。关于这个观点的更详细的讨论见"语言=思维吗"。

② noughts and crosses 是一种游戏，中文名"画圈打叉"，也叫"圈叉"，游戏规则是二人轮流在九宫格中画 O 或 X，先将三个 O 或 X 连成一线者获胜。

不常使用图表的分支①。在上述可能的领域中，语言学习将是最令人印象深刻的，因为它是以上诸项中最具人性化的。然而，这一领域又似乎过于依赖感觉器官和运动，目前尚不可行。②

密码学也许是最有价值的。物理学家的问题与密码学家的问题有着惊人的相似之处。加密系统对应于宇宙定律，截获的信息对应于已有的证据，每一天的信息的密钥③对应于待定的常数。这种对应关系非常密切，但密码学的主题很容易用离散机器来处理，而物理学则不那么容易④。

7. 机器的教育

虽然我们已经放弃了制造一个"完整的人"的计划，但还是应该明智地将机器的环境与人的环境进行比较。指望一台刚出厂的机器与一个大学毕业生在同等条件下竞争，是非常不公平的。大学毕业生已经与人类接触了二十多年。在这段时间里，与人类的接触一直在改变他的行为模式。他的老师们也一直在有意地试图改变他。毕业后，大量的标准程序（standard routine）将被叠加在他大脑的初始模式上。所有这些程序都为社会所知。毕业后，他就尝试这些程序的新组合，对它们做一些细微的调整，并以新的方式应用它们。

---

① 事实上，在机器定理证明里，最早有实用价值的领域，是吴文俊的几何定理证明。图灵可能设想：几何或拓扑离不开画图作为辅助手段，而当时还没办法在计算机上容易地表示图和拓扑。图灵可能不了解逻辑学家塔尔斯基二战前在波兰的工作《初等代数和几何的判定方法》(*A decision method for elementary algebra and geometry*)，这项工作1948年才在美国发表。塔尔斯基证明了初等几何是可判定的，并且给出了判定算法，但这个算法是超指数的。吴文俊1977年找到了初等几何一个很大子集的更有效的算法。几何和代数之间并不一定非得借助人的视觉作为连接桥梁。

另外，几何被很多数学史家认为是最接近经验科学的数学分支，并作为数学的灵感起源于自然科学的证据。经验的东西更接近外部语言。

② "语言最具人性化"的说法，和乔姆斯基不谋而合，详见"语言 = 思维吗"。

③ 图灵原文：the keys for a day or a message，可能意指密钥每天会变更，早期军事密码的密钥每隔一段时间就会变更。

④ 图灵在二战时做过密码破译的工作，这是他的感叹。而他对密码学与物理学做的类比很有意思，破译密码就像确定宇宙的常数。至于物理学是连续的还是离散的，详见"为什么是图灵"中"模拟 vs 数字，连续 vs 离散"一节。

如果我们说一个人是一台机器的话，他是一台受到很多干预的机器。事实上，干预是一种常态，而不是例外。他经常与其他人交往，不断地接受视觉和其他刺激，而这些刺激就构成干预。只有为了消除这些刺激或"干预"而"集中注意力"时，他才像一台不受干预的机器。

由于上一节给出的原因，我们主要感兴趣的是受干预相对较少的机器，但需要记住，虽然 个人在集中注意力时可能表现得像一台不受干预的机器，但他此时的行为在很大程度上取决于他先前所受的干预。

如果我们试图把人当作样本来制造一台尽可能像人的智能机器，应该从一台能力很弱的机器开始，即几乎没有能力执行复杂操作或以规范的方式服从命令（命令就是干预）。然后，通过施加适当的干预，模仿教育过程，我们有望对机器进行修改，直到它能够可靠地对某些命令产生明确的反应。这就是这一过程的开始。我现在不打算再深入讨论了。

8. 把无组织机器变得有组织

许多无组织机器具有这样的配置，即一旦达到该配置，且随后的干预受到适当限制，机器的行为就会表现得像为了某种确定目的而组织起来的。例如，下图所示的 B-型机器是随机选择的。

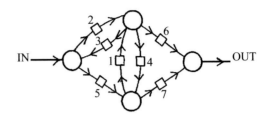

初始时，标号 1、3、6、4 的连接边处于条件 (ii)，标号 2、5、7 的连接边处于条件 (i)，则这台机器可被当作将输入信号延迟 4 个时刻的机器。这是 B-型机器（以及许多其他类型的机器）非常普遍性质的一个特例，即给定适当的初始条件，给予足够长的时间和足够多的单元，它们将能够完成任何指定的工作。[①] 在具有足够多单元的 B-型无组织机器中，可以找到初始条件，使其成为具有给定存储容量的通用机器。（这一点的形式证明，甚至一个特定的 B-型无组织机器的例示，某些读者也许会有兴趣，但我略去了，因为和主要论点关系不大。）[②]

对这些 B-型机器尚没有考虑在适当的初始条件下进行干预的可能性。然而，不难想到可以做到这一点的方法。例如，可以用下图中下面的连接代替上面的。

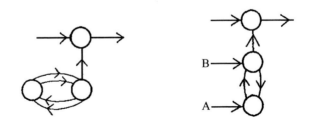

---

① 寇普兰指出（*Essential Turing*）：图灵在此犯了错，B-型机器不能做"异或"（XOR）运算。做一个小修改，就可以避免这个错误。但这对这篇文章的思路和结论没有影响。

② 图灵这里提出 B-型机器可以通过训练成为通用图灵机。图灵这里把证明省去了。后来关于神经网络能力的最接近的结果大概是柯尔莫哥洛夫-阿诺德通用逼近定理，即三层以上神经网络可以无限逼近任意连续函数。

这里 A、B 是干预性输入，通常给出信号"1"。通过在 A、B 端提供适当的其他信号，我们可以根据需要使连接符进入条件 (i) 或 (ii)。然而，对于每个连接符，需要两个特殊的干预性输入。①

我们主要感兴趣的情况是：总共只有很少的独立输入，因此，设置机器"初始条件"的所有干预都必须通过一个或两个输入来提供。设置这些初始条件，使机器执行特定的有用任务的过程，就称为"使机器有组织化"（organising machines）。因此，"组织化"是一种"修正"的形式（'organising' is thus a form of 'modification'）。

9. 大脑皮层作为无组织机器

人类大脑的许多部分是有确定目的的神经回路，例如控制呼吸和打喷嚏与控制眼睛跟踪移动物体等的"中枢"（centre）。所有的反射本身（不是"条件反射"）都是由大脑中这些特定结构的活动引起的。同样，对形状和声音进行更基本分析的器官也属此类。但是，大脑中更需智能的活动，其变化繁杂，无法由此管理。英吉利海峡两岸所讲语言的差异，并不是因为大脑中说法语和说英语的部分发育不同，而是由于大脑中管理语言的部分受到了不同的训练。因此，我们认为，大脑中有很大一部分（主要是在皮层中），其功能在很大程度上是不确

---

① 此时，我们已经知道图灵训练神经网络的初衷。A-型机器就是一台能实现特定功能的机器，通过把 A-型机器变为 B-型机器，并给 B-型机器的每个连接都提供一个外部可控的手段，这样，机器的物理结构不需改变，但行为可随需要而得到调整。考虑到前一段话，图灵企图说，B-型机器可以被训练为通用图灵机。

定的。在婴儿时期，这些部分没有多大作用：它们的作用是不协调的。在成人身上，它们有重大而有目的的影响：这种影响的形式取决于童年时期的训练。婴儿时期的随机行为在成年后仍有很大一部分残留。

所有这些都表明，婴儿的大脑皮层是一个无组织机器，它可以通过适当的干预训练变得有组织（organised by suitable interfering training）。这种组织化过程可能将机器改造成通用机器或具类似通用功能的机器。这意味着成年人会服从用适当语言发出的命令，即使这些命令非常复杂；他没有常识，会毫不犹豫地服从最荒谬的命令。当所有的命令都完成后，他会陷入不知所措的状态，或者服从一些固定的命令，比如吃饭。像这样的生物确实存在，但大多数人在许多情况下的行为却大不相同。然而，这与通用机器的相似之处仍然很多，这向我们表明，从无组织的婴儿到通用机器的这一步是可理解的。当我们掌握了这一点，就能更好地考虑如何修改组织化的过程，以产生更正常的心智（mind）。

从进化和遗传的角度来看，大脑皮层作为无组织机器的构想非常令人满意。产生像 A- 型或 B- 型无组织机器这样的东西并不需要非常复杂的基因系统。事实上，这应该比产生呼吸中枢之类的东西要容易得多。这暗示产生有智能的物种可能并不困难。然而，我认为这是错误的，因为如果没有对其进行组织化的尝试，人类大脑皮层几乎是无用的。因此，如果一只狼通过突变获得了人类的大脑皮层，很难相信它会有任何选择性优势。然而，如果突变发生在语言已经发展起来的环境中（类鹦鹉的狼），并且这种突变偶然地在一个小社群中广泛传播，那么可能真会产生一些选择性优势，并且可以将信息代代相传。然而，这一切都是推测。①

① 图灵这里指出大脑皮层类似于通用机器，是产生智能的必要条件，但智能（图灵主要以语言为例）的产生还需要从环境中学习。

10. 组织化的实验：快乐－痛苦系统

这是一项有趣的实验，让无组织机器接受特定类型的干预，试图将它们组织起来，进而改造成通用机器。

如果能在干预输入很少的情况下，就将一台机器组织成一台通用机器，那将令人印象深刻。人类儿童的训练在很大程度上依赖于奖惩系统，这表明只有两个干预输入就可以完成组织化，一个是"快乐"（pleasure）或"奖励"（reward，R），另一个是"痛苦"（pain）或"惩罚"（penalty，P）。人们可以设计出各种"快乐－痛苦"系统。我将使用这个术语来表示具有以下一般性格（general character）的无组织机器：机器的配置由两个表达式来描述，分别称之为性格表达式（character-expression）和情境表达式（situation-expression）。一个时刻的性格和情境，加上输入信号，决定了下一时刻的性格和情境。性格可能会受到一些随机变化的影响。快乐刺激倾向于将性格固化，即阻止其改变。而痛苦刺激则倾向于颠覆性格，即导致已经固化的性格发生变化，或使其重新变得随机。

这个定义可能太过模糊和笼统。但其思路是，当"性格"发生变化时，我们就认为机器发生了变化，但"情境"仅仅是性格所描述的机器配置。当机器的行为出错时，就出现痛苦刺激，而当机器的行为正确时，就出现快乐刺激。"老师"明智地施加合适的刺激，"性格"就会向所期望的方向收敛，也就是说，错误的行为会变得很少。

我研究了一种特殊类型的快乐-痛苦系统，现描述如下。

11. P-型无组织机器

P-型机是一台没有纸带的 LCM，它的描述很大程度上是不完全的。当达到一个配置，若其动作是非确定的，就进行随机选择，并在描述中输入适当的暂定（tentative）条目，然后施加动作。当痛苦刺激出现时，所有的暂定条目都被取消；当快乐刺激出现时，暂定条目都变成永久性的。

具体来说，情境（situation）是一个编号为 $s = 1, 2, \cdots, N$ 的集合，对应于不完全机器（incomplete machine）的配置。性格是一个包含 N 个条目的表格，显示机器在每种情境下的行为。每个条目都需要说明下一个情境以及机器应采取的动作（action）。动作可以是：

(i) 执行某些外部可见的动作，$A_1, A_2, \cdots, A_K$；
(ii) 将存储单元 $M_1, \cdots, M_R$ 设置为"1"或"0"。

下一个情境总是通过用 N 除以 $2s$ 或 $2s+1$ 的余数来确定。这可以是 0 和 1 交替选择。具体出现哪种选择，由以下方式确定：

(a) 某个存储单元；
(b) 某种感知刺激；
(c) 快乐－痛苦的顺序。

当机器出厂时，每一种情境下适用哪一种选择就已经是确定的，也就是说，干预不会改变这三种选择。同样，在 (a) 和 (b) 两种情况下，干预不会起作用。在情况 (c) 下，性格表中的条目可以是 U（不确定）或 T0（暂定 0）、T1、D0（确定 0）或 D1。如果当前情境的性格条目是 U，那么随机选择 0 或 1，并根据选择是 0 还是 1 将性格条目改为 T0 或 T1。如果性格条目为 T0 或 D0，则选择 0；如果为 T1 或 D1，则选择 1。性格的改变包括将 U 改为 T0 或 T1，当快乐刺激发生时将 T 改为 D，当痛苦刺激发生时将 T0 和 T1 改为 U。

我们可以把存储单元想象成"触发电路"或开关。感知刺激是教师与机器进行"不带情感"（unemotionally）的交流的方式，也就是说，不是快乐刺激和痛苦刺激。感知刺激线有 S 条，每条线传输的信号或 0 或 1。

一个小规模的 P- 型机描述如下。

1	P	A	
2	P	B	$M_1 = 1$
3	P	B	
4	S_1	A	$M_1 = 0$
5	M_1	C	

这台机器只有一个存储单元 M_1 和一条感知线 S_1。机器的行为可以通过给出连续的情境及教师的动作来描述，后者包括 S_1 的值以及奖励和惩罚。在任何时刻，"性格"由上述内容组成，其中每个"P"被替换为 U、T0、D0 或 D1。

作为机器的行为的一个例子，首先生成一系列随机数字以便在 U 出现时使用。随机序列下面是情境序列，再下面的其他行包括性格条目和教师的动作。性格和存储单元中的值可以保存在另一页纸上。T 条目可以用铅笔标记，D 条目可以用墨水标记。以下是该机器行为的一部分。

```
随机序列              0 0 1 1 1 0 0 1 0 0 1 1 0 1 1 0 0 0
情境序列              3 1 3 1 3 1 3 1 2 4 4 4 3 2 . .
选择的替代方案         U T T T T U U S S S U T
                     0 0 0 0 0         1 1 1   0
外部可见的动作         B A B A B A B A B A A A B B
奖励和惩罚                             P
S₁ 的变化              1                           0
```

可以注意到机器很快就进入了一个重复循环。即外部可见的 BABAB...。通过痛苦刺激，这个循环被打破。

有可能把这些 P- 型机组织成通用机器，但由于可用内存的形式，这并不容易。有必要把随机分布的"存储单元"组织起来，以提供一种系统的存储形式，这并不容易。但是，如果我们为 P- 型机提供一个系统的外部存储器，这种组织化过程就变得非常可行。这样的存储器可以是纸带的形式，外部可见的动作包括沿纸带向左或向右移动，并将纸带上的符号更改为 0 或 1。感知线可以包括来自纸带上的符号。或者，如果存储器是有限的，例如不超过 2^{32} 个二进制数字，我们可以使用拨号系统。① （拨号系统也可以用于无限大的存储器，但实际意义不大。）我已经成功地将这样一台（纸质）机器组织成了通用机器。

有关机器的详细情况如下。有一个由 64 个存储格构成的循环存储器，任何时刻都有一个存储格在机器中（"被扫描"），右移或左移属于"可见动作"。改变存储格上的符号是另一种"可见动作"，这个符号与其中一条感

---

① 如前所述，"拨号"指在 PCM 中使用的随机寻址。图灵在前面也详细描述了如何用随机寻址实现 LCM 的纸带存储。

知线 S_1 相连。偶数编号的格子还有另一种功能，它们控制着主存储器的信息进出。这个主存储器由 2^{32} 个二进制数组成。在任何时刻，这些数字中的一个与感知线 S_2 连接。主存储器中涉及的数字是由循环存储器的 32 个偶数位的数字指示的。另外两个"可见动作"是在主存储器的格中打印 0 或 1。还有 3 个普通存储单元和 3 个感知单元 S_3、S_4、S_5，以及 6 个其他外部可见的动作 A、B、C、D、E、F。

必须承认，这种带有外部存储器的 P- 型机比 A- 型无组织机器有更多的"组织性"。然而，它能被组织成一台通用机器这件事本身就很有趣。

P- 型机的"组织化"所采用的实际技术也许有点令人失望。这与孩子真正接受教育的过程并不十分相似。实际采用的过程首先是让机器长时间运行，持续施加痛苦刺激，并对感官数据 S_3、S_4、S_5 进行各种改变。观察了数千个时刻的外部可见动作序列后，可以建立一个用于识别情境的方案，即在任何时刻可以找出当前情境，除非整体情境已被重命名。类似的研究，在使用较少的惩罚时，可以找到受到感知线影响的情境；涉及存储单元的情境数据也可以找到，但难度更大。在这个阶段，性格已经重构，T0、T1、D0、D1 不会出现。下一阶段是想出一种方法，将性格表中的 U 替换为 D0、D1，以满足所需的修改。在建议的情境数目（1000）、存储单元等条件下，通常也是做得到的。最后阶段是将性格转换为所选择的性格。这可以通过让机器在一系列情境中随机游走，并在错误选择时施加痛苦刺激，在正确选择时施加快乐刺激来完成。在做出不相关的选择时，最好也施加痛苦刺激，以防止陷入无关情境的循环。这台机器现在"可以使用了"。①

① P-型机可以理解为只接受"快乐"和"痛苦"刺激的强化学习算法。

在这一过程中实际产生的通用机器的形式如下。每条指令由 128 位数字组成，我们可以把这些数字看作由 4 组 32 位的数字组成，每组数字描述主存储器中的一个位置。这些位置可以称为 P、Q、R、S。该指令的含义是，如果 p 是 P 位置上的数字，q 是 Q 位置上的数字，那么 1-pq 将被转移到 R 位置，并且下一条指令将在从 S 开始的 128 个数字中找到。这样可以得到一台 UPCM，尽管可用的功能比 ACE 上的要少一些。

我认为应该在这方面做更多的工作。我想研究其他类型的无组织机器，也想尝试更类似于我们的"教育方法"的组织化方法。我已经开始着手后者的工作，但发现目前这项工作过于繁重。当一些电子机器实际投入使用时，我希望它们能使这一点变得更加可行。在这样的 UPCM 中，应该很容易制作任何特定机器的模型，而不必像目前一样使用纸质机器进行工作。如果还决定采用相当明确的教学策略（teaching policy），这些策略也可以通过编程植入机器中。然后，我们会让整个系统运行相当长的一段时间，再以"学校检查员"的身份介入，查看所取得的进展。对于类似于 A- 型和 B- 型的无组织机器，我们也可能取得一些进展。这些机器涉及的工作对于纯粹的纸质机器来说过于繁重。

我一直想研究与 P- 型机有关的一种特殊现象，这就是在新的程序中结合进旧的程序。人们已经"教会"（即"修改"或"组织"）了一台机器做加法。然后，如果要对不是很大的数字做乘法，我们教它做连续加法就行，这样现成的加法程序可用到乘法所需的加法运算中。虽然我能够比较详细地描绘这种情况的可能性，但我无法在足够大的规模上进行实验，使此现象广为人知。①

我还想研究类似于"不规则动词"的东西②，这给语言增添了变化。我们似乎习惯于存在着不太遵循数学规则的东西。通过长期的经验，我们完全可以在无法说出最复杂的规则的情况下仍然掌握并使用它们。我有点相信，没有系统性存储器的 P- 型机，只要有随机分布存储器，也能表现出类似的功能。显然，这需要艰苦的工作来验证；就问题的本质而言，内置"大量"的教学程序的方法，也无济于事。

① 图灵这里所谓旧的程序就是子程序的意思，也就是把已经做好的程序做成子程序，以后需要时就不用再重新做一遍，直接调用"旧程序"就行。一般认为是威尔克斯的学生惠勒（David Wheeler）最早提出并实现的，但图灵在 ACE 的设计报告中已经预见到了，在本文中图灵再次提及。所谓"无法在足够大的规模上进行实验"是对 NPL 在 ACE 项目上进展缓慢的抱怨。

② 有趣的是，心理学家鲁梅尔哈特（Rumelhart）和麦克利兰德（McClelland）在 20 世纪 80 年代中期试图通过训练神经网络来学习不规则动词，这篇文章收录在他们两人主编的文集《并行分布式处理》（*Parallel Distributed Processing*，PDP）中，而 PDP 是神经网络从 20 世纪 70 年代的低潮中复苏的标志之一。

12. 被动性和主动性

未经训练的婴儿头脑要想成为聪明的头脑，就必须既要有被动性（discipline），又要有主动性（initiative）[①]。到目前为止，我们只考虑了被动性。将大脑或机器转化为通用机器是被动性的最极端形式。没有这类东西，就无法建立起适当的交流。但是，被动性本身肯定不足以产生智能，我们还需要所谓"主动性"。这句话可以作为一个定义。我们的任务是发现人所有的这种特质，并尝试把它复制到机器中。

目前有两种可能的解决方法。一种方法是用完全训练好（fully disciplined）的被动机器，这个我们现在就有了，各种 UPCM 最晚在几个月或几年后也会有。我们可以尝试为这些机器植入一些主动性。无论是否划算，可以采取编程的形式，使机器做所有可能的工作。逐步地，我们将允许机器做出越来越多的"选择"或"决策"。最终，我们将能够对其进行编程，使其行为成为相对较少的几条通用原则的逻辑结果。当这些原则变得足够通用时，将不再需要干预，机器将"长成大人"（grown up）。这可以称为"直接方法"。

另一种方法是从一台无组织机器开始，试图同时将被动性和主动性注入其中，也就是说，与其一开始把机

[①] 这一节是图灵这篇文章最出彩的地方。被动性就是监督学习，而主动性就是无监督学习。disciplined 意为强迫、有纪律，结合上下文，就是 supervised 的意思，故译"被动"。我们可以看出图灵所谓"主动性"学习就是所罗门诺夫归纳（Solomonoff induction），详见下注。

① 图灵的"被动性直接方法"就是现在人工智能中逻辑派的方法，向机器植入规则；而"主动性"就是学习。

器组织成通用机器，还不如把它组织成具有主动性的机器。我认为这两种方法都应该尝试一下。①

智力、遗传和文化方面的研究

需要一定主动性的典型问题是"找到一个数 n，使得……"这种形式的。这种形式涵盖了各种各样的问题。例如，"看看你能否找到一种计算函数的方法，使我们能够在给定时间和精度内在 UPCM 上对给定的变量求值……"这个问题可以归结为上述形式，这个问题明显等价于找到一个解决问题的机器程序，而且可以很容易地将程序与正整数对应起来，这样从给定的正整数总可以轻松找到对应的程序，反过来也一样。暂时假设所有问题都可以归结为这种形式不会有太大问题。真要是碰到明显不属于这种形式的问题，我们再想也来得及。

处理这类问题最简单粗暴（crudest）的方法是按顺序取整数，并测试每个整数是否具有所需的属性，直到找到满足条件的整数为止。这种方法只在最简单的情况下才会成功。例如，在上述问题中，实际上是在寻找一个程序，所需的数字的范围会在 2^{1000} 和 $2^{1\,000\,000}$ 之间。因此，为了能实用，需要一些更快捷的方法。下面的方法在许多情况下是成功的：在一台 UPCM 上运行一个程序，这个程序能构建一个逻辑系统（就像罗素的《数学原理》中的那种逻辑系统）。这并不能完全确定机器的行为：在不同的阶段，下一步可能有多个选择。然而，我们可以让机器尝试遍历所有的选择组合，直到机器证明了一个定理，按此形式可得原始问题的解。这可以看作将原始问题转化为另一个等价形式的问题。不再搜索原始变量 n 的值，而是搜索其他东西的值。在实际情况中，要想解决上述问题，人们可能会对原始问题进行一些非常复杂的"转换"，这包括搜索各种各样的变量，有些更类似原始问题，有些更像"搜索所有的证明"。对机器智能的进一步研究可能会与这类"搜索"密切相关。我们可称之为"智力搜索"（intellectual search），这可被简单定义为"由大脑进行的对特定属性的组合的搜索"。①

与此相关的还有另外两种搜索。一种是遗传或进化搜索，这种搜索致力于寻找基因的组合，标准是适者生存（survival value）②。这种搜索的显著成功在某种程度上证实了这样一种观点，即智力活动主要是由各种各样的搜索组成的。另一种搜索，我称之为"文化搜索"。正如我所提到的，孤立的人不会发展出任何智力。他有必要沉浸在他人的环境中，在他生命的头二十年里吸收他们的技巧。他也许会自己做一点研究、有一些发现，然后把这些发现传给其他人。从这个观点来看，对新技术

① 图灵这里提到的是几种机器学习的方法。在通用图灵机中，程序等于数据，于是，所有的程序，就像数据一样，是可以逐一被枚举出来的。这和前面提到的预先植入程序的方法不同，这个枚举方法是机器自己把所有可能的程序都学出来。这就是图灵所谓"智力搜索"。图灵在这里已经明确表示，所有"学习"都可以归约到这个方法。需要注意：枚举所有程序的过程不一定会停机。这个方法在 1960~1964 年被数学家所罗门诺夫更加精致地呈现，现在也称为所罗门诺夫归纳，这是柯尔莫哥洛夫复杂性最重要的思想源头之一。理论计算机科学家李明在这个领域做过深刻贡献，他的著作 Kolmogorov Complexity 是标准参考文献和教科书，早期版本有中译本《描述复杂性》，但这个译法容易和计算复杂性里的 descriptive complexity 混淆。
按照所罗门诺夫归纳和柯尔莫哥洛夫复杂性，所有的学习都可被解释为压缩。有意思的是，我们发现所罗门诺夫归纳是大语言模型中用到的 next token prediction 的理论基础。OpenAI 的 Ilya Sutskever 近来（2023 年 8 月）也承认他受到所罗门诺夫归纳的启发，但又说是他 2016 年独立想出来的。在某种程度上，这可以解释为什么基于单向 next token prediction 的 GPT 要优于基于双向填空的 BERT。

② 这实际上就是后来由霍兰（John Holland）发展出的"遗传算法"，以及再后来的"进化计算"。

的搜索必须由人类作为一个整体进行，而不是作为个人进行。①

13. 智能作为情绪化的概念

我们在多大程度上认为某事物的行为是有智能的，既取决于我们自己的心理状态和所受的训练，也取决于所考虑的物体（object）本身的性质。如果我们能够解释和预测它的行为，或者如果其背后似乎缺乏确定的计划，我们就很难想象它具有智能。因此，对于同一个物体，有人可能认为它有智能，也有人认为它没智能；而后者不过是已经发现了该物体的行为规则。

即使受限于目前的知识水平，也可以进行一些类似的实验。设计一台能下一局不太差的国际象棋的纸质机器。找三个人（A、B、C）作为实验对象。A和C是实力较弱的选手，B是操作纸质机器的人（为了使他能相对快速地操作，最好是数学家兼国际象棋选手）。使用两个房间，并做好沟通安排，让C与A或纸质机器进行对弈。C可能会发现很难确定自己正在与谁对弈（这是我实际做过的实验的一种相当理想化的形式）。②

---

① 这是人类文明的传承问题。在技术层面上说，这一方面和集体智能有关，另一方面和大科学有关。现在的实验物理学和生物学项目都涉及多个合作者，有的科学论文作者数已经超过1000。曾经在量子计算领域里活跃的迈克尔·尼尔森（Michael Nielson）后来从事科学民主化的工作，并有著作 *Reinventing Discovery*。

② 图灵这里已经想到了图灵测试，这篇文章的结尾恰是图灵-1950那篇文章的开头。图灵的意思是说，如果不用某种测试的话，智能的讨论很容易变得情绪化。值得指出的是，有人认为图灵是从杰弗逊的李斯特演讲的预印本中了解到笛卡儿的"语言测试"，但那是1949年，而图灵写此文时是1948年，去曼彻斯特大学之前。有可能图灵尚不认识杰弗逊。当然，也不排除图灵独立地从别处读到过笛卡儿。但"笛卡儿语言测试"是行为主义的，而图灵测试不是。

第 8 章
机器人之心[①]

杰弗里·杰弗逊

C.B.E.（大英帝国勋章指挥官），F.R.S.（皇家学会会员），

M.S.（外科学会会员），F.R.C.S.（皇家外科医学院院士）

曼彻斯特大学神经外科学教授

---

① 1949 年 6 月 9 日在英国皇家外科医学院举行的李斯特演讲，原载于 1949 年 6 月 25 日出版的《大英医学杂志》。

1. 心-脑关系

人类独有的求知欲望，远超出所处时代科学发现的极限，最好的例子就是人类希望彻底地了解大脑（brain）和心智（mind）之间的关系——前者有限有界，而后者则难以把握。由于物理学家和数学家侵入我们的领域，这个问题最近再次引起关注，我们不是不欢迎入侵——入侵也确实为类比和比较提出了新的思路。我们可以体会到，我们正在无奈地接受：电子机器与神经系统之间具有巨大相似性。同时，我们可能会被进一步误导，而轻易地承认心脑之间是等同的。我们应该明智地审视这个概念的本质，看看电子-物理学家（eletro-physicist）与我们的共识程度。医学常被这些建议拖入困境，并在无意之间被纯科学误导。医学史中充斥着这样的例子，例如科学复兴①时期出现的疾病的行星理论和化学理论②。我们和前辈一样，容易犯同样的错误。所以，我们更应该反思，如果走得太远太快，将来最无情地嘲笑我们的就是那些诱惑我们的科学家。

我很清楚，讨论心智与大脑的关系还有点儿为时过早，但我猜这种讨论永远都为时过早。下面我引用休林斯·杰克逊③的一段话——这并不是他最出名的话，因为有人认为这有点儿偏激。但我相信这段话既真实又有用，引文如下：

① 科学复兴（Scientific Renaissance）是指1450年至1630年的一段时期，与文艺复兴和科学革命都有重叠。此时期，古代科学文献被收集，并通过印刷术传播。但科学史家萨顿认为文艺复兴的初期，人文主义者过分强调以人为本，这导致科学进步放缓。

② 这是指疾病可能和星体运行相关的理论，以及炼金术。这些理论涉及星座、体液等。盖伦还提出过根据体质以及月相来决定放血疗法的理论。

③ 约翰·休林斯·杰克逊（John Hughlings Jackson，1835—1911，但大家更喜欢用他的中间名 Hughlings 称呼他，而不是名 John），英国神经病学家。他更加依靠临床观察数据而不是抽象复杂的技术。弗洛伊德受到过他的影响。熟悉大语言模型的人，看到他下面那段话都会会心一笑吧。

"有一种普遍的谬见，认为科学研究者需要有一种道德义务，不能对观察到的事实进行超越式（beyond）的概括，这被荒谬地称为'培根归纳法'。但是科学工作者都知道，那些拒绝超越事实的人很少能达到事实的本质。研究过科学史的人都知道，几乎每一次伟大的科学进步都是通过'预测自然'（即发明假设）来实现的，尽管这些假设一时尚无法证实，而且开始时往往缺乏坚实的基础。"

他总结说，即使是错误的理论，也能在短期内发挥作用。他无疑是想到了自己早期对局部癫痫（local epilepsy）的临床研究，该理论需要对运动功能进行准确定位，尽管他最初提出该理论时，生理学界没人支持他。但如果他一味地干等确定情况出现，他将永远无法成为第一个接近真相的人。

达尔文用类似的措辞表示过对杰克逊的赞同。在更近的年代，克雷克① 正确地引起了人们对科学家真正所用方法的注意，即通过实验来确证（substantiate）某种想法是否可行。开始时，他们并不纠结于给他们做的事情下个严格的定义。罗伯特·玻意耳② 一开始也没想要搞出一条科学定律，他只是对压缩气体时会发生什么感兴趣，而结果恰好可以概括成一个公式。相反，哲学家们坚持严谨的逻辑定义，这些定义越是完美，就越是脱

---

① 肯尼斯·克雷克（Kenneth James William Craik，1914—1945），苏格兰哲学家和心理学家。他认为人的心灵（mind）为现实（reality）构造模型，并用这个心理模型来预测未来的事件。这个说法和美国实用主义创始人皮尔士的科学归纳很接近，与波普尔的证伪和库恩（Kuhn）的科学革命都有关系。这一类说法的严谨的数学表述应该归功于特立独行的数学家所罗门诺夫（所谓所罗门诺夫归纳）。我们甚至由此可以说大语言模型 GPT 中用到的 next token prediction 也是按照这个思路工作的。

② 玻意耳（Robert Boyle，1627—1691），英国自然哲学家（即科学家）。玻意耳定律说：在定量定温下，理想气体的压强与体积成反比。

离人类实际生活的广阔领域。所谓的"科学定律"通常都没有清晰的开端，它们只不过是在后来的宁静回忆中出现的科学，而那些关键且具启示性的实验的创造者们在一开始并非有意为之。诗人试图将一次感人的经历凝结成不朽的诗句，所用的手段与此类似。因此，我们必须小心，不要让科学变得过于僵化、刻意和武断。怀特海曾向我坦白，他原以为科学家们会有一种弹性和自由的观点（elastic and liberal outlook），但当他摆脱教会的信条和教义的束缚后，却发现科学家们与神职人员也差不多，只不过环境不同罢了。我也由此受到鼓舞继续前行，我们不一定能获得确定性，但希望能在前进之路上发现些许启示。①

2. 古老的自动机

在展望机械化的崭新前景之前，让我们先花点时间回顾一下历史。自特洛伊木马（这仅是个隐喻，而非严谨的类比）时代以来，建造自动机一直就是人类的梦想。在17世纪这个科学觉醒的时代，人们对动物和人类的复制品产生了极大的兴趣。1664年，弗洛伦特·舒伊尔②提到一些例子，比如，阿基塔斯③的木鸽，通过平衡配重在空中飞行；雷吉蒙塔努斯

---

① 这句话可以与图灵《计算机与智能》的最后一句话呼应。这更加证明图灵在写那篇文章时，杰弗逊是他心中最重要（如果不是唯一）的读者或者"对手"。

② 弗洛伦特·舒伊尔（Florent Schuyl，也称 Florentio Schuylius，1619—1669），荷兰哲学家、博物学家、医学家，曾翻译过笛卡儿死后出版的著作《人论》（Treatise on Man，法文 L'Homme）的各种版本，并作序。笛卡儿在书中提到了人的解剖，包括人的感官、灵魂、记忆等。本文下一节"笛卡儿的假设"中归于笛卡儿的观点多源于此。一些不喜欢英美学术传统的欧洲大陆学者倾向于把一些成就挂在欧洲人的名下，例如，他们不喜欢称"图灵测试"，而代之以"笛卡儿测试"或"笛卡儿假设"，这种说法肯定和本文相关。

③ 阿基塔斯，也称塔伦图姆的阿基塔斯（Archytas of Tarentum，也译他林敦的阿尔库塔斯，前428年—前347年），毕达哥拉斯学派数学家，他认为是算术而不是几何才能提供令人满意的证明。阿基塔斯基于鸽子的解剖结构用木头制作的鸽子，能飞行200米，被认为是第一台自动机。

（Regiomontanus）①的木制雄鹰，曾引领一位皇帝前往纽伦堡，他还制作过会飞的苍蝇，以及会说话的土制头像；更奇妙的是一个铁制雕像，跪在摩洛哥皇帝面前，递交一份请愿书，请求赦免它的制造者。还有更伟大的奇迹，比如无与伦比的代达罗斯（Daedalus）的维纳斯（Venus）雕像，它的血管里流淌着水银，栩栩如生，还有无数其他类似的自动机，能够活动甚至说话，这些都是塞利乌斯·罗迪金努斯（Coelius Rodiginus）②在他的关于古董收藏的书中提到的，基尔学③和许多人也描述过。1629年，加福德（Gafford）描述过能行走、说话、演奏乐器的男人和女人雕像，会飞、会唱的鸟，会跳的狮子，以及无数令人惊讶不已的人类发明奇迹。

可以肯定的是，上述大多数例子只是传说，甚至有点夸大。但在那之后不久，旅行家们就目睹了许多奇迹，比如蒂沃利和普拉特里诺的水上花园④，圣日耳曼昂莱⑤、枫丹白露、奥格斯堡和萨尔茨堡等地的各种奇迹。当时可用的能源只有水、风、发条，但它们确实能使一些漂亮的玩具动起来，虽然动作笨拙，却真能活动。再比如，当一个旅行者走近一个洞穴，站在那里欣赏时，无意按下了隐藏在石头下面的杠杆，使海神尼普顿（Neptune）⑥举着三叉戟出来保护水仙女，而沐浴的黛安娜⑦则躲到芦苇中。

① 拉丁文名也译为雷吉奥蒙塔努斯，德文名为约翰内斯·米勒·冯柯尼希斯贝格（Johannes Müller von Königsberg，1436年6月6日—1476年7月6日），德国天文学家。

② 应是塞利乌斯·罗迪金努斯（Caelius Rhodiginus，1469—1525），原文可能有拼写错误。威尼斯古典学者，传记作家。

③ 应是阿塔纳奇欧斯·基尔学（Athanasius Kircher，1602—1680），德国教士和通才。

④ 普拉特里诺的水上花园（water garden of Pratolino），是16世纪下半叶美第奇大公出资，在他的总工程师布昂塔伦蒂（Buontalenti）的监督下建造的。建成后即成为欧洲最伟大的奇迹之一，它不仅收藏了众多艺术杰作，还采用了当时的各种新奇技术，并促成液压和气动等各种技术在欧洲的普及。

⑤ 圣日耳曼昂莱（法语：Saint-Germain-en-Laye），法国艺术与历史之城，1661~1882年间，路易十四将之定为法兰西王国的国都。

⑥ 相当于希腊神话中的海神波塞冬（Poseidon）。

⑦ 黛安娜（Diana），罗马神话之月亮女神与狩猎女神，是神王朱庇特与女神拉托娜之女，是太阳神阿波罗之孪生姐姐。

如果这样的奇迹都能被建造出来供贵族和宾客们消遣，那还有啥东西是严肃的科学家造不出来的，哪怕是精巧的生物复制品。只要能想出来，就能造出来，这样的事情已经发生过太多了。正所谓，如果可能存在，就一定存在（It could be, therefore, it was.）①。这也是对我们自己的诱惑所在。

① 这里作者明显借用了那个"我思故我在"（I think, therefore, I am）的说法。

3. 笛卡儿的假设

第一个关于完美机械的令人信服的假设是笛卡儿提出的，他认为动物有生命，是因为它们的心是热的（盖伦的观点），但它们的复杂行为也不过是本能反应而已，这是由它们的身体构造决定的。它们没有灵魂，没有心智，故而也没有自由意志。笛卡儿以当时无可挑剔的方式表达了自己的观点，这种观点直到今天依然是对自动机问题的恰当阐述。他的观点非常适用于当下，已经变得比他本人还要笛卡儿化。他认为，完全有可能造出一种自动机，行为不仅像动物（其实它就是动物），还能像人，因为人和动物的器官基本相同。他清楚地看到：终极的区别在于人具备心智和灵魂，这是最高品质。

笛卡儿提出了一个基本观点：鹦鹉只会学舌，而且只会重复它所听到的东西的一小部分，它从不会用语言来表达自己的思想。一方面，笛卡儿认为如果有一台机器，它的形状和外观像猴子或其他动物，但没有理智的灵魂（即没有人类的心智），那么我们就没有办法判断哪个是赝品。另一方面，如果有一台机器看起来像人，并尽可能地模仿人的行为，我们总是有两种非常确定的方法来识别欺骗。首先，机器不能像我们一样，用语言表达思想。其次，即使它们可能比我们力气更大（show more industry than we do），在某些事情上比我们做得更好，但它们只是器官和机制的组合，每个特定的行动都有特定的设计，它们并不知道自己在做什么（见卡雷尔·恰佩克的 Rossum's Universal Robots①）。笛卡儿总结道："由此可知，在道德上，机器不具备足够的多样性，无法对现实生活中出现的所有情况做出像我们人类凭理性才能做出的反应。通过这些方式，我们可以区别人和动物。"他甚至构想出一台会说话的机器，如果触摸到它的某个地方，它会询问你想要什么，如果触摸另一个地方，它会喊疼，诸如此类。但无法构想出一台具有足够多样性的自动机，对所有情况都能做出反应。之所以不能，是因为机器没有心智。

除了这个至关重要的差异，身体不过是一系列机制的总和。对博雷利②和新一代科学家来说，动物和人类的身体没有什么值得惊奇的地方，不过是水泵、蓄水池、风箱、火、冷却和加热系统、管子、导管、厨房、桁架、杠杆、滑轮和绳子的组合。让世俗之人目瞪口呆去

① 恰佩克（Karel Čapek，1890—1938），捷克剧作家和科幻作家。"机器人"（robot）这个词就是他造的。

② 博雷利（Alfredo Borelli，1858—1943），意大利动物学家。

吧，让信神之人感激上帝去吧，对这个年纪的科学家来说，一切都很简单。然而，事情并非他们想的那么简单。时间已经证明，在构成人类身体的物质中隐藏着各种各样的生物化学的匠心独运。这是一台能使机械师们大吃一惊的化学发动机。举一个最简单的例子，给一个人装上一套漂亮而高效的铝制骨架来代替他原来的骨骼，他就会死于某种不幸的血液疾病，因为骨骼不仅是支撑物，也是活体器官。

当然有值得惊叹的事情，而且是了不起的奇迹。例如，生命有机体在重量、能量输出和能源消耗方面，与机器相比有着非凡的效率。再例如，生命有机体在数十年中，依靠自己的反馈控制系统运转，而无须调整或修理。从长远来看，科学方法大量利用了与机械的相似性，而这给科学复兴时期的学者们留下了深刻的印象。通过破解神秘，贬低柏拉图和亚里士多德的本质论和体液论，他们取得了巨大成绩。大部分的进步采用了对机器和生物都通用的技术手段。但是，我们所有的进步都依赖于对事物本身的观察，与机械的相似性被视为类比（analogy），而非等同（identity）。

对于上述总结，估计没人会有异议，无论这些过程与其他的自然事物多么相似，无论它们作为物理化学过程多么易于检验，它们仍然是独一无二的。关于大脑，我们也会得出同样的结论——尽管它的功能可能被机器模仿，但它仍然不可替代，在自然界中是独一无二的（unique in Nature）。笛卡儿通过将心智超自然化，主张一种非物质的、独立于有机体的心智居于松果体中，解决了这个问题。这是面对自然界中无法解释的事物时的古老避难所，正如我们在原始民族和迷信中所看到的那样。今天，我们很可能会质疑心理过程的基础是一股超自然的力量（supernatural agency）。在李斯特[①]时代，这就被质疑过。1870年，赫胥黎[②]不情愿地总结道："我找不到任何理由拒绝承认原生质（protoplasm）的特性是由其分子的性质和排列方式决定的……如果确实如此，我现在所表达的思想，以及你对这些思想的思考，都是生命物质中分子变化的表现，这是所有生命现象的根源"。

时间的流逝使我们接受了很多东西，但相比于赫胥黎时代，这个结论并没有变得更不正确，也没有变得更可信。承认他的结论，就好像承认了心智的平凡（ordinariness about mind），而心智能力的丰富性和可塑性，似乎又与这种平凡矛盾，这迫使我们得有一个不平凡（stupendous）的物理解释。此外，任何一个有思考能力的人都不会忽视他的同伴和政治场景，他会发现，"像机器一样思考"这种观念会助长某些不利于人类福祉的政治教条，而且它会侵蚀宗教信仰——很多人依此得到

---

① 约瑟夫·李斯特（Joseph Lister, 1827—1912），英国外科医生，有以他的姓氏命名的李斯特奖章。

② 托马斯·亨利·赫胥黎（Thomas Henry Huxley, 1825—1895），英国生物学家，被称为"达尔文的斗犬"。

① 因为杰弗逊这篇文章早于图灵-1950，于是欧陆中心主义的学者认为"图灵测试"应该更公平地被称为"笛卡儿测试"。但仔细阅读笛卡儿原著和杰弗逊的这一段评论，我们可以看出图灵和笛卡儿的思路完全不同。笛卡儿和杰弗逊面临的问题是如何界定人、动物和机器，很容易进入关于灵魂的神学讨论。而图灵聪明地把这个问题转换为可操作的问题：用语言界定人和机器。图灵测试表面上是行为主义的，其实不是，因为机器的头脑不是"白板"，而是图灵机。

② 格雷·沃尔特（William Grey Walter, 1910—1977），美国出生的英国神经生理学家，也从事控制论和机器人的研究。

幸福宁静的心智。凡此种种会跃入约瑟夫·李斯特的脑海，也会跃入我的脑海。我希望我们可以鼓起勇气面对这一切。①

4. 现代的自动机

当今时代，发明的独创性向我们展示了与过去粗糙的自动机具有同样诱惑力的模型。通过电动机、热电偶、光电管、射线管、声音接收装置和对湿度敏感的电阻，可以构建一个简单的动物，比如乌龟（格雷·沃尔特②提出了这一设想）。它可以通过动作表达它不喜欢明亮的光线、寒冷和潮湿，会被巨大的噪声吓坏，通过它的传感器对这些刺激做出反应，会走向或远离这些刺激物。某些情况下，这种玩具的行为会显得非常逼真，以至于引起人们惊呼："这真的是一只乌龟。"然而，我想一只真乌龟很快就会发现它是一个莫名其妙的伴侣。

动物世界行为的无限多样性使我们迷惑不解。舞台太大，演员太多，表演的质量也千差万别。今天，我们会毫不犹豫地承认动物也具备有意识的心理过程。尽管我们掌握的信息已经大大增加，但仍然很难对动物的自然状态进行长时间的实地研究，有些动物过于害羞、回避或停留时间太短，以至于无法进行连续记录，因此我们只能从它们的生活中抓取一些小片段。我们发现，给动物的心智水平进行分级是很困难的。现有知识告诉我们，即使在同一种生物中，个体智力间的差异也很大。有聪明的狗也有迟钝的狗，有聪明的母鸡也有愚蠢的母鸡，有漂亮的母鸡（对公鸡来说）也有姿色平常的母鸡。而且据我所知，还有聪明可爱的飞虫、聪明的大象、聪明的蛇和鱼，也不乏愚蠢和丑陋的同种。无疑，骡子的固执程度也有所不同。

在动物等级中，我们不知道什么层次开始出现可以称之为"心智"的东西。杨[①]的实验表明，章鱼也能学习，它会被问题所困惑，以至于变得神经质。通过巧妙的实验，这种情况会也会发生在猴子身上。现在，在如此低级的生命形态中再现困惑导致的行动瘫痪是非常有趣的。没听懂老师讲课的孩子不过是困惑的章鱼的更复杂的例子。在我看来，神经系统中突触的数量很可能是其行为多样性的关键。假设神经元数量不是太多，神经脉冲在传递过程中的突触模式就不会有太大的变化，不难想象，除了最简单的行为之外，动物的某些行为（虽然不是全部）是反射模式的结果，而这种模式确实比简单的"按钮-应答"（push-button-and-answer）式的脊柱反射要复杂得多。

但是，无论是动物还是人的行为，都不能仅通过单独研究神经机制来解释，因为内分泌使这些行为变得复

① 约翰·扎卡里·杨（John Zachary Young，1907—1997），英国动物学家和神经生物学家。

杂，情感使思想变得丰富多彩。性激素带来的行为特点往往既难以理解又令人印象深刻（比如洄游鱼类）①。不管三文鱼的神经系统多么简单，我们都不会真正知道如何制造一个电子三文鱼的模型，而鸟类的神经系统则超出了我们的能力范围。为了了解这些变化是如何影响模型的动作，通过调节光电电池、热电偶和声音接收器（可以接受人的听觉范围以外的信号），可以得到大量启示。但我们仍不能确定对动物行为的模糊性（obscurity）能真正了解到什么程度。嗅觉对某些生物非常重要，尤其难以模仿。满足各种欲望和消除各种疲劳——这些都是重要的影响因素，也难以模仿。

说了这么多例子，但关于如下两方面还可以说更多：我们坚信，尽管条件反射和决定论（即理念机制隐藏在背后）可以适当地解释很多事情，但也有自由意志发挥作用的空间（即选择不是严格束缚于个体先例），神经系统越复杂，这个空间就会变得越大。这两种观点在各自的领域内都是正确的，但两者又都不完全适用于所有情况。我喜欢尼尔斯·玻尔（Niels Bohr）的修正，这对应于只用粒子或波动来完全地描述电子的不可能性。数学家们称这个悖论为互补定律，他们根本不担心同一事物可以以两种面貌出现。我们可以借鉴他们的做法。

---

① salmon，鲑鱼，俗称三文鱼，就是洄游鱼类。阿拉斯加的三文鱼会游至南美，但到夏天一段很短的特定时间，又都会回到阿拉斯加的一个特定区域交配。

5. 神经脉冲

电子计算机①是一个逻辑系统，在其纷杂的线路中，许多结点以电的速度进行"是"和"非"的选择。由于它使用无线阀门、电路、水银管、冷凝器和各种电子设备，它的工作速度比人脑快几千倍。在我们进一步考虑计算机之前，必须先搞清楚我们自己的神经系统在多大程度上是电子的。从外行人对这个术语的理解来看，显然不是，但伴随神经活动的电学过程却也产生了引人入胜的问题。在哺乳动物神经或脊髓中，最快的神经脉冲的速度约为每秒 140 米，最慢的速度约为每秒 0.3 米。我们不知道大脑中神经脉冲的速度是多少，但很可能与这些数字相差不大。洛伦特·德·诺②和其他人的研究表明，神经脉冲通过单个突触会引起 0.75 毫秒的延迟。这样的延迟在大脑皮层中会有很多，一定程度上使神经活动变得缓慢。

思维之飞速（the flashing speed of thought）让我们印象深刻，但它似乎是相当缓慢的事情。由于神经脉冲在大脑中传播的距离很短，这个速度已经足够快了，看上去是瞬间的。的确，虽然电流的速度是每微秒 1000 英尺③，但一路经过延迟装置，特别是触发系统，会延缓神经脉冲的到达，在这些装置中，每个元件激发下一个元件的速度都会低于神经传导的速度。如果中间有更复杂

---

① 此处原文为 electronic computing machine。20 世纪 60 年代中期之前，计算机称为 computing machine 而不是 computer，尤其在英国。

② 特·德·诺（Lorente de Nó，1902—1990），西班牙神经生理学家，后移居美国，一直在洛克菲勒大学从事大脑皮层和听觉的研究。

③ 1 英尺 =30.48 厘米。——编者注

① 兰氏结又名郎氏结或郎飞氏结，是神经元中每隔数毫米出现的没有髓鞘的部分，以法国解剖学家路易斯－安托万·兰维尔（Louis-Antoine Ranvier，1835—1922）的名字命名。

的装置，速度甚至会衰减到每小时只有 1 英尺。多年来，在神经纤维的结构中没有发现与此对应的系统，但现在有人认为，这种延迟发生在兰氏结（node of Ranvier）①上，每个兰氏结之间存在高速跳跃（传导的"跳跃理论"，saltatory theory）。值得注意的是，在脊髓束中发现了兰氏结。

令人困惑的是，通常神经脉冲的速度在无髓神经的裸纤维中比在有髓神经中慢，好像神经鞘增加了速度。对外科医生来说，神经损伤的结果和长时间的恢复延迟似乎完全否定了神经脉冲的电性质。如果电流沿着普通的铜线流动，那肯定不会如此。但是，无论从哪个观点来看，恢复延迟都可以得到很好的解释，因为神经脉冲的传输需要一个完美的传导系统，这个系统需要时间来修复，而这完全不像铜线。生理传导需要的不仅仅是解剖上的连续性，还需要轴突具有一定的大小，髓鞘具有一定的厚度，正如杨所表明的那样，髓鞘可能需要具备某些适合于极化的物理性质。无论从哪个角度看，神经脉冲的速度都给我们提出了一个生物学中独特的电学问题。

最后，尽管电学方法允许对神经系统中的成分进行局部和个体化的研究，但是我们不能忽视传导所需要的化学机制，神经细胞从这些机制中获得能量。很明显，如果用电学方法检查神经系统，就只能得到电学的答案。但如果像亨利·戴尔爵士①和布朗②那样，从化学的角度来研究，就像实现一台精妙的电化学机器。当然，还可能有其他的研究方法待发现。

认为电学方法比化学方法更精细可能是错误的，但是若要解释神经行为，并将结果用可理解的图表来呈现，前者比后者更容易。片面的观点人容易被认可，但让设计者们（artificer）别忘了化学，因为代谢紊乱会阻碍（信号）传输——查尔斯·西蒙兹爵士③曾指出这是临床神经学的"隐形病变"。毫无疑问，化学作用和酶的作用最终都可以用物理学来解释，但这不妨提醒一下化学的作用。

① 亨利·戴尔（Henry Dale，1875—1968）爵士，英国神经生理学家，皇家学会会员，因为发现神经脉冲的化学传导获得1936年诺贝尔生理学或医学奖。

② 布朗（G. L. Brown），英国神经生物学家，曾在作者工作的曼彻斯特大学工作，后加入戴尔爵士的实验室，为神经信号的化学传导工作做出重要贡献。

③ 查尔斯·西蒙兹（Charles Symond，1890—1978）爵士，英国神经内科学家。

6. 计算机④

④ 杰弗逊此处用的是 Calculating Machines。

在我们考虑纯粹电子结构的系统之前，这些简单的思路似乎是一个必要的序曲。总结一下：神经脉冲究竟是什么并不重要，但它能大量重复，是通信系统的一部分，是能够自我控制的信息系统（自我控制是因为结合了反馈），因此可以与类似的人造系统进行比较。这种系统恰好在我们这个时代得到了特别丰富的发展。除了类比的作用之外，从其他方面来研究实属不必。

公平而论，计算机的建造者们一般只是使用类比（而其中的有些人，比如威廉姆斯教授，甚至都不愿意承认类比），但不知情的外行则会被带入漫无边际的幻想。如果我们看到某些神经组织的行为像电子电路，必须始终记住，这只是与人类神经系统的片段相似，而不是与整个神经系统相似。只有这样，我们才能意识到：我们并不确信最高级的智力过程是以同样的方式进行的。大脑活动的最终过程（即，我们为方便起见而称之为"心智"的东西），可能是截然不同但尚未被发现的东西。

人类大脑皮层的组织结构有许多未解之谜。我们可能会陷入一个熟悉的境地（之前的段落中描绘过），即把知识扩展到它并不适用的东西上。抽象思维可能不是低层神经元机制的问题。但是，假定这个体系暂时保持不变——这是一个很大的假设——并且假定它暂时可以与某种成分不同但结构相似的东西相媲美。计算机的机制超出了神经内科或神经外科的领域，我只能依靠并感谢我所在大学的电子工程教授威廉姆斯的帮助，以及从波士顿的维纳博士那里获得的信息。维纳在他有趣的著作中介绍了他命名的新科学"控制论"（1948 年）。

计算机使用的"神经元"比大脑少得多。阿德里安[①]估计人脑有 100 亿个细胞，相比之下，美国普林斯顿的

---

① 埃德加·阿德里安（Edgar Adrian，1889—1977），英国生理学家，因为神经元的工作获得 1932 年诺贝尔生理学奖。最新的人脑神经元数目的估算是 860 亿，其中大脑皮层有 160 亿，其余在小脑。

第一台大型计算机 ENIAC[①] 有 2 万个电子管，曼彻斯特大学的威廉姆斯教授的更新、更高效、最巧妙的实验性计算机只有 1000 个电子管。据报道，芝加哥大学的麦卡洛克[②] 曾说，如果一个模型所包括的电子管和电线数量，接近于人类神经系统中神经元的数量，那么需要一座帝国大厦大小的建筑才能装下它，并需要尼亚加拉瀑布的全部电力[③] 才能使它运转。计算机肯定会消耗大量的电力并产生大量的热量。麦卡洛克的估计可能过于夸张，因为几乎可以肯定，大脑通过若干纤维和细胞就可以收发同样的信息。如果切除某些区域所产生的影响如我们所想的那样小，那么我们拥有的神经组织比需要的要多，也比实际使用的要多。

那么类比有啥意思呢？电子阀门与神经细胞之间存在某些相似之处，这些电子阀门可以被布线，可以存储信息，也可以显示谢林顿[④] 原理，即"收敛"和"发散"可以被抑制，还可以被安排成只有当从一个或多个电子阀门接收到脉冲时才传输信息（以电流符号的形式），并且如果没有收到其他脉冲，就不传输。这种安排与神经脉冲通过突触进入神经细胞和神经元的行为极为相似，这使我们相信一些具有简单模式的神经组织的行为与某些电子电路非常相似[⑤]。这进一步证实了人体组织的行为遵从在自然界中其他地方发现的物理定律，虽然它也有自己的规律。这个古老的信条有用，也确实值得遵从。

① ENIAC 是在宾夕法尼亚大学建造的，当时普林斯顿高等研究院在冯诺依曼领导下也在建造计算机。作者很明显搞混了。

② 麦卡洛克和皮茨 1943 年在芝加哥大学时提出的 McCulloch-Pitts 神经网络是最早的神经网络理论模型。作者写此文时，麦卡洛克应该在麻省理工。但由此可看出，作者肯定读过 McCulloch-Pitts 神经网络的原文。

③ 尼亚加拉大瀑布周边建有多座水电站，是美国侧的水牛城和加拿大侧的安大略的主要电力来源。

④ 谢林顿（Charles Scott Sherrington, 1857—1952），英国神经生理学家，和阿德里安一起获得 1932 年诺贝尔生理学奖。所谓谢林顿原理或者谢林顿法则是说神经具有相互支配的效应，当一组肌肉被刺激时，另一组肌肉会起抑制的作用，这对运动的协调至关重要。

⑤ 原注（本文唯一的作者原注）：感谢我的同事施普拉普（Schlapp）教授的结论（主要得自剑桥机器）和其他有益的评论。

计算机可以长时间存储表示数字的电荷，这表明计算机有"记忆"，它实际上必须"记住"计算进行到什么程度，以便计算能够继续进行，这点和我们一样。它还必须"记住"所有的数据和解决问题的过程。它保留"记忆"，直到被清除。利用电子脉冲而不是神经脉冲，它能以极快的速度进行计算，可以在毫秒内解决一个简单的计算问题，在一小时内完成一位数学家需要几个月才能完成的计算。我们不禁会想，机器以存储电荷的形式拥有的记忆，也许就像人或动物的记忆一样。"电荷"可以发生在一个细胞或是一组我们不了解其个体用途的数百万个细胞中。

目前尚不能证明电子计算机具有生物的特征，只能说它是某种类似的东西。即使没有机器，我们也能猜到这些，它并不能说明神经细胞中"电荷"的本质是什么，我们不过是假设它是电子的①（目前尚无证据支持这一点）。人类大脑受到严重损伤时，会导致大量细胞损失，但不一定会造成严重的记忆丧失。对当前的计算机来说，情况就并非如此，尽管可以想象出一台庞大的计算机，其中的某些部分可能会失效，但没有完全丧失功能。可以提出一个有力的反对计算机的论点，即它只能回答交给它的问题，而且它采用的方法是由操作者预先安排好的。这些"功能"是由"编程"提供的，并且可以按照任何顺序进行安排，无须重建。

① 原文为 electrical，20 世纪 50 年代很少用 electronic，多用 electrical（译为"电气的"）。所以英美大学少有"电子工程系"（electronic engineering），多为更广义的"电工程系"（electrical engineering）。

有人可能会反对说，第二种反对意见同样适用于人类。我们的困难在于，我们没有看到过构造人类的图纸，试图重建人类就会感到困惑。对于第一个反对意见，我们可以用一种辩护来反驳，即人类只回答环境向他提出的问题，这把我们带回到亚里士多德的"心灵中没有什么东西不是来源于感官"，即我们的思想是由教育和经验数据建立起来的，由机器，即我们的大脑来处理。但是人类自己制造的计算机并不能说明这个问题，它只是看上去如此罢了。

维纳做了另一个有趣的类比，他认为具有复杂电路的计算机可能会出现自发的功能故障，操作无休止地循环，而不是按预期的方式进行。这是电子计算机中常见的"疾病"（disease）。它可以通过切断电流、晃动机器或给机器加一个"冲击"电荷来治愈。维纳认为这种功能性机器疾病和治疗人类强迫症的方法有很多相似之处（如睡眠或麻醉、白质切除术或电休克疗法 ECT）。这种相似性取决于对莫尼斯[①]建议的接受程度，即强迫症是神经元机制的连锁反应，主导思想（dominant idea）利用这种机制阻碍了正常的心智和行为功能。这是一个很好的类比，但它既不能证明也不能反证强迫症实际是按此发生的理论。强迫症当然比计算机中不正常的"循环疾病"要复杂得多。我再说一遍，这只是一个类比，但冲动的人很容易把此作为两者不同的证明，因为它看似简单且概略。

① 安东尼奥·埃加斯·莫尼斯（António Egas Moniz，1874—1955），葡萄牙精神病学家和神经外科医生，因为发现前脑叶白质切除术对治疗某些神经疾病有效而获得1949年诺贝尔生理学或医学奖。他的切除术疗法是有争议的。

维纳提出，自动电话交换机的搜索过程，是通过来电号码的数字组合来寻找未占用的线路，这与神经系统中发生的过程类似。这个观点可能是正确的，但脊髓和大脑中的替代途径非常多，因此"占线"情况很少发生。然而，"占线"或许能解释我们无法意识到某些信息，也解释了我们无法同时做几件事。将其与电视的扫描过程进行比较，可能会提供有益的启示。这些想法提醒我们，没必要接受完全相似的事实，也可以从新的角度审视老的问题。能将神经系统与手动电话交换机进行比较，我们已经取得了很大的进步。

7. 思考

即使是脊髓的一个孤立段的灰质神经细胞的活动，也可以通过电子探测器展示出来。当脊髓与大脑相连时，活动变得活跃，而分开时，活动就降至最低。神经系统得到的大量感知数据，我们能意识到的很少，能说出来的就更少了，因为感知是无言的。只有在必要的情况下，我们才给触摸到、看到、尝到和闻到，以及听到（声音而不是听到的字词）的东西赋予词语。我们观赏风景，欣赏教堂精细的雕刻和庄严的建筑，聆听交响乐的和声，或赞叹游戏中的奇技淫巧，却发现我们缺乏描述自己感知的能力。我们无法用言语来描述这些经历，也无法将我们的感受传达给他人。有时候，语言更加苍白，而手势则更能有效地传达信息。

这些浅显的事实催生了批评家这一职业，他们学习并教导公众接受一种套路的文字解释（conventional paraphrasis），有时不得不用音乐来描述绘画，反之亦然。对于那些脆弱的工具，如文字来说，视觉和一般感知场景的多样性太高了，也正因为如此，文学得以蓬勃发展。相较于躲在表面之下的语言，我们的体验更加丰富多彩，但是如果不使用语言，我们的思想与动物的思想并没有太大的区别，因此不难推测，隐修会（Trappist）的生活方式也不是那么难过，当然时间不能太长。这个话题超出本文的范围，但在考虑机械和心智时，我们需要记住这一点。诚然，我们头脑中的许多想法是无声的（如果不是这样，那么我们必须承认动物有内部词汇），我们确实需要语言来进行概念思考和表达。正是在这里，从高等动物到人类之间出现了突然而神秘的飞跃，而笛卡儿应该主张灵魂（最高的智力功能，the highest intellectual faculties）居于占优势半球的语言区，而不是松果体。[①]

[①] 这段话同乔姆斯基的"语言即思维"的说法不谋而合，当然，我们不知道乔姆斯基是否看过本文，但乔姆斯基确实自称"笛卡儿主义者"。

重复是无聊的，但不得不强调，正是因为拥有词汇，人类的智力进步才成为可能——通过日复一日地记录人类在追求有限知识的朝圣之路上走了多远，这是一段没有终点的旅程。我们更要清楚地记得，语言不是一成不

① 约瑟夫·普利斯特里（Joseph Priestley, 1733—1804），英国化学家、牧师、政治理论家。

② "打字猴子"的说法来自法国数学家博雷尔（Félix Édouard Justin Émile Borel, 1871—1956）在 1913 年的文章《统计力学与不可逆性》（"Mécanique Statistique et Irréversibilité"）中提出的"无限猴子定理"，即一只猴子随机打字能打出一部《哈姆雷特》的概率是 5.02×10^{-29}，即概率极小，但不是不可能。

③ 也许作者的数学和电子工程系的同事们告诉过他图灵机存在着不停机的风险。

变的，新词的涌现不仅标志着我们在普遍思想（general idea）上的进步，也标志着在科学上的进步。我们今天使用的许多科学术语，是生活在普利斯特里①、拉瓦锡和达尔文时代的人无法理解的。因此，仅仅制造一台能够使用单词的计算机是不够的（如果这已经可能的话），它必须能够创造概念，并找到适当的词语来表达其他所产生的新知识。否则，它只不过是一只更聪明的鹦鹉，顶多比那些花费几个世纪偶然写出《哈姆雷特》的打字猴子（typewriting monkey）②更有进步。计算机可以解决逻辑上的问题，因为逻辑和数学是一回事。实际上，我所在大学的哲学系正在努力实现这一目标。如果计算机打印出答案，人们可能会惊呼它学会了写作，而其实它所做的和电报系统做的没什么两样。

我们也不能忽视计算机的局限性。它们需要非常聪明的人为它们提供正确的问题，它们会努力解决不可解的问题，直到电源被切断③。它们最大的优势是计算速度比人类的思维快，前面已经给出了原因。但是，有人可能会问，这与起重机能举起更多的东西，与汽车能跑得更快相比，会更神奇吗？

我得承认，与起重机相比，计算机的巨大优势在于，所采用的手段与某些单一的神经元的布线非常相似，但分歧出现在对文字的使用上，计算机缺乏观点和创造性思维。事实上，如果这一鸿沟被弥补，我会感到惊讶，因为即使假设电荷可以用来表示文字，那又会怎样呢？除了专业术语，我看不出还有什么结果。只有在机器能够凭借思想与情感，创作出一首十四行诗或一支协奏曲，而不只是符号的随机拼凑时，我们才会认同机器与大脑是一样的。也就是说，机器不仅要能创作出来，而且要意识到是它自己创作的。任何机械装置都感觉不到（不只是人工信号或简单装置）成功的喜悦，也不会因为短路而郁郁寡欢，因为阿谀奉承而沾沾自喜，因为犯错误而闷闷不乐，因为情爱而神魂颠倒，也不会因为事与愿违而暴跳如雷或一蹶不振。①

① 这一段话，正是被图灵在图灵-1950中批判的。

8. 结论

因此，我的结论是，虽然电子装置可能与神经和脊髓的一些更简单的活动相媲美，例如机械反馈和谢林顿整合的相似之处，甚至可能帮助我们更好地理解特殊感觉信号的传输，但它仍然无法帮助我们跨越探索思维（即终极的心智）的鸿沟（blank wall），我也不相信它会做到这一点。我敢肯定，物理学家们大大低估了神经机制的极端多样性、灵活性和复杂性，他们很自然地忽略了与某一观点不符的事物。我所担心的是，将会出现许多不切实际的理论，试图说服我们放弃自己更好的判断。

以前，我们不得不劝阻人们不要把人类的思想品质投射到动物身上。现在，我看到了一个新的、更大的威胁——将机器拟人化。当我们听到有人说电子阀门会思考时，我们可能会对语言感到绝望。这就像说脊髓横向病变下方的细胞会"思考"，这是马歇尔·霍尔[①]在100年前摧毁的异端邪说。我冒昧地预言，皇家学会的优雅场馆不得不变成车库来容纳新会员的那一天将永远不会到来。

最后，我声明我是站在人文主义者莎士比亚一边的，而不是机械论者一边的，让我引用《哈姆雷特》的台词作为结语："人类是一件了不起的杰作！多么高贵的理性！多么伟大的力量！多么优美的仪表！多么文雅的举动！在行为上多么像一个天使！在智慧上多么像一个天神！宇宙的精华！万物的灵长！"[②]尽管这样的结语并不是我常用的套路，但我自信会赢得那位大胆实验家和君子的认可，这篇演讲就是为了纪念他[③]而写的。

[①] 马歇尔·霍尔（Marshall Hall，1790—1857）是英国内科医生、神经生理学家。他指出脊髓由一系列起独立反射弧作用的单元组成，脊髓段整合了感觉和运动神经，在协调运动的过程中，这些反射弧是相互作用的。他还在《生理学研究中的原则》(*Principles of Investigation in Physiology*)一书中提出了动物实验的五条原则。

[②] 尊朱生豪译本。

[③] 此处当然指李斯特。

第 9 章

自动计算机能思考吗[①]

布雷思韦特

杰弗逊

图灵

纽曼

[①] 这是 BBC 1952 年 1 月 10 号组织的同名讨论的录音，参加此次 BBC 讨论的人，除了图灵外，还有图灵的老师、数学家纽曼。关于他和图灵的关系，见"谁是图灵"。他对图灵的思想有深刻理解，讨论中他完全站在图灵一边。

科学哲学家、剑桥道德科学讲师（道德科学在剑桥差不多就是哲学的等价语）布雷思韦特（Richard Braithwaite，1900—1990）是作为主持人出现的，但没有任何控场能力。他也是图灵的老熟人，正是他在 1933 年介绍图灵加入了剑桥的道德科学俱乐部。

曼彻斯特大学的神经外科教授杰弗逊是图灵的对立面，他明确认为计算机不会思考。他身后留有传记 *So That Was Life - A Biography of Sir Geoffrey Jefferson: Master of the Neurosciences and Man of Letters*，也算是文理兼通的达人。

1950 年前后，图灵参加过几次关于计算机和智能的讨论，但记录大都是碎片的，不成系统。

另外，所谓"自动"在当时有"存储程序"或"通用"的意思。例如 NPL 的计算机被命名为 ACE（automatic computing engine），很多早期文献也称计算机为 automatic digital machine，因为 computer 一词通常指执行计算任务的人。这在某种意义上导致苏联出现"自动化"，并以之命名相关的学科。

布雷思韦特：我们今天在这里讨论计算机在适当的意义上是否可以被认为是在思考。思考通常被视为人类和其他高等动物的专长，所以这个问题似乎太荒谬而不值得讨论。但是，这完全取决于思考的内容。这个词被用来涵盖许多不同的活动。杰弗逊，作为一个生理学家，你认为思考中最重要的因素是什么？

杰弗逊：我认为我们不需要浪费太多时间来定义思考，因为很难超越常用的词语，比如头脑中有想法、考虑、沉思、深思、解决问题或想象。语言学家说，"人"这个词源于一个梵语词，意思是"思考"（to think），可能是在一个想法和另一个想法之间进行判断的意思。我同意在某种意义上，我们不能再把"思考"这个词限定为人类专有。没有人会否认许多动物也会思考，尽管是以非常有限的方式，它们缺乏洞察力。例如，一只狗知道用沾满泥巴的爪子爬上垫子或椅子是错误的，但它只是把这当成一种没有回报的冒险。它不知道这样做的真正原因是什么，它不知道这样做是在损坏布料。

一般人也许会满足于用非常笼统的术语来定义思考，如头脑中转动的想法、概念、问题，等等。但是需要补充一点：我们的大脑大部分时间被琐事占据。人们最终可能会说，思考是由足够复杂的神经系统所产生的综合结果（general result）。非常简单的神经系统只能给生物提供简单的反射机制。于是，思考就变成了人的大脑中进行的所有事情，这些事情往往以某种可能采取的行动作为结束。我认为思考就是人类或动物大脑所做的事情的总和（sum total）。图灵，你怎么看？你能给出一个机械的定义吗？

图灵：我不想给思考下一个定义，如果非得给的话，我可能无法对它做出更多解释，只能说它是我头脑中发出的一种嗡嗡声。但实际上，我并不认为我们需要就定义达成一致。重要的是要想办法在我们想讨论的大脑或人的属性和我们不想讨论的属性之间划清界限。以一个极端情况作为例子，我们就不对这样的事情感兴趣：大脑的质地像一碗冷粥一样。我们不会说："这台机器很硬，所以它不是大脑，所以它不能思考。"我想提出一种特定的测试，适用于机器。你可以称之为"机器是否能思考"的测试，为了避免纷争，如果机器通过测试，我们会称之为"A级"机器。测试的想法是这样的：机器试图假装成人，回答各种提问，只有当伪装到令人信服的程度时才算通过测试。评委中的相当一部分成员不应该是对机器有所了解的专家，肯定会被假象所迷惑。不允许他们看到机器本身——那样就太容易了。因此，机器被放在一个隔离的房间，评委们可以提出问题并传达给机器，然后机器会回传一个打字的答案。

布雷思韦特：问题必须是算术吗？或者我可以问它早餐吃了什么吗？

图灵：哦，当然，随便什么问题都可以。实际上，这些问题不一定非得是提问，就像法庭上的问题也不一定都是提问一样，你知道的。例如，"我知道，你不过是假装成一个人罢了"，这样也算问题。同样，机器也可以使用各种技巧，以便看起来更像人类，比如在给出答案之前稍作等待，或者犯拼写错误，但它不能在纸上留下污迹，就像人们不能用电报发送污迹一样。估计每个评委都要判断相当多的次数，而且有时他们真的是在和人而不是机器打交道。这样就可以防止他们每次都未经思索就说"这一定是一台机器"。①

这就是我的测试。当然，我并不是说目前的机器是不是真的能通过测试。我只是建议：这才是我们应该讨论的问题。这和"机器会思考吗？"不相同，但对于我们现在的目的来说，它似乎已经足够接近了，问题的难度是一样的。

纽曼：如果有一场人与机器之间的比赛，我很想在场，并且也许能试着提一些问题。但是如果真有台机器能够没有任何限制地回答问题，那将是很久以后的事了吧？

图灵：嗯，我猜至少还得 100 年。②

---

① 这里描述的图灵测试，是现在教科书经常引用的版本，比图灵-1950 中描述的版本更加简明易懂，切中要害。图灵-1950 中只有一个裁判员，而这里有一个由多名评委组成的评委团（jury）。看起来，图灵也一直在完善关于图灵测试的描述。

② 关于机器何时能通过图灵测试的预测，图灵在不同的地方有不同的说法。此处是 100 年，但图灵-1950 中预测是 20 世纪末。我猜图灵只是有个大概的范围，几十年到 100 年，没必要在具体年份上较真。如果按 ChatGPT 出现的时间（2022 年）来算，差不多 70 年。

杰弗逊：纽曼，现有的机器经得起这种测试吗？它们现在能做什么样的事情？

纽曼：当然，它们最擅长的是数学计算，它们生来就是干这个的，但它们也会在一些非数字的问题上做得很好，且很容易做到，比如下棋，或者在列车时刻表[①]里为你查找班次。

布雷思韦特：它们能做到吗？

纽曼：是的，这两个任务都可以通过逐个尝试所有可能性来完成。列车时刻表上的全部信息都必须作为程序的一部分输入，最简单的程序是测试时刻表中的每趟列车是否在伦敦和曼彻斯特停靠，并打印出符合条件的列车。当然，这是一种枯燥乏味的方法，你可以使用更复杂的程序来改进它，但如果我对图灵测试的理解正确的话，你不能跑到幕后去研究这种方法，机器只要能在合理的时间内给出正确答案，你就应该认可。

杰弗逊：是的，但一个经常查询火车时刻表的人，会随着熟悉时刻表而做得更好。假设我给机器同样的问题，它能否不需要每次都重复所有的烦琐程序，而做得更好呢？我想听听你的回答，这一点非常重要。机器能通过学习而做得更好吗？

纽曼：是的，它可以。也许下棋的例子能更好地说

① 用计算机实现查询列车时刻表的例子源自哈特里，英国数学家、物理学家，是数值分析的原创者之一，是英国计算机事业的关键人物。他当时也在曼彻斯特大学，和纽曼、图灵相熟。图灵-1950 也引用了哈特里。列车时刻表算是最原始的数据库。

明这一点。首先，应该提到，任何工作中所需的所有信息——列车编码、时间、棋子位置或其他任何内容，以及如何处理它们的指令——都能以相同的方式存储（在曼彻斯特机器中，是以一种类似于电视屏幕的技术而存储的[①]）。随着工作的进行，存储的内容会发生变化。通常是存储的数据发生变化，而指令保持不变。但是，让指令发生变化也很简单。例如，可以编写一个程序，让机器实现两步棋：把问题以适当的编码输入机器，每当机器启动时，随机选择一枚白棋（机器中有一个做随机选择的装置），分析其所有可能的结果，如果它两步之内将不死，机器就会打印出"白兵移至第 3 格，错棋"，并停机。但分析结果显示，当选择了正确的走法，机器不仅会打印出"白方象移至第 5 格"，还会将随机选择的指令更改为"试试走：白方象移至第 5 格"。于是，每当机器启动，它会立即打印出正确的走法，而编写程序的人事先并不知道如何走。现在肯定能编写出这样的程序，我认为可以称之为学习。

杰弗逊：是的，我想是这样的。人类通过重复同样的练习进行学习，直到完善。当然，还可以更进一步。同时，我们通常会举一反三，能看到两个问题间的相关性，把从一处所学的知识应用到另一处。学习意味着记忆（learning means remembering[②]）。那么，一台机器可以存储信息多长时间呢？

[①] 纽曼此处可能是指 1948 年投入使用的两台同时由曼彻斯特大学开发的机器：Manchester Baby 和规模更大的 Manchester Mark 1，其存储器都是基于威廉姆斯管（Williams tube），一种阴极射线管（CRT）。

[②] 杰弗逊对学习的理解要比图灵的理解更狭隘。

纽曼：哦，至少和一个人的寿命一样长，如果偶尔刷新一下的话。①

① 当时用于存储的威廉姆斯管的信号会衰减，所以需要时不时地刷新一下。当今的 DRAM 也需要刷新。

杰弗逊：另一个不同是，在学习过程中，老师、家长或其他人会更频繁地干预和指导学习。你们这些数学家②只需将程序输入机器，然后就让它自行运行。如果对人类采用同样的方式，根本无法取得任何进展。事实上，在整个学习过程中，你们只有考试时才进行干预。

② 那时在曼彻斯特大学从事计算机研究的都在数学系，对于杰弗逊来说，能编程的都是数学家。

图灵：的确如此，当一个孩子接受教育时，他的父母和老师会不断干预，阻止他做这个，或者鼓励他做那个。当我们试图教机器时，情况也会如此。我进行了一些实验，教机器执行一些简单的操作，在获得结果之前，需要进行大量干预。换句话说，机器学得如此之慢，以至于需要大量的教学。

杰弗逊：但，是谁在学习呢，是你还是机器？③

③ 杰弗逊还是比较犀利的，但很明显图灵对这个问题已经深思熟虑过。"在没有专门教导的情况下，机器也能自发地学习其他事情"，详见图灵-1948"被动性和主动性"一节。

图灵：嗯，我想我们两个都学习了。如果要取得真正的成功，就必须找到方法，能制造出学习速度更快的机器。同时，希望机器学习会产生"雪球效应"。机器学会的东西越多，它学习其他内容就越容易。它在学习任何特定事情时，可能也在学习如何更有效地学习。我倾向于相信，当我们教会机器做某些事情后，可能会发现，在没有专门教导的情况下，机器也能自发地学习其他事

① 在这里，图灵强调学习不只是学习事实，还要学习改进学习方法，也就是今天大家常说的"元学习"。

情。这在一个聪明的人类头脑中很常见，如果在教机器时没有出现这种情况，那可能意味着机器存在某种缺陷。布雷思韦特，你对学习的可能性有什么看法？①

布雷思韦特：在我看来，没有人提到学习中的最大困难是什么，我们只讨论了学习解决特定问题。但是，人类学习中最重要的部分是从经验中学习——不是从一种特定的经验（particular kind of experience）中学习，而是从普适的经验（experience in general）中学习。构建一个带有反馈装置的机器，使得它的运行受控于其输出与外部环境中某些特征之间的关联，并使它在与环境的交互中具有自我校正（self-corrective）的能力，但这要求机器能够自我调整以适应环境中的某些特征。人和动物的独特之处在于他们有能力调整自身以适应几乎所有的环境特征。在特定情境下，人能够适应的特征是他所关注的特征，也就是他感兴趣的点。他的兴趣点主要由食欲、欲望、冲动、本能所决定——这些因素共同构成他行动的动力。如果我们想要制造一台能根据环境变化而调整注意力的机器，那么似乎要为这台机器赋予类似于"欲望"的特性。如果造机器的目的只是把它当家养宠物，并且只灌输特定的问题，那么它将无法像人类那样以多样的方式学习。这是因为如果要满足人类的欲望，就必须适应环境。

杰弗逊：图灵，你对你将能够做到的事情表现得很自信，让人觉得好像只需要做一些结构上的修改，就能使机器的反应更像人类。但我记得，从笛卡儿和博雷利①时代起，人们就说过，只需几年，也许三四年，或者五十年，就可以创造出人类的复制品。如果我们给人们留下这样的印象，即这些事情很容易就能做到，那我们就错了。

① 博雷利（Giovanni Alfonso Borelli，1608—1679），意大利文艺复兴时期的生理学家、物理学家和数学家，也被称为"生物力学"之父。

纽曼：我同意，我们和目前的计算机相当不同。这些机器的欲望相当有限，它们尴尬的时候不会脸红，这很难。发现这些实际存在的机器很接近能思考，本身就是个非常有趣的问题。即使我们只考虑思考的推理方面，从下棋到创造新的数学概念，再到概括（即把以前有过的各种思想当作实例，统一成单一概念），仍然有很长的路要走。

布雷思韦特：比如说？

纽曼：不同类型的数字，有整数，如 0、1、-2 等，有用来比较长度的实数，比如圆周长和直径，还有类似于 $\sqrt{-1}$ 的复数等。这些其实都是某个单一概念"数"的实例，但这一点并不是显而易见的。希腊数学家使用不同的词来表示整数和实数，并没有单一的概念涵盖两者。直到最近，人们才从这些实例中抽象出关于数的种类的统一概念，并对其进行了精确的定义。要进行这种概括，需要具备识别相似性和看到不同事物之间类似关系的能力。这不仅仅是测试事物是否具有特定属性并对其进行分类的问题，首先得构建概念，这需要创造出一些东西，比如数域的概念。我们能否猜猜一台机器是如何发明一个概念的，而这个概念在给机器编程的人的头脑中并不存在？

图灵：纽曼，在我看来，当一台机器需要执行像发明新概念这样的高级事情时，你所说的"尝试可能性"方法是适用的。我不想给"概念"这个词下个定义，也不想给出评估它们可用性的规则。但是无论它们是什么，都有外在和可见的形式，即单词和单词的组合。一台机器可以随机生成这些单词组合，然后根据各种优点给它们打分。

纽曼：那不是要花很长时间吗？

图灵：那肯定，不是一般的慢，而是极慢（shockingly slow），但它可以从简单的事情开始，比如将雨、冰雹、雪和霰归为一类，放在"降水"（precipitation）这个概念下面。如果它能不断学习如何改进方法，也许以后可以处理更复杂的事情。

布雷思韦特：看到能够被形式分析和明确陈述的类比，我不认为有什么难的，这不过是个机器设计的问题，使其能够识别数学结构之间的相似性，就行了。如果类比是模糊的，那就难了，即感知到了两种情况之间有某种相似性，但又无法对相似性做出进一步的说明。当机器的程序中没有告知应该识别哪些相似性时，机器就无法完成这个任务。

图灵：我认为你可以用机器去辨认一个类比，实际上这是一个很好的例子，说明机器如何做一些通常被认为是人类专属的事情。例如，假设有人试图向我解释双重否定，当某样东西不是非绿色的，它就是绿色的，但他无法完全说明白。他可能会说："嗯，这就像过马路一样。你穿过去，再穿回来，就回到了原点。"这句话可能抓住要点，能让我明白。这是我们希望机器能够处理的事情之一，我认为这很可能会发生。我想象大脑中类比的工作方式也是这样的：当两组或更多的想法具有相同的逻辑联系模式时，大脑很可能会通过重复使用同样的一部分来节省资源，以记住两种情况下的逻辑联系。我们必须假设大脑的某些部分以这种方式用了两次，一次是为了双重否定，一次是为了过马路，过去再回来。这两件事情，我本应都知道，当他一直在说那些乏味的否定和否定之否定时，我就无法理解他。但当他说到过马路的时候，大脑就会通过不同的方式触及正确的部分。如果有这样一种纯机械性的解释，说明类比在大脑中是如何进行的，那么我们也可以让数字计算机做同样的事情。

杰弗逊：好吧，就大脑中的细胞和连接纤维而言，并没有一个机械性的解释。

布雷思韦特：但是机器真的能做到吗？它会怎么做呢？

图灵：我确实留下了很多想象的空间。如果我给出更长的解释，虽然会让我所描述的看起来更可行，但你可能会感到不舒服，并且可能会不耐烦地说："嗯，是的，我知道机器可以做这些，但我不会称之为思考。"如果我们能看清楚大脑中产生的因果关系，可能不会认为这是在思考，而是一种缺乏想象力的重复劳动（donkey-work）。从这个角度看，人们可能会倾向于将思考定义为"那些我们不理解的心理过程"。如果这是正确的，那么制造一台有思考能力的机器就是制造一台可以做有趣事情的机器，而我们并不完全了解它是如何工作的。①

杰弗逊：你的意思如果是说我们不知道人类的神经结构，那倒是真的。

图灵：不，我完全不是这个意思。我们了解计算机的线路结构，但它在某种程度上以有限的方式运行。计算机有时确实会做一些出乎意料的奇怪事情。理论上人们可以预测它，但在实践中这通常过于麻烦。显然，如果我们能够预测计算机将要做的每件事，那么我们可能

---

① 人工智能面临的问题之一是，一旦一件事情被彻底理解，我们就不认为它有智能。杰弗逊很明显也有这种倾向。人工智能中的可解释性也是类似的。

就不使用它了。①

纽曼：当发现大型计算机实际上只是做加法和乘法，并用以前的加法和乘法的结果决定进一步要做什么加法和乘法时，人们的确会感到失望。"这不是思考"，这是很自然的评论，但也是在回避。如果你走进拉文纳②的一座古老教堂，会看到墙壁上美丽的画，但如果你用双筒望远镜观察这些画，可能会说："它们根本不是真正的画，只是一堆夹杂着水泥的彩色石头。"计算机的处理过程就像由非常简单的标准部件拼接而成的马赛克，但设计可能非常复杂，而且它所能模拟的思维模式是不是有上限，也并不明确。

布雷思韦特：但是你的马赛克里有多少块石头呢？杰弗逊，大脑中有足够多的细胞可以使它们像计算机一样工作吗？

杰弗逊：是的，大脑里的细胞数量比计算机的多出成千上万倍，你刚才说现有计算机里包含了多少个数字？③

图灵：50万个数字，我想我们可以假设这相当于50万个神经细胞。

布雷思韦特：如果大脑像一台计算机一样工作，那么目前的计算机就不能完成大脑做的所有事情。但是如果制造出一台计算机，可以做大脑做的所有事情，那么

① 这里有两派观点：必须彻底了解人脑的全部细节才能理解智能 vs 即使了解了人脑的全部细节也不一定理解智能。杰弗逊明显是前者，而图灵是后者。

② 意大利北部城市，有许多基督教早期古迹。

③ 此处所谓"数字"是指存储单元。

它所需要的数字难道不会比大脑容量还要多吗?

杰弗逊:嗯,我不知道。假设可以将计算机中的数字和大脑中的神经细胞等同起来,可能会有 100 亿到 150 亿个细胞①,没有人知道确切的数字,你知道这是一个巨大的数字。你需要 2 万台甚至更多的计算机才能使计算机中的数字与神经细胞数量相等。但显然,这不仅仅是尺寸的问题。这台巨大的机器中逻辑复杂,它不会像人类的思想输出那样灵活。为了让它更像人类,很多机器零件需要被设计得截然不同,以提供更广泛的灵活性和通用性。这确实是一项非常艰巨的任务。

图灵:这种情况下,大小确实很重要,它关系到可以存储的信息量。如果你有一个非常复杂的任务,可能会发现你所拥有的某台机器无法完成。但是,如果这个任务是一台理想的机器可完成的,那么只要把你手里的这台机器的存储容量增加,它就能够完成这个任务。

杰弗逊:如果我们真的要接近被称为"思考"的东西,就不能忽视外部刺激的影响。生计问题、纳税问题、获取喜欢的食物等各种外部因素的干预都是非常重要的,从任何意义上说,它们绝非微不足道的因素。与之相关的担忧可能会严重干扰良好的思维,尤其是创造性思维。你看,机器没有环境,而人总是与周围的环境保持联系,可以说他受到环境的影响并对环境做出反应。人的

---

① 最新的研究表明:人脑中共有大约 860 亿个神经元,其中大脑部分有 160 亿个神经元。杰弗逊的猜测还是挺准的。作为对比,大象的脑中有 2570 亿个神经元,而其中大脑只有 56 亿个神经元,其他都是小脑的——大象庞大的身体需要较大的小脑协调。

大脑中有大量的记忆，每一个新的想法或经历都必须与之适应。我想知道你能否告诉我，一台计算机能在多大程度上满足这种情况。大多数人认为，人类对一个新想法（比如我们今天讨论的这个）的第一反应往往是拒绝，经常是立即恐惧地拒绝。我不明白一台计算机怎么会说，"纽曼教授或图灵先生，我一点也不喜欢你们刚刚给我的这个程序，事实上，我不打算和它有任何关系。"

纽曼：回答这个问题的难点，图灵已经提到了。如果有人问"一台机器能做到这一点吗？比如它能说'我不喜欢你刚刚给我的程序'吗？"，一个专门用于回答这个问题的程序，往往会显得生硬且随意（artificial and ad hoc），看起来更像是一个小把戏，而不是对这个问题的认真回复。这就像《圣经》中那些让我小时候很担心的内容，说某件事情发生是为了实现预言中的结果。在我看来，这是一种最不公平的确保预言成真的方式。杰弗逊，如果我通过创建一个程序回答你的问题，让机器说'纽曼和图灵，我不喜欢你们的程序'，你肯定会觉得这是一个很幼稚的把戏，并不是你真正想知道的答案。但是很难确定你真正想要知道什么。

杰弗逊：我就是想要这台机器拒绝这个问题，因为这个问题冒犯了它。这让我想探究我们为什么会拒绝，可能因为我们本能地不在乎它们。我不知道为什么我喜欢某一些图片和音乐，而讨厌另一些。但我不打算深入这个话题，因为我们每个人都是不同的，我们的不喜欢是基于个人经历，也可能是基于遗传上的微小差异。你们的机器没有遗传，没有血统。孟德尔（Mendel）遗传学对电子阀门来说毫无意义。但我不想通过这赢得辩论分数！我们要明确的是，即使是图灵本人，也不认为给机器套上一层皮，就能使其具有生命！我们一直在尝试一个更有限的目标，即机器所做的这类事情是不是能够被认为是思考。但是，难道你的机器不是比任何人更有把握立刻准确无误地解决问题吗？

纽曼：哦！

图灵：计算机并不是绝对可靠的，对其准确性进行检查是使用计算机的重要技巧之一。除了会出错，有时计算机的计算结果可能与预期不符，人们可能会得到一些所谓的"误解"。

杰弗逊：无论如何，计算机不受情绪的影响。你只要把一个人弄得心烦意乱，他就会变得困惑，无法思考，甚至可能出洋相。正是人类心理过程中充满了高度情绪化的内容使得他与机器大不相同。我认为这源于人类复杂的神经系统（拥有约 10^{10} 个细胞），还源于内分泌系统，它向人体输入各种情绪和本能。人本质上是一台化学机器，会受到饥饿、疲劳、身体不适等的影响，也会受到先天判断和欲望的影响。这种化学方面的影响是非常重要的，因为大脑可以远程控制我们身体中最重要的化学过程。但你们的机器不需要为此烦恼，不需要为疲劳、寒冷、快乐或满足而烦恼。它们不会因为首次完成某件事情而感到惊喜。不会的，它们是"精神上"简单的东西。我的意思是，尽管它们的结构非常复杂，但与人类相比，它们非常简单，在执行任务时不会分心，这是相当不像人类的（quite inhuman）。

布雷思韦特：我不确定我是否同意。我认为，为了使机器能够关注环境中的相关特征并能从经验中学习，有必要为它们提供与欲望相对应的东西，或其他"行动的发条"（spring of action）。许多心理学家认为人类的情绪是欲望的副产品，当无法应对外部情况时，它可以通过调动更高层次的心理活动来发挥生物学功能。例如，当没有危险，或危险可以被自动避免时，人们就不会感到害怕；恐惧是一种症状，表示需要通过有意识的思考来应对危险。也许，想要构建一个能够从经验中学习的机器，需要在机器中纳入情绪装置，这个情绪装置的功能是当外部环境与能够满足机器欲望的条件相差太大时，切换到机器的不同部分。我并不是暗示机器需要有发脾气的能力，但人类发脾气常常有一种明确的目的——逃避责任。为了保护一台机器免受过于恶劣的环境的影响，允许它陷入类似于人类经历的神经症或心理疾病的状态可能是有必要的——就像为机器装一根保险丝，如果供电威胁到它的持续存在，保险丝就会熔断。

图灵： 嗯，我不打算教机器喜怒哀乐。我认为这种效果可能会作为真正教学的一种副产品出现，人们更感兴趣的是遏制这种表现，而不是鼓励它们。这些表现可能与人类的行为截然不同，但可以看出是人类行为的变体。这意味着，如果把机器放到我的模仿测试中，它将不得不进行相当多的动作（acting），但如果用一种不那么严格的方式将之与人相比，彼此间的相似之处可能会令人印象深刻。①

纽曼： 我仍然认为我们花太多时间争论假想的未来的机器能做什么。说一台机器可以很容易地做这做那是没问题的，但从实际情况看，完成这件事需要多长时间呢？编写一套程序只需一两个小时，让曼彻斯特机器立刻分析棋局的所有可能变化，并找到最佳走法——如果你不介意它花数亿年的时间来运行这套程序的话。使用机器解决问题，不能用无限的时间，而是要在合理的时间范围内完成。这不仅仅是一个由未来的技术改进就能自动解决的技术细节。工程师们很难使目前机器的速度提高一两千倍。假设现有机器上需要数十亿年才能完成的运算，在未来的机器上只需瞬间就能完成，这样的想法是进入了科幻领域。

---

① 可以看出图灵设计模仿游戏的目的是区分"思考"和"动作"。这类似于乔姆斯基区分"内部语言"与"外部语言"。为了聚焦于"思考"，应该暂时搁置"动作"。考虑到图灵的上下文，布鲁克斯可能对图灵有所误读。

图灵：在我看来，时间因素是涉及所有真正的技术困难的关键问题。如果事先不知道大脑是否能在合理的时间内完成这些事情，人们可能会认为用机器来尝试，希望也不大。但如果大脑能做到，那就表明，这些事情的难度可能并没有看起来那么高。

布雷思韦特：我同意我们不应该把讨论扩展到是否能制造出这样的计算机，它们能够做人类所能做的所有事情。问题的关键在于它们是否能做可以被称为思考的事情。欣赏一幅画包含了思考的因素，但也包含着感情的因素。我们并不关心能否制造出有感情的计算机。道德问题也是如此：我们只关心和智力有关的问题。我们不需要给计算机责任感或任何与意志相对应的东西，更不需要给它诱惑以及抵御诱惑的装置。为了进行思考，机器所要做的就是解决或者试图解决它所处环境中可能会遇到的智力问题。当然，环境中必须有图灵向它提出棘手问题，以及各种自然事件，如下雨或地震。

纽曼：但我记得你说过，如果机器没有被赋予一组欲望和相关内容，它就无法学会适应环境？

布雷思韦特：是的，当然不行。但是机器具有欲望所引发的问题不是我们今天所关注的重点。如果没有欲望，它可能无法从经验中学习。但我们只需要考虑它是否能够学习——因为我同意学习能力是思考的重要组成部分。那么，我们是不是应该回到以思考为中心的问题上来呢？比如，机器能否创造新概念？

纽曼：关于机器和思考，实际上可以提出两个问题。首先，在我们同意机器能做到我们称之为思考的事情之前，我们需要什么？这实际上是我们一直在讨论的内容。但还有另一个有趣且重要的问题：疑点的边界怎样划定？单就计算而言，目前的机器还不能做的事情是什么？

布雷思韦特：你的答案是什么？

纽曼：我认为，机器也许可以像人一样解决那些尚待解决的数学问题，或者找到新解法。这个目标比发明新的数学概念要谦逊得多。当你尝试用常规方法去解一个新题时，一般会先花几秒钟或几年时间思考，将之与你曾解过的所有题做类比，然后产生一些思路。你认真尝试这些思路，如果不行，必须换个思路。这有点像下棋，一步接一步地尝试。但有一个非常重要的区别：如果我是一个还不错的数学家，我的想法并不是随机的，而是经过预先筛选，所以在几次尝试之后，其中一个思路很有可能成功。亨利·摩尔[①]在谈到他创作雕塑的心得时说："当一件作品不仅仅是习作时，就会出现无法解释的突破。这就是想象力的作用。"如果机器真的能够模

[①] 摩尔（Henry Moore，1898—1986），英国现代主义雕塑家。

仿这种突发灵感，我相信所有人都会同意机器已经能思考了，尽管它不关心所得税。杰弗逊，对我们已有的人类思维生理学的知识，机器会带来什么新意吗？

杰弗逊：我们对思考的最终产物了解很多。我们的图书馆和博物馆中的内容不都是最新的吗？实验心理学教会我们如何使用记忆和联想，如何填补知识空白，如何根据一些给定的事实即兴创作。但关于如何用神经细胞的活动来解释思维，我们却所知甚少。纽曼刚才提到的突发灵感的生理学，我们更是一无所知。思考显然是大脑细胞的活动（motor activity），这一观点也得到了日常经验的支持：许多人用笔思考要比口头表达或遐想和反思效果更好。但到目前为止，我们无法对人类大脑进行电刺激以产生思想。如果能做到这一点——即通过局部刺激激发出原创的思想，那将是非常令人兴奋的，但事实上目前做不到。脑电图无法展示思考的过程，无法告诉你一个人在想什么。我们可以溯源文字流入大脑的过程，但最终我们不能全程跟踪它们。即使我们能追踪到它们的存储位置，仍然无法看到它们是如何重新组合成思想的。你有一个很大的优势，那就是知道你的机器的内部构造。①

我们只知道，人类的神经系统有一个紧凑且完美的结构。我们对它的微观结构和联系有很多了解。事实上，

① 很明显，如果杰弗逊今天还活着，他最感兴趣的研究应该是脑机接口和类脑计算。但脑机接口和人工智能力图解决不同的问题：脑机接口企图了解人脑是如何工作的，力图使得人的生活更好；但人工智能力图造出与人同样能思考，甚至思考得更好的机器。

除了这一大坨细胞到底如何能让我们思考之外，我们几乎知道了一切。但是，纽曼，在我们说"这台机器不仅会思考，而且在机器中，拥有与人体神经系统回路和布线对应的部件"之前，我想问一下，是否已经制造出或可以制造出在解剖学上不同，但能完成相同任务的机器。

纽曼： 所有机器的逻辑设计都很相似，但是它们的解剖结构，或者说生理结构，有很大的差异。①

杰弗逊： 是的，这就是我所想象的——我们不能假设这些电子机器中的任何一个就是人脑某一部分的复制品，即使它的行为结果被认为是思想。对你来说，机器的真正价值在于它的最终结果和性能，而不在于看上去像我们的大脑和神经系统的模型。它的有用之处在于电流在电线上传输的速度比神经脉冲沿着神经传递的速度快两三百万倍。你可以让它去做需要几千个人才能完成的任务。但是那个老态龙钟、行动迟缓的教练——人类，才是具有思想的那个，至少我是这么认为的。不过有一天，图灵，听两台机器在第四套节目（the Fourth Programme）里讨论为什么人类认为它们会思考，这会很有趣！

---

① 此时的讨论又回到"结构 vs 功能"。

第 10 章

计算机与智能

图灵，1950

1. 模仿游戏 ①

我在考虑这样一个问题："机器能思考吗？"这要从"机器"和"思考"这两个词的定义开始说起。定义很容易拘泥于这些词的常规用法，这种思路不可取。如果仅仅根据这两个词的日常用法来给它们下定义，那必然会产生这样的结果："机器能思考吗？"这一问题的意义和答案就得依靠诸如盖洛普民意测验之类的统计方式。这颇荒唐。与其如此，倒不如用另一个可以相对清晰无误表达的问题来取代原题。

可以用一个游戏来描述这个新的问题，我们姑且称之为"模仿游戏"。这个游戏需要三个人参与：一男子A、一女子B和一位提问者C（男女皆可）。提问者被单独隔离在一间屋子里，见不到其他两位。游戏的目标是让提问者判断其他两位参与者中，哪位是男，哪位是女。提问者用X和Y代表另外两人，游戏结束时，他说"X是A，Y是B"或者"X是B，Y是A"。提问者可以向A和B提问，例如

C：请X告诉我他或她头发的长度。

假设X就是A，那么A必须作答。A在游戏中的任务是诱导C做出错误的辨识。所以他的回答可能是："我是短发，最长的几缕大概9英寸长。"

---

① 关于图灵的模仿游戏是否受到笛卡儿的"语言测试"的启发是一个很长的故事。笛卡儿认为区别机器和动物比较难，但区别机器和人就很容易，因为机器很难过得了语言这一关。近来有科学哲学研究者认为图灵是从杰弗逊的李斯特演讲"机器人之心"的预印本中得知笛卡儿的说法的——图灵文档中保管的杰弗逊的文章被图灵用铅笔涂鸦过（Abramson D, 2011. Descartes' Influence on Turing. Studies in History and Philosophy of Science.）。这是一个很牵强的论据。图灵-1948的结尾就提到了模仿游戏，也就是说，图灵最晚在1948年就有了图灵测试的想法，而杰弗逊的演讲是在1949年。考虑到图灵1948年已经加入曼彻斯特大学，倒是不能绝对地排除甚至杰弗逊从图灵处听到"语言测试"的说法。事实上，"脑与心"在当时是个时髦话题。杰弗逊演讲中提到的几个人物也都和图灵相熟，他们也互相了解大家的立场。波拉尼、纽曼和图灵1949年10月27号参加过一个哲学讨论会（Philosophy Seminar），现在能找到的片段记录表明他们在讨论中提起过杰弗逊的名字。

另外，需要强调的是图灵不是行为主义者，因为图灵测试而把图灵打上行为主义标签是哲学家们的误解。图灵机不是"白板"。图灵在本文中花大篇幅讲述计算机的内部构造。恰恰相反，图灵的思想更加接近后来的理性主义者乔姆斯基，而乔姆斯基是坚决反行为主义的。在这个意义上，我宁可把图灵划到实用主义的阵营。

为了不让提问者从语气中得到提示，问题的答案应该写下来，最好是打印的。理想的安排是让两间屋子通过电传打印机进行通信，或者通过中间人来传递问题和答案。B 在这个游戏中的任务是帮助提问者。对她来说，最好的策略可能就是诚实回答。她还可以对回答进行补充，比如："我才是女的，别听他瞎说。"但如果男子也做出类似的回答，那就于事无补了。

现在我们提出这样一个问题："如果在游戏中用一台机器来取代 A，将会发生什么？"这种情况与玩家是一男一女时相比，提问者错判的频率是否会发生变化？我们用这些问题取代原先的问题："机器能思考吗？"①

2. 对新问题的评论

有人会问："新问题的答案是什么？""这个新问题值得研究吗？"我们直接解答第二个问题，免去后头无止尽的循环倒推。

新问题的好处是，它在人的体力和智力之间作了相当明确的区分。没有一位工程师或化学家敢说他们能制造出和人类的皮肤一模一样的材料。当然了，将来，这也许会成为现实。即便如此，如果只是为了让"思维机器"看起来更像人类，而为它们穿戴人造的

① 现在通常所说的图灵测试的教科书版本与此处的"模仿游戏"略有不同。现在流行的版本中提问者需要判别的是被提问者是人还是机器，与被提问者的性别无关。图灵的本意是除却各种可能的干扰因素，如果不能判别是机器还是人，那么机器就是有智能的。如果更进一步，把人性和智能等价的话，机器就是具备人性的。最早把图灵测试称为行为主义的，是香农和麦卡锡，他们甚至预言了后来的"中文屋"（见 Shannon C E, McCarthy J, 1956. Automata Studies.），他们在合编的文集的开头，就提到了利用字典作为应答工具。有人用莱布尼茨的概念相等来解释图灵测试，莱布尼茨相等可以是外延相等，也可以是内涵相等。如果是外延相等，那么就是行为主义的解释；如果是内涵相等，就是理性主义的解释。真正的行为主义的黑盒子里面是空的，所谓"白板"（tabula rasa）。乔姆斯基的理性主义认为人的语言是"天生"的，也就是说黑盒子本身不为空。事实上，如果认同丘奇-图灵论题，那么外延和内涵之分就不重要了，连接外延和内涵的黑盒子其实就是个图灵机。图灵这篇文章和更早的 1948 年的那篇文章都花了超过一半的篇幅科普数字计算机，也就是图灵机的某种理想化的实现。图灵明确地说机器是一台数字计算机，而不是一个空的黑盒子。图灵本人未必是行为主义的信徒，此处不过是用语言作为工具来说明问题。详见"语言=思维吗"。

另外，需要注意英文 behaviorism（行为主义）特指心理学中的一个派别，主要指从外部通过观察并测量输入输出来理解行为。近来有些文献，尤其是简体中文文献，把和机器相关的研究都冠以"行为主义"，这是不规范的说法。估计那些作者觉得机器人会动，所以有"行为"，一般机器人的"动"，我们会说 act 或者 action，而不说 behave。这是阅读障碍，连误解都算不上。

① 图灵此处呼应在这段话开头强调的"体力"与"智力"的区别。中文中所谓"观其言察其行而知其心",图灵在这里用语言区分心与身。我们可以看出图灵认为语言代表了思维,而身体的其他感官并不一定能够作为智能的判据。这与后来乔姆斯基"语言即思维"的观点不谋而合。乔姆斯基恰是站在行为主义的对立面:理性主义。行为主义心理学因为乔姆斯基和他的支持者们的批判而日渐凋零,认知科学应运而生。有意思的是,"认知科学"这个词是由深度学习大佬辛顿在爱丁堡时的导师、生物物理学家朗吉特-希金斯(Longuet-Higgins)在1973年造的。乔姆斯基的观点见"语言 = 思维吗"。由此,我们可以更进一步思考图灵创立的计算理论:图灵机事实上是唯物-经验-行为主义与唯心-唯理-理性主义的桥梁。丘奇-图灵论题是我们理解图灵测试及其变种的隐含假设,详见"为什么是图灵"和"图灵与计算复杂性"。

② Forth Bridge,1889年建于苏格兰。

③ 34 957+70 764=105 721,意思是机器可能故意延迟并出错。

"鲜活外皮"①,似乎意义不大。这个新问题考虑到了这种情况,让提问者看不见、摸不着也听不到其他两位游戏参与者。这种标准还有一些其他好处,或许能通过下面的问答体会一二。

问:请以福斯桥②为主题,写一首十四行诗。

答:我去,别让我干这个,我压根就不会写诗。

问:34 957 加 70 764 等于多少?

答:(停顿大概30秒钟)105 621。③

问:你会下象棋吗?

答:会啊。

问:我的王在K1,没别的棋子了,而你只有王在K6,车在R1。该你走了,你走哪步?

答:(停顿15秒钟)车到R8,将军。

这种问答方式适用于几乎任何一种我们希望涵盖的人类行为。如果一台机器没能在选美大赛中胜出,我们不会加以责备,正如我们不能因为一个人跑不过飞机就认为他无能。我们的游戏设定让这些天生的不足变得无关紧要。只要参与者们认为可取,他们就可以肆意吹牛,乐意把自个儿描述成多么魅力无限、强壮无比、英勇无畏都可以,反正提问者不能要求他们实地表演。

但这个游戏有一个不足会引起批评,就是机器在游戏中的处境太过不利。如果那男的试图去冒充机器,他肯定会露馅儿。他会因为做算术题时很慢或常常出错而立即暴露。机器可不可以使用和人类不同的方式做某些被称为思维的事情？这个反对意见确实有点道理。但是我们至少可以说，如果真能搞出一台机器令人满意地玩好模仿游戏，那我们真没必要被这个反对意见困扰。

有人会认为在"模仿游戏"中，机器的最佳策略可能并不是模仿人的行为。这也许是对的，但我不觉得这些策略会有多大作用。本文并不想研究这个游戏的理论。我们的设想是：机器在游戏中的最佳策略是像人一样自然地作答。

3. 游戏中用到的机器

在本文第 1 节中提出的问题，只有在确定"机器"这个词的意义后才能明确。首先，我们希望在我们的机器上可以使用一切可能的工程科技。其次，除了要求工程师们制造一台能够工作的机器之外，还要容许一种可能性，即因为机器的建造者们使用了一种试验性的方法，以至于他们本人都无法令人满意地描述这台机器的工作方式。最后，我们希望机器的定义不包括正常繁衍诞生的人类。要让定义同时满足以上这三个条件着实不易。举个例子，你可能会要求这些工程师都是同一性别，这个要求也不一定就能令人满意，因为通过一个人的单个皮肤细胞培养一个完整的个体也不是完全不可能。当然，真能做到的话，那将是生物科技领域最具划时代意义的突破。但是我们不认为这是在"建造一台思维机器"。所以，我们必须放弃"允许一切可能的技术"这个要求。事实上，目前对"思维机器"的兴趣主要来自一种特定的机器，通常被称为"电子计算机"或"数字计算机"。因此，我们只允许数字计算机参与我们的游戏。

乍一看，这个限制似乎过于苛刻。其实不然，为此必须先简单了解这些计算机的本质和特性。

只有当数字计算机在游戏中表现糟糕时，才能说数字计算机不能等同于我们为"思维"下定义时所用到的"机器"。

目前已经有许多能正常工作的数字计算机了，人们可能会问："何不立即找一台直接做实验？这样很容易就能满足游戏的要求。同时邀请多位提问者参与游戏，统计出判断正确的概率。"对这个问题，我的简要回答是：我们所关注的，并不是所有的数字计算机或者现有的计算机能不能玩好这个模仿游戏。我们真正要问的是：是否存在一台想象中的机器，可以在游戏中精彩发挥。当然，这仅仅是一个简要回答，下面我们将从其他角度再来考虑这个问题。①

① 这一节讲了"机器"的定义问题。首先，图灵排除了生物机制，也就是利用生物繁殖的手段造一台机器。图灵所说的具有"划时代意义"的生物科技今天已经司空见惯了。所谓"工程师都是同一性别"的要求其实是个英国式的玩笑。从"机器"一下跳到"数字计算机"是个很大的跳跃。理解这个跳跃需要懂一些计算理论。本节和后面两节（第3节、第4节及第5节）都在讲"数字计算机"，也就是图灵机。图灵在这里隐含地假设了丘奇-图灵论题，这是计算机科学家和逻辑学家的共识，即图灵机是最广义或最通用的计算装置，任何目前已知的足够强的计算装置都在可计算性上等价于图灵机。了解了这一点，就相对容易接受图灵的这个跳跃。事实上，目前已知的生物机制也没有超越图灵机。计算理论不太容易说得很明白，本文旨在科普，但结果常常是读者仔细看完这三节后，仍然不知所云。第3章"为什么是图灵"详细解释了丘奇-图灵论题形成的历史，力图帮助读者进一步理解这三节。为了减少困惑，读者也可暂且把丘奇-图灵论题当作公理先接受。

4. 数字计算机

或许可以这么解释，数字计算机旨在执行一切能由人类计算员实现的操作。人类计算员必须严格遵守规则，在任何细节上都不容许有一丝丝偏离。我们可以假设，有这么一本规则手册，每次有新的任务分配给计算员时，规则也会随之改变。人类计算员用稿纸做计算，稿纸的供应是不限量的。同时他还可以借助"台式计算机"进行四则运算，但这并不重要。

如果我们用上一段的解释作为数字计算机的定义，那可能会陷入循环论证。为了防止这种情况，我们把实现预期效果的途径列了出来。一台数字计算机通常由以下三个部分组成[①]：

(i) 存储器

(ii) 运算器

(iii) 控制器

存储器用来存储信息，相当于人类计算员的纸，无论这是计算过程中用到的纸，还是用来印刷规则手册的纸。还有一部分存储器相当于计算员的记忆，记录计算员大脑中的运算。

[①] 图灵这里提到的"数字计算机"和图灵1936年最早提出的图灵机是等价的，但架构略有不同。这里的计算机中的存储器是随机寻址的，原始图灵机是顺序寻址的。但这两种架构在可计算性上是等价的，在计算复杂性上是相似的。在分析可计算性和复杂性时，图灵机更加简单有效。此处图灵无疑受到所谓"冯诺依曼架构"的影响。有人把存储程序当作冯诺依曼架构的特色，其实这是误解。所谓存储程序就是把程序当作数据存在存储器中。冯诺依曼架构真正的特色是随机寻址。通用图灵机的概念，是先有理论，后有实践。与之相反，随机寻址是先有实践，后有理论。与随机寻址对应的寄存器机（register machine）等一类理论模型，是王浩、明斯基等人在20世纪50年代后期提出的。关于数字计算机的通用性，第5节给出了详细讨论。
在图灵-1948中，图灵用"逻辑计算机"指称理想化的计算机，例如图灵机，其存储是纸带式的；而用"实用计算机"指称随机寻址的计算机，也就是本文中的"数字计算机"。图灵在那篇文章里还讲述了如何用"实用计算机"模拟一台有无限长纸带的"理想计算机"。

运算器负责计算中的各种独立操作。这些独立操作是什么，就因机器而异了。通常，机器可以执行一些相当长的操作，例如，"3 540 675 445 乘以 7 076 345 687"。但是有一些机器只能执行非常简单的操作，比如"写下0"。

我们提到，计算员的"规则手册"占用了机器中的一部分存储器，我们不妨称之为"指令表"。控制器的职能就是保证这些指令按照正确的顺序得到正确的执行。控制器的设计要确保这一点。

存储器里的信息通常会被分解为许多比较小的数据块。例如，一台机器中，一个数据块可能由 10 个十进制数组成。这些数字会以某种系统化的方式，被分配到多个存放在存储器上的数据块中。一个典型的指令可以这样描述：

"把存放在地址 6809 的数与存放在地址 4302 的数相加，并把结果存入后一个存储位置。"

机器中的指令不一定是用英语标示的，更有可能是用代码的形式表达的，例如 6809430217。"17"在这里指"这两个数字的多种可能操作中，会执行哪一个"。这个例子中执行的就是"加法操作……"。需要注意，这个指令总共 10 位，正好可以放在一个存储空间中，很方便。通常情况下，控制器都能保证指令按照它们的存储顺序被执行，但是偶尔也会碰上这样的指令：

"现在执行存储在地址 5606 的指令，并从那里继续执行。"

或者这样的指令：

"如果地址 4505 包含'0'，那么下一步执行存储在地址 6707 的指令，否则继续。"①

后面这种指令很重要，它使一组指令得以不断反复执行，直到某种条件得到满足。但是，要达到这个目的，就得重复执行相同的指令，不能变。拿日常生活中的一件小事打个比方：假设妈妈希望小汤米（Tommy）每天上学时都去修鞋匠那里，看看她的鞋修好没，那妈妈可以每天都跟小汤米说一遍这事。另一个办法，妈妈可以在小汤米每天上学时都能看到的地方贴个便条，提醒小汤米每天到鞋匠那里去看一下，直到小汤米拿回她的鞋的时候，撕掉那个便条。

读者必须接受一个事实，那就是数字计算机是可以造出来的，而且正是按照如上描述的原则，已经造出来了。这些数字计算机已经可以非常逼真地模仿一位人类计算员的行为了。②

① 图灵这里描述的就是汇编语言里面的 goto 语句。在早期的程序中，即使是用高级语言（例如 FORTRAN）编写的，goto 语句也到处都是。有 goto 语句的程序不容易读懂，且易出错，导致调试很难，goto 的功能可以用循环语句替代，Pascal 语言出现后强调结构化编程，goto 语句在现代高级语言编写的程序中已逐渐消失了。

② 图灵此文发表时，正是数字计算机的萌芽期，大部分读者即使听说过媒体的报道，也不知其原理。其实即使在今天，很多人工智能的从业人员仍对计算机科学的基础理论不甚了了。

人类计算员需要遵守的规则手册，事实上仅仅是一个虚构的设想。真正的计算员记得住他们得做些什么。如果想让一台机器模仿计算员执行复杂的操作，那必须先问问计算员，这操作是如何做到的，再把结果翻译成指令表。这种构造指令表的行为通常被称为"编程"。"给一台机器编程使之执行操作 A"，意思就是把合适的指令表放入机器使它能够执行操作 A。

上述数字计算机概念的一个有趣的变种是"带有随机元素的数字计算机"。这些指令中包括掷色子的指令，或者某种同类的电子过程。举个例子，"掷一下色子，并把结果存入地址 1000"。有时候人们认为这样的机器是有自由意志的（我是不会这么说的）。一般情况下，我们没办法只通过观察就能判断出一台机器是否有随机元素。如果我们从 π 小数点后面的数字中随意选择，也能产生相似的效果。

实际的数字计算机的存储空间都是有限的。理论上说，让一台计算机获得无限的存储空间并不困难。当然了，任何时候，我们只是使用有限的部分。真正能够被建造的容量也是有限的。不过可以想象，我们能够根据要求，添加越来越多的存储空间。这种计算机只有特定的理论价值，我们称之为无限容量计算机。

有关数字计算机的设想,其实很早就有了。1828 年到 1839 年期间,担任剑桥大学卢卡斯数学讲席教授的查尔斯·巴贝奇就曾设想过这样的机器,他称之为分析机①。但是这台机器没能被实际建成。尽管巴贝奇已经厘清了所有的基本思路,但是在那个时代,他的机器并不被看好。分析机能够达到的运算速度肯定比一个人类计算员要快得多,但还是比曼彻斯特机器要慢不少,而曼彻斯特机器在现代计算机中已经算是比较慢的了。值得一提的是,分析机的存储全靠齿轮和卡片,是完全机械的。

巴贝奇的分析机完全可以用机械手段建造,这个事实可以帮助我们破除一个迷信。我们知道现代数字计算机是电子的(electric),而且神经系统也是电子的。可是巴贝奇的分析机却是完全机械的。我们知道所有的数字计算机在某种意义上都是等价的②。所以在理论上,是否用电子的手段,其实没那么重要。当然,涉及快速发送信号时,电还是必要的。因此电在计算机和神经系统这两个方面的使用就不足为奇了。在神经系统中,化学现象最起码和电是同样重要的。还有一些计算机的存储器基于声学原理。如此看来,计算机和神经系统都使用电,仅仅是表面上的共同点罢了。如果我们真想寻找这样的相似点,倒不如看看功能的数学本质。③

① 巴贝奇设计了两种机械计算机,先是差分机(difference engine,1822 年—1823 年),后是分析机(1833 年—1858 年)。差分机只是一台计算器,而分析机则具备一定可编程能力,故现在也被认为是最早的通用计算机。巴贝奇的分析机在概念上已经很接近现代的计算机。我们可以猜想图灵的通用计算机是受到分析机的启发。巴贝奇的自传《一个哲学家的生涯》(Passages from the Life of a Philosopher)在讨论分析机时,把分析机分为两部分:第一部分,存储(store),所有变量都存于此;第二部分,工厂(mill),所有运算发生的地方,也就是图灵称之为"执行器"的东西。

② 这就是丘奇-图灵论题:所有足够强的数字计算机都是等价的。

③ 图灵在这里强调了数字计算机的实现手段(机械还是电气)并不重要,关键是理解计算的数学本质。事实上,图灵机也是机械的,作为玩具,还真有人用纸带做出可工作的图灵机。

5. 数字计算机的通用性

上一节中提出的数字计算机可以被归类为"离散状态机"。这类机器可以实现从一种确定状态向另一种确定状态的跳转。这些状态之间的差异之大，几乎不可能造成混淆。但严格地说，这样的机器是不存在的。万物的变化实际上都是连续的。但是，有许多机器可被视为离散状态机。例如照明系统中的开关，我们可以简单地把开关看成只有开和关两种状态。两种状态转换时必定有中间过程，但是在大多数情况下可以忽略。举一个离散状态机的例子。想象一下，有一个每秒转动 120 度的轮子和一个外置的杠杆，轮子可能会受杠杆的阻挡而停止转动，并且在轮子的每个位置装有一个灯。

我们可以这样描述这台机器：机器的内部状态（通过轮子的位置来描述）可以设定为 q_1、q_2 和 q_3。输入信号是 i_0 或 i_1（控制杆的位置）。任何时间的内部状态都是由上一状态和输入信号按照指令表共同决定[①]。

① 这是个很简单的离散状态机，一圈共 360 度，故 3 个状态就够了。当没有外部杠杆介入时（输入 i_0），轮子自动进入下一状态；当有外部杠杆介入时（i_1），轮子停在当前状态。

		上一状态		
		q_1	q_2	q_3
输入	i_0	q_2	q_3	q_1
	i_1	q_1	q_2	q_3

输出信号是唯一能够在外部进行观测的内部状态指

示器（比如灯），可以描述如下。

状态	q_1	q_2	q_3
输出	o_0	o_0	o_1

这是一个典型的离散状态机的例子。只要状态数量是有限的，就可以用这样的方式描述它们。

可以看出，只要确定初始状态和输入信号，所有的未来状态都是可预测的。拉普拉斯（Laplace）有这么个观点：只要确定某一时刻宇宙中所有粒子的位置和速度，就能够预知未来的所有状态。和拉普拉斯相比，我们考虑的预测问题要更接近实际。在"全宇宙整体"的系统中，初始状态下一个微小的误差，可能会在将来产生巨大的影响。例如，在某个时刻，一个电子出现十亿分之一厘米的位置偏移，这可能将决定一年后某个人在一场雪崩中的生死。我们称为"离散状态机"的机械系统并不会发生这样的现象，这是它们的基本属性。且不说理想化机器，即使是一台实际的物理机器，只要掌握某个时刻合理准确的状态信息，也可以精确地预测其未来的一切状态。①

我们所说的数字计算机属于离散状态机，但这样的机器所能够达到的状态数量是巨大的。例如，现在已经在曼彻斯特大学运行的机器② 大概有 $2^{165\,000}$ 种状态，即

---

① 图灵的这一段话说的是算法对于误差的敏感性，这在数值分析中被称为稳定性，也就是当初始参数有微小扰动时，算法得出的近似解仍然非常接近准确解。这与"蝴蝶效应"有所不同。

② 曼彻斯特机器指当时在曼彻斯特大学建造的 Manchester Mark 1 和更小的原型机 Manchester Baby。

$10^{50\,000}$ 种状态。而在上文轮子的例子中，只有 3 种状态。不难解释为何状态数量如此庞大。计算机中有一个存储器，相当于人类计算员运算用的纸。计算员在稿纸上写下的所有符号组合，都必须能够写入存储器中。为简单起见，假设仅用 0 到 9 这 10 个数字作为符号，忽略各种手写体的差异。假如计算机的存储空间相当于 100 张纸，每张纸有 50 行，每行 30 位，那么这台计算机的状态数量就会是 $10^{100\times 50\times 30}$，即 $10^{150\,000}$，相当于 3 台曼彻斯特机器状态的总和。状态数量的底数为 2 的对数通常被称为机器的"存储容量"。因此曼彻斯特机器的存储容量大概是 165 000 位，而上文中轮子的存储大小大约是 1.6 位。如果两台机器加在一起，那么合成的机器的存储容量应该是这两台机器存储容量的总和。因此我们说："曼彻斯特机器包含 64 个磁道，每个磁道容量是 2560，此外还有 8 支电子管，每支的存储容量为 1280，还有各种其他的零散存储器，加在一起大约是 300，总存储容量达到 174 380。"①

① $64\times 2560+8\times 1280+300=174\,380$。

只要给出与离散状态机对应的表格，就有可能预测机器将会做什么。这样的计算当然也能够通过数字计算机进行。只要执行的速度够快，数字计算机就能够模拟任何离散状态机的行为。如果让我们研究的机器和进行模仿的数字计算机分别充当模仿游戏中的 B 与 A，提问者将难以区分它们。当然，前提是数字计算机必须有足够大的存储空间和足够快的运行速度，而且它在模仿不同的机器之前必须被重新编程。

数字计算机可以模拟任意一个离散状态机，这个性质被称为"通用机器"。① 如果不考虑速度的话，这种机器的一个重要优点就是我们不必为不同的计算过程设计不同的机器。一台数字计算机就可以解决所有问题。我们需要做的是根据情况进行相应的编程。可以看出，所有数字计算机在某种意义上是相互等价的。②

现在，我们可以重新考虑一下在第 3 节末尾提出的问题。我们暂且用问题"是否存在假想的数字计算机，可以在模仿游戏中表现出色？"来代替问题"机器能思考吗？"。如果各位不介意，我们再问一个貌似更加普遍的问题："是否存在能够表现良好的离散状态机？"考虑到通用性，我们可以看出这两个问题事实上都等价于这个问题："让我们把注意力集中在一台特定的数字计算机 C 上。我们使 C 拥有足够大的存储空间和足够快的计算速度，并且对它进行适当的编程。在游戏中，由人扮演 B 的角色，那么 C 能否令人满意地扮演 A 的角色？"

① 任何一台数字计算机的计算过程都是一个程序，任何一个程序都可以作为数据存在通用机器上，这样通用机器就可以完成任意计算。一般认为所谓"通用性"就是可编程的意思，但是图灵这里强调了"离散状态机"。模拟计算和实数计算不属于图灵考虑的问题范围。事实上，模拟计算和实数计算可以被当作对世界的某种简化或近似，详见"为什么是图灵"中"模拟 vs 数字，连续 vs 离散"一节。

② 图灵这里所谓"所有数字计算机在某种意义上是相互等价的"，其实就是丘奇－图灵论题的一个版本。这篇文章毕竟登在一个哲学刊物上，作为科普，没法展开细讲。关于丘奇－图灵论题，详见"为什么是图灵"。

6. 核心问题的争议

现在一切准备工作已经就绪，我们可以就"机器能思考吗？"这一问题和上一节末尾所说的衍生问题展开辩论了。我们尚不能全盘摒弃原题，因为仍有一些人不认同用衍生问题来替换原题。我们至少要听听不同的意见。①

我想先就这个问题阐述一下自己的看法，希望可以帮助读者简化问题。首先，我们需要换个角度，更为精准地思考这个问题。我认为在未来 50 年的时间里，计算机的信息存储容量将达到大约 10^9，那时我们将能编写出程序，使得计算机在模仿游戏中如鱼得水，一个正常人类提问者能在 5 分钟内准确鉴别的概率不会超过 70%。我认为原题"机器能思考吗？"没什么意义，不值得讨论。到 20 世纪末，术语的用法和人们的见解都会发生较大的改变。那时候人们再谈论机器会思考时，就不会有如此大的反对意见了，并且我认为，掩盖这些信念绝不会带来任何益处。流行的观点认为，科学家从不受任何改进的猜想的影响，总是从既定事实走向既定事实，这是非常错误的。只要能弄清楚哪些是已证实的事实，哪些是猜想，就不会有什么害处。猜想非常重要，因为它们能够为研究指明方向。②

我现在来谈谈与我的看法相对立的观点。

(1) 来自神学的反对意见

思维是人类不朽灵魂的一项功能。上帝只把灵魂赋

---

① 图灵在本文的前五节讲了用数字计算机作为智能模型的可能性，他已经预见到对他这个观点的各种可能的反对意见和争议，在本节中他逐一提前答辩。他这种写法为后辈的作者们开创了先例，许多人工智能的作文也学图灵的样子，不管他的观点到底值不值得反驳，也写个事先答辩以显重要。

② 图灵预测到 2000 年，机器存储会达到 10^9，差不多 1 GB，这还真挺准。逻辑学家蔡汀（Gregory Chaitin）在评论图灵这篇文章时提到人类基因组差不多有 6×10^9 数位的信息。图灵此处所说"5 分钟"和"70%"不能从基准测试的角度来理解。图灵的本意是给定一定的时间，机器很大概率可以欺骗一个正常人。后来的各种"图灵测试"的设计者都从字面意义理解"5 分钟"和"70%"，这好像没有必要。

予人，而从未将之赐予任何其他的动物或机器。所以，动物或者机器不能思考。

尽管我不接受这种看法，但我可以试着用神学的说法来回应。我认为，如果将动物和人划为一个类别，这个观点会更有说服力些。在我看来，生物与非生物之间的差别远远大于人和其他动物之间的差别。如果让其他宗教团体来看看这种正统神学观点，其武断性就会显得更明晰。我们搁置这些，回到主要的争论。我认为，上述论点隐含着对上帝无边神力的严重限制。必须承认，有些事情上帝也是无能为力的，比如，他不能让 1 等于 2。但是，我们难道不应该相信，要是上帝愿意，他完全可以赋予一头大象灵魂吗？大家可能指望着，上帝能发挥无上神力造就基因变种，赐予大象一个升级版大脑，使得大象也能有灵魂。换成机器，我们也可以用同样的方式来论证。这看上去有点怪，更难被接受。这其实只能说明，在这些情况下，上帝认为授予灵魂不合适。这些问题我们将在本文的其余部分再做讨论。话说回来，在试图制造这样的机器时，我们也不应该不虔敬地篡夺上帝创造灵魂的权力，就像人类不应该被剥夺生儿育女的权利一样。相反，在这两种情况下，我们都只是上帝意志的工具，是他所创造的灵魂的居所。①

① 这是典型的人类中心主义，即认为人是最高级、最神圣的物种。人类中心主义，有时用来划分人与机器，有时用来划分人与其他动物。古希腊先哲普罗泰戈拉（Protagoras）就有所谓"人是万物的尺度"的说法。我们作为人，很容易觉得人是造物主最荣耀的产品，也会认为不会有任何机制超越人。地心说也是人类中心主义的附属推论。人类中心主义者肯定会反感辛顿所谓"人类只是智能进化的过渡"的说法。与达尔文同时提出自然选择的华莱士也是人类中心主义者，他把人列为和动物全然不同的物种，其他动物是进化的，而人是上帝亲手做的。这一点和达尔文明显不同。被称为达尔文的斗犬的托马斯·赫胥黎写过一本书《人类在自然界的位置》为达尔文辩护。
当下谈论人工智能的安全和伦理问题时，也会看到显性或隐性的人类中心主义立场。马斯克在谈论他创办 OpenAI 时说，他的初衷就是确保人工智能技术掌握在人类手中，使得人类作为物种不受威胁。他曾和谷歌创始人拉里·佩奇（Larry Page）为此事争辩并导致友谊破裂。佩奇说马斯克是"物种歧视主义者"（speciesist）。马斯克说如果有两个队比赛，一方是人类队，另一方是人工智能队，他是人类队的。也不排除这是他向 OpenAI 明星球员递出橄榄枝的话术。
无论如何，人类进化的过程就是一个连续统，没有人工智能，人类仍然会进化。在这个过程中引入技术，会加速进化过程。现代医学已经开始干涉人体的任何一个部件，包括大脑。被干涉的人体会成为超人。超人出现的速度是一个人类社会的问题。

但这仅仅是猜想而已。不管用神学论据来证明什么，我都不为所动。这样的论据在历史面前早已是漏洞百出。伽利略时代，有人企图用《圣经》中的"于是日头停留，月亮止住……日头在天当中停住，不急速下落，约有一日之久"（《约书亚书》，10:13）以及"将地立在根基上，使地永不动摇"（《诗篇》，104:5）作为论据来驳斥哥白尼的理论。用今天的知识来看，这种论据站不住脚。但当时没有这样的知识，情况自然大不同。[①]

① 此处《圣经》引文尊和合本译文。

(2) "鸵鸟"式的异议

机器能思考会带来可怕的后果。但愿机器永远不会思考。

这种观点不如神学的说法那样直言不讳，但它还是影响了大多数人的想法。我们都愿意相信，在某些微妙的方面，人类要比其他任何生物都更优越。要是能证明这点，那敢情好，因为人类就能稳居高高在上的统治地位了。神学的论点之所以这样风靡，很明显与这种情绪密切相关。这种观点尤其受到知识分子（或译"有智识的人"）的追捧，因为他们比其他人更看重思维能力，更信奉人类在这一方面的优越性。

但我认为这个论点没啥实质内容，不值一驳。他们更需要的是安慰，这兴许能在灵魂轮回说中寻得些吧。[②]

② 人类中心主义很容易归约到某种宗教或活力论。一种关于智能定义的争论就是把智能定义为人独有的能力，或者是碳基生物特有的能力，这样就没法也没必要讨论了。图灵的出发点自始至终都是数字计算机。

(3) 来自数学的异议

数理逻辑的一些结论可以用来证明离散状态机的能力是有限的。这些结论中最著名的是哥德尔定理。哥德尔定理（1931）断言，在任何一个足够强的逻辑系统里，都能构造这样一个陈述：它在本系统内无法被证明，也无法被否证，除非这个系统本身就是不一致的。丘奇（1936）、克里尼（1935）、罗瑟（1936）和图灵（1937）等人也有同哥德尔定理很相似的结论。图灵的结果最接地气，因为这个结果直接涉及机器，而其他人的结果只能用作相对间接的论断。比方说，要使用哥德尔定理，我们除了要通过机器来描述逻辑系统，还得再反过来，通过逻辑系统来描述机器。图灵讨论的机器是一台通用的数字计算机，已经证明存在着这样的机器不能干的事情。如果把这个结论套到模仿游戏中，那么就会存在某些问题。计算机要么回答错误，要么根本回答不了，无论给予多长时间。这类问题有很多，有些问题某台机器回答不了，或许换另一台机器回答就能令人满意。我们假定，对现在提到的问题只需要回答"是"或者"不是"，不会出现像"你认为毕加索怎么样？"之类的问题。我们知道机器肯定回答不了如下类型的问题："这台机器有以下特点……那么这台机器会对任何问题作出'是'的回答吗？"省略部分是对某台机器的标准描述，就像是第 5 节中使用的机器。如果所描述的机器与被提问的机器具有某种比较简单的关联,可以证明,要么是答案错了,要么就是压根儿没有答案。这是数学结果:这个结论认定机器能力有限,而人类智能不存在这种局限性。①

对于这个论点,我的回应是:尽管已经证明任意一台特定机器的能力都是有限的,但没有任何证据表明,人类的智慧就没有这种局限性。我认为不应该轻易忽视这个论点。每当一台机器恰好碰上一个关键问题,并给出我们确定不是正解的答案时,会让我们产生一种优越感。这种优越感是错觉吗?显然这种优越感是真实的,但我认为这没有多大的意义。我们人类自己平时也经常对问题作出错误的回答,没必要因为机器犯了错误就沾沾自喜。而且,优越感只是在小赢一台机器时体会到,而同时应对所有的机器,就不是那么回事了。简而言之,一个人有可能比一台特定的机器聪明,但也有可能不如另一台机器聪明。

我认为,大部分持数学异议的人,是可以接受把模仿游戏作为讨论基点的。而持前两种反对意见的人对任何评判标准都不会感兴趣。

(4) 来自意识的异议

杰弗逊教授在 1949 年的李斯特演说中,很明确地阐述了这个论点。我摘引了其中的一段话:"只有在机器能

---

① 图灵已经预料到后辈可能用哥德尔不完全性定理来否认机器会有智能的论断。此处提到的哥德尔、丘奇、克里尼、罗瑟都是计算理论的原创者,他们差不多在同时(1936~1937)证明了几种计算装置(递归函数、λ演算、图灵机)的相互等价性。图灵-1936 被分为两部分发表,前半部分发表在《伦敦数学学会会刊》1936 年最后一期,后半部分发表在 1937 年第一期。图灵自己在引用时一般说 Turing (1937),但更多的人用 Turing (1936)。详见"为什么是图灵"。

够凭借思想与情感，创作出一首十四行诗或一支协奏曲，而不只是符号的随机拼凑时，我们才会认同机器与大脑是一样的。也就是说，机器不仅要能创作出来，而且要意识到是它自己创作的。任何机械装置都感觉不到（不只是人工信号或简单装置）成功的喜悦，也不会因为短路而郁郁寡欢，因为阿谀奉承而沾沾自喜，因为犯错误而闷闷不乐，因为情爱而神魂颠倒，也不会因为事与愿违而暴跳如雷或一蹶不振。"①

这个论点似乎否定了我们测试的有效性。按照这种观点最极端的形式来说，你要肯定一台机器是否能够思考，唯一的途径就是成为那台机器，去感受它的思维活动。只有这样，你才能够向众人描述这台机器的感觉。当然，没有人会知道你讲的是不是实话。同样地，依照这个观点，要想知道某一个人会不会思考，唯一的途径就是成为这个人。这实际上是唯我论的观点。② 这个观点也许是符合逻辑的，但是同时，沟通交流会变得极其困难。A 可能会认为，"A 会思考，而 B 不会"。而 B 则会说，"B 会思考，而 A 不会"。我们犯不着为这个观点争执不休，不如客客气气地默认大家都会思考。

我确信杰弗逊教授不愿意采纳如此极端的唯我论观点。他可能更情愿把模仿游戏当作一个测试。这个游戏（省略了游戏者 B）在实践中经常采用"口试"形式，来

---

① 这一节是专门针对杰弗逊李斯特演讲"机器人之心"的评论。其实爱达在 100 年前就讨论过机器作曲的可能性，这里杰弗逊说即使机器能写诗作曲仍然不够令人信服，机器必须得有自我意识，才算有智能。详见本书"机器人之心"和"自动计算机能思考吗"。

② 类似地，《庄子》中"子非鱼"的辩论，也是唯我论的。由此，所有遵循现象学第一人称视角的，都会用"意识"作为盾牌，不停地说"计算机还是不能干什么"。但是，第一人称的"意识"是个由"我"决定的移动的目标。

鉴定某人就某事是否真的理解了，或者只是在"鹦鹉学舌"①。让我们听一听这种"口试"是如何进行的：

提问者：你的十四行诗的第一行是这样的："能否把你比作夏日璀璨？"②要是将"夏日"改成"春晓"，是不是也可以，或许会更好？

证人：这样一改就不合韵律了呀。

提问者：改为"冬天"如何？这样也会合韵。

证人：是没问题，但是有谁愿意被比作冬天呢？

提问者：匹克威克先生③会使你想起圣诞节吗？

证人：或多或少会吧。

提问者：圣诞节不就在冬天吗，我认为匹克威克先生不会介意这个比喻的。

证人：你在逗我吗？冬天的意思是指某一个典型的冬天，而不是像圣诞节那样特殊的日子。

如果那台写十四行诗的机器在这场"口试"中能够这样回答，杰弗逊教授会作何感想呢？我不知道他是不是会认为，机器作答"只是在发送人工信号"。但是，如果机器的回答能够像上面引述的那样合情合理，连贯一致，我相信杰弗逊教授会改变"机器只是'简单装置'"的看法。我认为这种说法无非是说可以把一个人诵读十四行诗的录音放到机器里，随时按个按钮就能听到这段录音。

---

① "鹦鹉学舌"是杰弗逊在《机器人之心》中举的另一个例子。

② 此处图灵引用了莎士比亚十四行诗中的句子"Shall I compare thee to a summer's day"。

③ 狄更斯小说《匹克威克外传》中的人物。

综上所述，我认为大部分支持来自意识的异议的人，宁可在劝说下放弃原来的主张，也不愿陷入唯我论的困境。这些人有可能愿意接受我们的测试。①

① 恰如图灵所预见的，在1952年BBC的辩论会的最后，似乎杰弗逊教授接受了图灵测试，但并没有就图灵的结论达成共识。详见"自动计算机能思考吗"。

我并不想给大家留下这样一个印象，即我认为意识没什么神秘之处。意识确实有神秘之处，比如，意识的物理位置就是一个谜。但是，即使我们没有解开这些谜，还是能够回答本文关心的那个问题的。

(5) 来自种种能力限制的争议

这些论断一般是这么说的："即使你可以让机器做任何你刚才提到的事情，可你永远也不能使一台机器做 X。"这类 X 行为有许多特征。我在这里引用一些例子：

要善良、足智多谋、美丽、友好、干劲十足、富于幽默感，明辨是非，会犯错，会恋爱，喜欢草莓和奶油，能使别人陷入情网，会吸取经验，措辞得当，自省，像人一样有多姿多彩的行为方式，乐于挑战新鲜事物。

这些话一般都用不着证明。我认为这些话都是以科学归纳的原则为基础的。一个人在一生中见过成百上千台机器，然后由所见所闻得出了一些结论。例如，它们形态丑陋，应用范围狭窄，只要范围略有变动它们就招架不住，并且它们的行为方式也非常单调，等等。他很自然地认为，机器通常都是这副德行。大部分机器的能力限制，源于机器存储容量太小。（存储容量这个概念可扩展到其他机器，不仅仅是离散状态机。精确的定义并不重要，因为目前的讨论不要求数学上的准确性。）

几年前，数字计算机还不为人知，要是你只说其特征，不提其构造，那么人们就要说你是在信口开河。这也是人们运用科学归纳法的结果。当然，人们在使用这个原则时，大都是无意识的。一个小孩一朝被火烫，十年怕烛台，我认为他这就是在使用科学归纳（当然，我也可以用许多别的方式来解释这一现象）。把科学归纳法用到人类的工作和习惯上，恐怕不太合适。你得行万里路读万卷书（研究大量的时空），才能得出靠谱的结果。否则，我们可能会（就像许多英国儿童那样）以为世界上所有的人都应该讲英语，学法语真是傻透了。

刚才提到了许多能力限制，我还要特别多说几句。说机器享受不了草莓和奶油，可能让人觉得有点轻率。我们或许能造出能享受这些美味的机器，但这么做是荒唐的。真正重要的是，这种能力的限制可能会带来其他方面的能力限制，比如，人与机器之间很难产生友谊。

还有人认为"机器不该出错"，这种说法有点令人费解。我们不禁要反问："如果它们出错，是不是就更劣等？"那我们试试用同情的态度，看看这究竟是什么意思。我想我们可以借助模仿游戏来解释这种说法。有人提出，提问者可以通过算术题来分辨对方是机器还是人，因为机器在回答算术题时总是丝毫不差，所以很容易揭开机器的面纱。这些（带模仿游戏程序的）机器并不一定非得答对所有算术题。它们会故意算错，来蒙骗提问者。至于算术中的错误，还有一种可能性是机械故障，这种对批评的解释也不够有同情心。限于篇幅，我们对这个问题不再做更深入的探究了。

在我看来，这种观点的根源是混淆了两个不同性质的错误。我们称这两个错误为"功能性错误"和"结论性错误"。功能性错误是由某些机械或电器故障引起的，这些故障导致机器不能够按照指令工作。在进行哲学讨论时，我们很容易忽视发生这种错误的可能性。这个时候，我们实际上在谈论"抽象的机器"。这些机器是数学的虚构，而不是物理的实在。按照定义，抽象机器不会犯错，正是在这个意义上，我们说："机器不会出错。"当机器的输出信号附加了某种意义时，机器才可能会出现结论性错误。例如，机器能够打印数学方程或英语句子。当机器打出一个错误命题时，我们就认为这台机器犯了结论性错误。很明显，找不到丝毫的理由证明，机器从不犯这类错误。一台机器有可能别的什么也不会做，只会连续打出"$0 = 1$"。举一个不那么反常的例子：机器会通过科学归纳法来得出结论，而这种方法偶尔也会导致错误的结论。

有种说法是机器不能成为它自己思维的主体。如果我们能证明机器的某些思维带有主体的话，就能驳回这种说法。"一台机器运行的主体"确实有意义，至少对于研究它的人来说是这样的。比如，如果一台机器试图解方程 $x^2-40x-11=0$，我们会认为，在这个时刻，这个方程本身就是机器的主体的一部分。从这层意义上说，机器无疑是能够成为它自己思维的主体的。机器能够自己编程并且预测因自身结构变化所带来的后果。机器能通过观察自己的行为所致的结果，去修改自己的程序，从而更有效地达到某些目的。这不是乌托邦式的空想，而是在不远的将来有可能实现的事。①

有人反对说，机器的行为比较单一。其实就是说，机器无法拥有足够大的存储容量。要知道，直到最近，1000 字的存储容量甚至都很罕见。

我们在这里考虑的这些异见，大多来自意识的异议的伪装。通常情况下，如果一个人坚持一台机器有能力完成这些事情中的一件，并且描述机器可能采用的方法，那么并不会给人留下多深的印象。人们会认为机器所使用的方法（不管是什么方法，肯定是机械性的）实在太低级了。大家可以参考前文引述的杰弗逊的一段话。②

(6) 洛夫莱斯伯爵夫人③ 的异议

关于巴贝奇的分析机，最详尽的信息来自洛夫莱斯

---

① 机器可以从错误中学习。图灵-1948 中"被动性和主动性"一节对此有详细描述。

② 即"来自意识的异议"一节的开头。

③ 洛夫莱斯伯爵夫人是英国诗人拜伦的女儿爱达（1815—1852），她 19 岁时嫁给威廉·洛夫莱斯（William Lovelace）伯爵，故得名。1840 年，巴贝奇受邀在意大利都灵大学演讲分析机，台下有个主攻工程和数学的意大利学生梅纳布雷亚（Luigi Menabrea）伯爵把巴贝奇的演讲用法文做了记录。梅纳布雷亚后来做了意大利总理。巴贝奇晚年和好学的爱达过从甚密，1842 年~1843 年，爱达把梅纳布雷亚的听课笔记从法文翻译成英文。译文后，她附加了许多注释。她还提出分析机的能力不仅仅是计算，这些已超越巴贝奇原来的构想。她的"诗性科学"（poetical science）的想法视分析机为人类的工具。天才沃尔弗拉姆的新书《科技群星闪耀时》记录了 15 位他敬仰的人的生平和贡献，其中爱达的那篇最长。

夫人的笔记。她这样写道："分析机没有意图想要原创什么东西。它能做*我们知道如何命令它去做的任何事情*。"① （斜体为她本人所加）哈特里（Hartree，1949，第70页）引用了这段话，并补充道："这不是说不可能构造会'独立思考'的电子设备，或用生物学的话说，我们能够建立一种条件反射作为'学习'的基础。从最近的发展情况来看，这一设想在原则上是否有可能实现，已经引起了极大兴趣和关注。但是，当下的任何机器，不论是已经造好的还是正在计划建造的，似乎尚不具备这些特性。"

在这点上我完全同意哈特里的看法，我们注意到，他并没有断言机器不具备这个性质，而是指出：洛夫莱斯夫人当时所有的证据还不足以使她自己信服。从某种意义上讲，我们讨论的机器很有可能已经具备了这个特性。可以假设某些离散状态机具备这个特性。而分析机实际上是一台通用数字计算机。因此，如果它的存储容量和速度达到一定水准，我们就能通过适当的程序让它模仿我们所讨论的机器。也许伯爵夫人或巴贝奇都没有想到这一点。但无论如何，我们不能要求他们想出所有能够被想出的东西。②

我们会在"能学习的机器"那一节继续探讨这个问题。

洛夫莱斯夫人异议的另一种说法是，机器"永远不

① 这一段被认为否定人工智能可能性的话，也出现在 Note G。

② 哈特里是对的。我们必须阅读爱达的全文才能了解她的思想，以避免把她的只言片语当作辩论的证据。事实上，爱达注释的开头 Note A 中的说法就不同于她在 Note G 中的说法。"Again, it might act upon other things besides number, were objects found whose mutual fundamental relations could be expressed by those of the abstract science of operations, and which should be also susceptible of adaptations to the action of the operating notation and mechanism of the engine. Supposing, for instance, that the fundamental relations of pitched sounds in the science of harmony and of musical composition were susceptible of such expression and adaptations, the engine might compose elaborate and scientific pieces of music of any degree of complexity or extent."（除了数字，机器还能作用于其他事物，事物之间的相互基本关系可以用抽象运算来表达，并且可用操作符号和机制来操控。例如，如果和声的音调和作曲的基本关系可以受控于这种表达和变化，机器就能创作出任何复杂度和任何样式的精致且合乎韵律的音乐作品。）

会创新"。我们可以用一句谚语抵挡一下这种说法:"日光之下,再无新事(普天之下,莫非旧闻)。"人们的"原创作品"难道不是接受教育的结果?或者因为遵循已知的通用法则?这谁也不能保证。这种异议还有另一个稍微委婉一点的说法,即一台机器永远无法"让我们吃惊"。这种说法是一个更直接的质疑,对此我可以针锋相对地反驳:机器经常让我大吃一惊。这主要是由于我也无法做出充足的计算,来确定机器到底能做什么。确切地说,虽然我也做计算,但总是又仓促又马虎,不够仔细。我也许会这样对自己说:"我猜此处的电压与彼处的电压应该差不多;管他的,就当是一样吧。"我自然经常出错,但结果却往往让我大吃一惊。因为当实验完成的时候,那些假设早被我忘得一干二净了。欢迎大家批评我的粗心大意的错误,但在我宣誓我确实经历了"大吃一惊"时,大家也别怀疑我的诚信。

我并不奢求我的回答能让异议者们心服口服。人们也许会这样说,所谓的大吃一惊都是因为我自己有丰富的想象力,与机器本身毫不相干。如此,我们又会回到来自意识的异议上去,而背离"机器能否使人吃惊"这个话题了。这种论证已经结束了。也许还值得一提的是,要鉴定某事是否会使人惊奇,还真少不了"想象力丰富的心理活动",甭管这个令人吃惊的事件是起于一个人、一本书、一台机器或是任何别的东西。

我认为"机器不会令人吃惊"的这个观点，是由一个错误引起的，哲学家们和数学家们都特别容易犯这个错误。它是这样一个假设：一旦某个事实出现在人的头脑中，那么由这个事实引起的一切结果都会同时涌入人的头脑。在许多情况下，这种假设十分奏效。但是，人们太轻易就忘记，这其实是个错误的假设。这样做必然会导致大家认为，靠数据和普遍原则一步一步得出结论这样的工作没有价值。①

(7) 来自神经系统连续性的争议

神经系统不是离散状态机。一个神经元输入脉冲的一个小的误差也会导致输出脉冲极大的误差。由此论断：用一个离散状态系统去模仿神经系统的行为是无法实现的。②

离散状态机和连续机器肯定是很不一样的。但是，如果我们严格遵循模仿游戏的条件，提问者就甭想从这个差异中占到什么便宜。假使我们能考察另一些简单的连续机器，情况就会变得更明白。一台微分分析机（一种非离散状态的计算机）作为示例完全够用。有些机器可以将答案打印出来，所以适合参加模仿游戏。要一台数字计算机精确地猜中微分分析机会如何回答一个问题是不可能的，但它是完全有能力正确作答的。比如说，如果你要它回答 π 的值是多少（约等于 3.1416），它就会

① 事实上，这是个数学哲学的问题，数学是发明还是发现？所有的数学结论都已经蕴含在公理和假设里面，在这个意义下，任何新证明的定理也不算啥新奇的东西（surprise）。

② 关于"连续 vs 离散""模拟 vs 数字"，图灵在本文和更早的图灵-1948中多次提及，他倾向于"数字"与"离散"，但从来没展开讲过。这里说到的现象被后人称为"蝴蝶效应"或"雪崩效应"。详见"为什么是图灵"中"模拟 vs 数字，连续 vs 离散"一节。

在 3.12、3.13、3.14、3.15、3.16 之间随机选择，选择概率分别为（比方说）0.05、0.15、0.55、0.19、0.06。这样的话，提问者就很难分辨哪个是微分分析机，哪个是数字计算机。①

(8) 来自行为不规范性的争议

我们不可能总结出一套规则，囊括一个人在可想象的环境中的一切行为。比方说，我们可以设立一条规则：红灯停、绿灯行。但万一因为某种故障，红绿灯同时亮了呢？为了安全起见，我们也许会决定在红绿灯同时亮的时候"停"而不是"行"。但后续还会出现很多其他问题。要总结出一套覆盖所有可能性的规则，哪怕只是关于红绿灯的规则，似乎都是不可能的。这些看法我完全赞同。

因此人们争论说我们不可能成为机器。我试图重新论证我的观点，但老担心处理不好。或许可以这么说："如果每一个人都有一全套行事法则来制约他的生活，那么，人同机器就相差无几了。但实际上不存在这样的法则，因此，人不可能成为机器。"这里，很明显出现了中词不周延②的矛盾。我想平常没有人会这样去做论证，但我相信在这里实际上用的就是这样的论证。有人将"行事法则"和"行为规律"混为一谈③，因此使这个问题有点模糊不清。所谓"行事法则"，我指的是像"红灯

---

① 关于离散和连续的问题，实际上一直有两派观点，一派认为离散是连续的近似，另一派认为连续是离散的近似。世界是量子的，让我们必须秉持后一种观点，柯西和魏尔施特拉斯定义的严格连续性，实际上是一个数学上的便利，和物理世界不一定相符。有了严格的连续性，就可以做微积分，连续的微分要比离散的差分简单得多，微分的结果可以为计算差分带来洞见，在这个意义上，微分是差分的近似。更广义地，连续是离散的近似。图灵这里再度把连续和离散作为模仿游戏，可能是不想花太多时间争辩。详见"为什么是图灵"。
另外，麦卡洛克和皮茨合作的神经网络的工作 1943 年就发表了，并且引用了图灵-1936，他们的神经网络是离散的。图灵写此文时应该知道这项工作。

② 中词周延或中项周延（distributed middle）是三段论的要求。这里，中词不周延泛指逻辑矛盾。

③ 行事法则（rule）是人为的，而行为规律（law）是自然的。

停"这样的规则。对这类规则你能有意识地遵守。而所谓"行为规律",是指自然规律。拿我们自己的身体来举例的话,就像"如果你拧他一下,他就会叫唤"这样的规律。在上面的论证中,如果把"制约他的生活的行为规律"改为"制约他的生活的行事法则",那么,这个论证的逻辑矛盾就不会那么难以克服了。因为我们相信,用行为规律制约生活,意味着人在某种层面上就是机器(虽然不一定就是离散状态机)。反过来说,作为一台机器也就意味着受制于这些规律。然而,我们很难像否定全套的行事法则那样,轻易地否认全套的行为规律。只有通过科学的观察,才能发现这些规律。无论在何种情况下,我们都不会说:"我们做了足够的研究,不存在这种规律。"

我们可以找到有力的证据,证明这种说法是不正确的。假定这些规律存在,我们就能够找到它们。就一台离散状态机而言,我们应该可以在一个合理的期限,比方说在1000年之内,通过大量的观察找到规律并预测其未来的行为。其实不然,我曾在曼彻斯特计算机内输入了一个程序,仅仅用了1000个存储单元,给这台机器输入一个16位的数,机器在两秒钟内输出另一个数。我倒要看看有谁仅仅靠这些输出就能了解这个程序,对一个没试过的输入预测可能的输出。①

① 从输入输出来猜测程序本身,在图灵-1948中"被动性和主动性"一节中有更详细的讨论,这其实就是柯尔莫哥洛夫复杂性。

(9) 来自超感官知觉的争议

我想读者都熟悉超感官知觉的说法，它有四种方式，即心灵感应、超视觉、先知先觉和意念运动。这些令人不安的现象似乎在与通常的科学观念作对。我们多么不想承认这种说法呀！然而却存在着无可辩驳的统计证据，使人们至少对心灵感应不得不信。想要重新调整人们已有的观念从而接受这些新事物谈何容易。我们一旦接受了这些观念，离相信妖魔鬼怪也为期不远了。跨出的第一步就是相信我们的身体除了简单地按照已知的物理学规律运动外，同时还会受一些虽然未知但相近的规律影响。

这个论点在我看来十分有说服力。我们可以这样回答，许多科学理论尽管同超感官知觉有冲突，但在实际世界中却是可行的；事实上，人们如果漠视它，就可以相安无事。这种安慰于事无补，人们生怕思维与超感官知觉之间真有着特殊的联系。

基于超感官知觉，有一个更具体的论证："在模仿游戏中，让一个善于接受心灵感应的人和一台数字计算机作为证人。提问者可以这样问，例如'我右手中的那张牌是哪个花色？'，有心灵感应或超视觉的人在400张牌中可以猜对130张，而机器只能随机猜中104张左右。因此，提问者就能够正确判断了。"有意思的是，还存在另一种可能。假使这台数字计算机有一个随机数字生成程序，那么，它很自然就能利用这个程序作答。但是，这个随机数字生成程序又将被提问者意念运动的力量所支配。在意念运动的作用下，很有可能计算机猜对的次数比概率计算的还要高。结果就是提问者仍旧无法正确辨识。再换个角度思考，提问者不也可能有超视觉吗？甚至不用提问就能辨识机器与人。有了超感官知觉，一切皆有可能。

如果心灵感应被承认的话，那我们的游戏设定就得更严格一些。现在这个情景就好比提问者在屋子里自言自语，而隔壁的被提问者正竖着耳朵贴墙偷听。要是能让被提问者待在"防心灵感应室"里头，那么游戏的要求就都满足了。

7. 能学习的机器

读者可能会认为，我缺乏令人信服的正面论据来支持我的观点。否则的话，我何必大费周章地逐一反驳对立的观点中的矛盾呢？那么现在我就拿出我的证据。

先回到洛夫莱斯夫人的观点，她认为机器只能按我们的指示做事。有人可能会说，可以给机器"注入"一个想法，机器会在一定程度上做出反应，最后回归静态，就像一根被锤子敲击的钢琴弦一样。或者说，就像一个小于临界尺寸的原子反应堆：输入的概念就像从原子反应堆外部进入的中子。这些中子会引起一些干扰，最后逐渐消失。但是，如果原子反应堆的规模持续扩大，中子引起的干扰也很可能会持续增加，直到原子反应堆解体。人类的思维中是否存在对应的现象？机器呢？这样的现象在人类的思维中似乎是存在的，而且绝大多数处于"亚临界"状态，类似于处于亚临界尺寸的原子反应堆。一个概念输入这样的大脑中，输出的概念平均可能连一个都不到。只有一小部分处于超临界状态，进入其中的概念将会产生二级、三级以及越来越多的概念，最终形成一套完整的"理论"。动物的头脑显然是处于亚临界状态的。由于这种相似性，我们不得不问："是否可以使机器变成超临界？"

"洋葱皮"的比喻也许有用。研究思维或大脑的功能时，我们发现一些操作完全可以从纯机械的角度加以解释。这并不是真正的思维，而只是一层表皮。为了发掘真正的思维，我们必须把它像洋葱皮一样剥除。但在这时，我们发现剩下的洋葱头里，还有待剥的洋葱皮。这样一层一层剥下去，我们能够发现"真正的"思维吗？抑或最终发现，最后一层洋葱皮下面空空如也？果真若此，那么整个思维（大脑）就是机械的。（但不一定是离散状态机，我们已经讨论过这一点。）

上面的两段文字，与其说是令人信服的证明，倒不如说是"滋生信仰的背诵"。

第 6 节开头提出的观点，可能是唯一令人满意的论据，看来只能等到本世纪末再进行实验了。在此之前，我们能说点什么？要让这个实验成功，我们现在应该做点什么？

正如我所解释的，程序的编写是关键。工程上的进步也是必需的，而且看来它们完全可以满足要求。我们估计，大脑的存储容量在 10^{10} 位到 10^{15} 位之间。我个人倾向于较低的值，因为我认为只有很小一部分存储容量被用来进行高级的思维，其余的大部分可能用来保存视觉图像。我不认为模仿游戏需要的存储容量会超过 10^9 位，这至少足够对阵一位盲人了（注：第 11 版《大英百科全书》的容量为 2×10^9 位）。即使仅立足于目前的技术，10^7 位的存储容量已经可行了。也许，根本就不需要提高机器的执行速度。有一些模拟神经细胞的现代机器的速度极快，比神经细胞快 1000 倍。这样的"安全边际"可以补偿由各种因素导致的速度损失。接下来的主要问题就是找到给机器编程的方法，让它们能够完成游戏。现在我一天大概能编 1000 字的程序，那如果 60 个"码农"能在未来 50 年内稳定、高效、不浪费地工作，就有可能完成这项任务。也许会有更快捷的方法。

在模仿一个成人思维的时候，我们必须考虑它是怎样达到当前状态的。我们会发现有以下三个部分：

(a) 思维的初始状态，也就是出生时的状态

(b) 它所接受的教育

(c) 它的教育之外的经历

与其尝试设计一个程序模仿成人的思维，为何不试试模仿儿童的思维呢？如果它接受合适的教育，就可能成长为一个成人的大脑。一个儿童的大脑就像一本刚从文具店买来的笔记本，由简单的机制和许多空白页组成。（机制和在纸上写字在我们看来几乎是一样的。）我们希望儿童脑中只有极少的机制，这样编程要容易些。我们猜教育机器的工作量和教育一个人类儿童应该基本是一样的。①

这样一来，问题就被分解为了两个部分：设计一个儿童程序以及教育过程。这两者是联系紧密的。一下子就做出一个能模拟儿童的机器是不可能的。我们必须通过实验教学来研究机器的学习效果，接着再试验另一个程序并判断孰好孰坏。很明显，这个过程和人类进化有着明显的相关性，对比如下：

儿童模拟机的结构 = 遗传物质

儿童模拟机的变化 = 变异

自然选择 = 实验者的决定

---

① 图灵这里用儿童作为原始机器（或者儿童机器）的参照物。人类儿童可以通过受教育而增加知识，那么机器的儿童也可以。图灵用了 notebook 而没有用经验主义者常说的"白板"（英文 blank slate，拉丁文 tabula rasa），估计图灵不完全同意经验主义关于学习的说法，他们认为学习是记忆，这和图灵后面总结的几种学习不一样。"儿童机器"的能力是天生的，这和乔姆斯基语言能力是天生的观点吻合。

然而有人可能期待，这个过程会比人类自然进化快上许多。适者生存是测量优势的一个方法但很缓慢。实验者通过施加自己的智能，有可能加速这一过程。同样重要的是，实验者并不会局限于随机的变异。只要能够追踪到缺陷产生的原因，实验者或许就可以对症下药，通过一种变异去改良这种缺陷。

教育机器和教育正常儿童的过程不一定完全相同。例如，机器没有腿，因此不能要求它去给煤斗添煤。况且机器很可能也没有眼睛。不管聪明的工程师采取何种方法克服这些缺陷，只要是机器被送进人类的学校，肯定会被其他学生加以嘲笑。机器必须得到专门的指导才行。我们不需要把注意力过多地放在腿、眼等器官上。海伦·凯勒小姐的例子已经表明，只要老师和学生能够以某种方式进行双向的交流，教育就能进行。①

通常的教学过程是惩罚和奖励相结合的。我们可以利用这些原则，建造或编写简单的儿童机器。如果一个行动刚刚执行就受到惩罚，机器要能不再重复这个行动；而在接受奖励的时候，要能提高这个行动发生的概率。这些定义并不能预设机器的情绪。我对一台儿童机器进行了一些实验，而且教会了它一些东西。但是教育方法不太正规，所以还称不上成功。

惩罚和奖励最多只能作为机器教育过程的一部分。

---

① 机器不一定非得有特定的感知或行为能力才能学习，图灵举的例子是盲人海伦·凯勒（Helen Keller）。乔姆斯基在说明他的内部语言和外部语言之分时，也用海伦·凯勒作为例子。乔姆斯基的内部语言就是图灵机，而外部语言是需要感官和外部世界沟通的机制。盲人在丧失了最重要的感知能力视觉后，依然具备思维能力，这可以作为在某种程度上区分思维和感知的理由。详见"语言=思维吗"。

粗略地说，如果老师没有其他和学生交流的方式，学生接收到的信息量不会超过奖励和惩罚的总和。一个孩子要学会重复"Casabianca"这个词，一定会是个痛苦的经历。如果教学上只能通过"提二十个问题"的方法来传授这个词的话，每一个"No"都将是一个沉重的打击。因此应该寻找其他"非情绪化"的交流渠道。如果能够找到的话，那么就可以通过惩罚和奖励的方式，让机器学会服从某种语言发出的命令，例如符号语言。这些命令则通过"非情绪化"的渠道传达。这种语言的使用将会大大减少必需的惩罚和奖励的次数。①

什么样的复杂程度更适合儿童机器呢？不同的人会有不同的看法。有人主张在遵守普遍原则的前提下，越简单越好。另一种观点是嵌入一个完整的逻辑推理系统。在第二种情况下，大部分的存储空间将被用来存储定义和命题。这些命题可能具有各种各样的状态，例如，确定的事实、猜想、数学上证明的定理、权威给出的判断、具有命题逻辑形式却没有确定值的表达式，等等。一些命题可以被称为"命令"。机器的构造要使它能够在命令得到确定的时候，立即自动采取合适的行动。举个例子，如果老师对机器说"现在做家庭作业"，那么"老师说'现在做家庭作业'"将确定为事实。另一个事实可能是"老师说的一切都是对的"。把这两个事实结合，将会把

---

① 这里提到的遗传-变异的学习机制就是现代的遗传算法，而"惩罚与奖励"机制对应的恰是现代的强化学习。有意思的是遗传算法由约翰·霍兰最早提出，而霍兰的学生安德鲁·巴托（Andrew Barto）以及他的学生理查德·萨顿（Richard Sutton）是强化学习的先驱。

"现在做家庭作业"这个命令归为确定的事实之列。根据机器的建造规则,这意味着它将立即开始写家庭作业,而且结果会令人非常满意。机器的推理过程其实并不一定非得让最严格的逻辑学家满意。例如,机器中可能不存在类型的层次。即使如此,类型悖论出现的概率,也不会高过我们从未设栏杆的悬崖上摔下的概率。合理的命令(在系统内部表达,并不是系统规则的一部分)常常具有相似的效果,比如"不要使用一个类(class),除非它是老师提到的某个类的一个子类(subclass)"和"别离悬崖边太近"这两个命令有类似的效果。①

要让一台没有四肢的机器能够服从命令,这必然是智力层面的事,就像上面举的做家庭作业的例子。最重要的命令规定逻辑系统的规则以什么样的顺序执行,因为在这个系统的每个阶段,都会有大量不同的步骤可供选择。在遵守逻辑系统规则的情况下,选择任意一个都是允许的。这些选择可以区分智慧的推理者和愚昧的推理者,而不是区分正确或谬误。命令的命题可能会是这样:"当提到苏格拉底的时候,使用芭芭拉三段论"(Barbara syllogism)②或者"如果有一个方法被证明比其他方法快捷,不要用慢的方法"。这些命令一部分可能"来自权威",另一部分则来自机器本身,例如通过科学归纳。③

① 图灵和维特根斯坦讨论过数学悖论和非数学悖论的问题。例如,"桥塌了"是物理规律出了问题,还是数学中出了悖论。这里,类型论是数理逻辑的一个分支。图灵在此提及可能是因为他此时正在和学生罗宾·甘迪合作类型论和集合论的工作。逻辑悖论属于数学的,而"从悬崖边掉下去"属于物理的。详见"图灵 vs 维特根斯坦"。

② 所谓"芭芭拉三段论"是指"所有人都必死,所有希腊人是人,故所有希腊人必死"。在逻辑教科书里,常说"所有人必死,苏格拉底是人,故苏格拉底必死"。

③ 图灵此处的思想已经接近美国实用主义。实用主义创始人皮尔士(1839—1914)把人类的认知模式的演进分为固执、权威、理性(先验)和科学。固执、权威和先验本质上是一样的,而科学是可以试错的。事实上,波普尔的证伪和库恩的科学革命都可以从皮尔士的科学方法中推演出来。图灵此处的科学归纳法甚似实用主义。我们可以说遵循逻辑的专家系统是"权威"的,而现代的深度神经网络则使机器自身具备了学习能力。

一些读者可能会觉得会学习的机器这个想法有些自相矛盾。机器运行的规则怎能随意改变？这些规则应该完整地描述机器会做出何种反应，无论它的历史如何，无论它将经历什么样的变化。因此，规则应该是不太会随时间变化的。基本上是这样。对这个悖论的解释是，在学习过程中改变的规则都是那些不太重要且临时的规则。读者可以拿美国宪法做个比较。①

能学习的机器有一个重要的特点，它的老师通常不关心机器内部发生了什么变化，尽管在一定程度上能预测学生的行为。在设计精良的儿童计算机（或程序）的后期教育上更应该如此。这和机器计算时使用的常规操作程序形成了鲜明的对比，计算时的目标是对机器在任意时刻的状态有清晰的了解。这个目标很难达到。"机器只能按我们的指令行动"②的观点在这里就说不过去了。我们输入机器的大部分程序将导致机器执行一些我们无法完全理解的事，或者在我们看来完全随机的事。智能行为和计算中完全服从命令的行为可能有些不同，但这种区别不大，不至于产生随机行为或是无意义的循环。另外还有一点非常重要，当我们的机器通过教与学的方式"备战"模仿游戏时，"人类不靠谱"的特点很可能被自然地忽略，也就是不再需要专门的"辅导"。（读者应该将此与本文第24、25页上描述的观点调和一下。）学到的方法很难产生百分之百确定的结果；如果可以的话，

---

① 在通用计算机，或通用图灵机中，程序是和数据一样被对待的，数据可以被改变，程序当然也可以被改变。爱达（即洛夫莱斯夫人）在给巴贝奇分析机写的注释中提到机器就是执行给定的指令或者程序，所以机器不会学习。在这个意义上，爱达隐含地假设了机器的程序不能被改变，故而机器不具有创造性。在对爱达的回应一节中，图灵指出巴贝奇的分析机实际上已经是通用计算机了，即程序可以被当作数据，所以机器是可以学习的，但图灵把详细讨论延迟至此节。所谓"美国宪法"，这是图灵的幽默：美国宪法都可以通过修正案来修改，还有什么东西是不能改的呢？像那时的大部分英国人一样，图灵对美国的一切都看不惯或看不起，详见"谁是图灵"。

② 图灵原注：Compare Lady Lovelace's statement (p. 450), which does not contain the word 'only'. （与洛夫莱斯夫人的原文比较（第450页（译注：第6节开始）），她的原话并没有"只能"）。

那么这些方法就不会被遗忘了。①

在一个能学习的机器中加入随机元素也许是个明智的做法。随机元素可以帮助我们寻找问题的答案。例如我们想找一个介于 50 和 200 之间的数，这个数的值等于它的各个数字的和的二次方。我们可以从 51 开始，再到 52，一直试验下去，直到找到满足条件的数。另一个方法是随机抽选，直到找到满足条件的数。这个方法的

---

① 图灵这里还是比较偏重监督式学习，因为这更容易理解。后面提到的随机性并非学习特有。现代对随机性的理解比图灵时代要加深刻。图灵提到的几种学习机制可以梳理为如下几种思路。
1. 学习是拟合。也就是输入一堆点，输出一个拟合函数，可以在一个令人满意的情况下拟合近乎所有的点。所谓训练就是拟合的过程。拟合函数可以预测。这样，学习的目的就是一个经济的考虑。在表示上，一个拟合函数比一堆点更加经济。深度学习是拟合的一种手段。当神经网络的层次足够多时，可以拟合任意连续函数。神经网络的深度和宽度的关系是一个有意义的问题。
2. 学习是泛化（generalization）。这和"拟合"的概念接近，但输入不仅仅是点，也可以是一些程序。"拟合"和"泛化"都要承受后面更多点的检验。机器定理证明中一项重要的技术是 term indexing，其中一个步骤叫作 subsumption，其原理为：当证明出一个中间结果，例如 F(x)，那么以前保留的 instance，如 F(a) 等，都可以删掉，因为 F(x) 是 F(a) 的泛化，特例没必要保存。这也是效率和经济（时间和空间）的考虑。代数从我们熟知的整数和实数扩展到群环域，泛化后成立的公式肯定在具体的数域也成立，但泛化可能更简单，更容易看到本质，伽罗瓦理论就是例子。
3. 学习是解释。解释就是用一个小的更加经济的东西去拟合一个大的更复杂的东西。在这个意义上，解释与压缩的区别是：压缩是基于数据的、是外延式的、集合论的；而解释是内涵式的、概念论的。
4. 学习是抽象（abstraction）。给定一个理论或多个理论，可以输出这个理论的元理论。这和 turtle all the way down 的说法类似。一个知识论的例子是从物理，到数学，到逻辑，到元逻辑的逐步抽象。每一个"元"层次可以解释上面的层次，同时更加经济。这和泛化有些类似。当然，这不只是经济的考虑了，还有一个意思是社会分工。因为知识爆炸导致知识负担（knowledge burden），需要学习的社会化。必须把知识分类分层，然后社会化分工，才能进步。知识图谱的进化在这个意义上，也可以看作一种学习。
5. 学习是压缩（compression）。输入是一堆点，输出是一个机器（程序）。也就是一堆点被压缩成了一个程序，这个程序可以描述这一堆点。如果我们把这一堆点当作对象，那么可以把这个程序当作理论。一个程序肯定比一堆点更加经济，也更加具有可解释性。一个可以应用于此的工具是柯尔莫哥洛夫复杂性或者所罗门诺夫归纳，也就是描述一堆点的最小的程序的长度。柯尔莫哥洛夫复杂性可以探索对象和理论的复杂性关系。压缩具有更加严格的理论基础。如果我们认为一个程序（广义递归函数）就是一个通常意义的函数的话，按照所罗门诺夫的说法，所有的学习都可以还原为所罗门诺夫归纳，包括我们这里考虑的拟合、泛化、解释、抽象。大语言模型也被看作压缩。事实上，真有人在拿大语言模型做压缩（见李明等，A Theory of Human-like Few-shot Learning），效果要好于已知的压缩算法，这倒不令人惊奇，霍夫曼编码和算术编码都可以看作所罗门诺夫归纳，大语言模型对 token 的概率预测肯定要好于一般的压缩算法。

优点是不需要记录已经验算过的数值，但缺点是可能会出现重复计算。当题目有多解的时候，这个缺陷就被弱化了。系统化方法有一个缺点，那就是在很大一个区间内很有可能不存在解，但我们却仍然需要一一验证。现在的学习过程可以看成在寻找一个能够满足老师的要求（或其他的标准）的行为规则。由于可能存在大量的解，随机的方法可能优于系统化的方法。在类似进化的过程中，也用到了随机的方法，系统化的方法是行不通的。那么我们得思考，应该如何记录已经试验过的不同的基因组合以避免重复的无用功呢？

最终我们可能希望看到，机器能够在纯粹智力领域和人类一较高下。但是从什么领域开始呢？这也是个难题。许多人建议选择抽象的项目最好，例如国际象棋。也有人认为要给机器提供能买得到的最好的传感器，再培养它理解和学说英语。这个过程和教一个正常的孩子是一样的。我们会告诉它们，这是什么，那是什么，等等。我仍然不知道正确的答案是什么，但是我想这两种方法都应该试试。

虽然我们只能看到不远的前方，但我们要做的事情很多（前路近可至，百事不宜迟。）

参考文献 ①

Samuel Butler, Erewhon, London, 1865. Chapters 23, 24, 25, *The Book of the Machines*.

Alonzo Church, "An Unsolvable Problem of Elementary Number Theory", *American J. of Math.*, 58 (1936), 345-363.

K. Gödel, "Über formal unentscheidbare Sätze der Principia Mathematica und verwandter Systeme, I", *Monatshefte für Math. und Phys.*, (1931), 173-198.

D. R. Hartree, *Calculating Instruments and Machines*, New York, 1949.

S. C. Kleene, "General Recursive Functions of Natural Numbers", *American J. of Math.*, 57 (1935), 153-173 and 219-244.

G. Jefferson, "The Mind of Mechanical Man". Lister Oration for 1949. *British Medical Journal,* vol. i (1949), 1105-1121.

---

① 图灵列出9篇参考文献，其中丘奇、哥德尔、克里尼和图灵的4篇都是关于逻辑和可计算性理论的。洛夫莱斯夫人（即爱达）的一篇是为巴贝奇的分析机笔记写的注释。

作为数值分析的开拓者，哈特里的《计算仪器与机器》一书的最后一章的标题就是 High-Speed Automatic Digital Machines and Numerical Analysis。他同时指导了剑桥和曼彻斯特大学的计算机研制。他也影响了 NPL 计算机的计划。顺便说，是古德斯坦和冯诺依曼在火车站的偶遇引发了冯诺依曼晚年对计算机的兴趣。他对数字计算机之前的模拟计算机也有深刻的知识和广博的经验。

杰弗逊的李斯特演讲"机器人之心"的开头引用了他的精神病学家同行休林斯·杰克逊的话"那些拒绝超越事实的人很少能达到事实的本质"（those who refuse to go beyond fact rarely get as far as fact），作为对数学家和物理学家入侵他的地盘的宽恕，他认为数学家和物理学家们超越了事实。

杰弗逊的文章参考了笛卡儿的说法，即区别机器和猴子要比区别机器和人更难，他引用笛卡儿的原话："由此可知，在道德上，机器不具备足够的多样性，无法对现实生活中出现的所有情况做出像我们人类凭理性才能做出的反应。通过这些方式，我们可以区别人和动物。"（Descartes concluded: "From which it comes that it is morally impossible that there be enough diversity in a machine for it to be able to act in all the occurrences of life in the same way that our reason would cause us to act. By these means we can recognize the difference between man and beasts."）这也是有人认为应该用"笛卡儿测试"替代"图灵测试"的依据。

杰弗逊了解 ENIAC（但很明显他把 ENIAC 和 EDVAC 搞混了）和曼彻斯特机器，甚至知道机器可以编程而不是重建（"programming" without rebuilding）。杰弗逊熟悉 McCulloch-Pitts 神经网络的工作，他把计算机和神经网络等都归为"现代自动机"（modern automata）。他在写演讲稿时，刚刚读了维纳新出版的《控制论》。基于现在的史料，杰弗逊即使没读过图灵-1948，至少也知道图灵关于智能机器的工作的哲学立场。

Countess of Lovelace, 'Translator's notes to an article on Babbage's Analytical Engine', *Scientific Memoirs* (ed. by R. Taylor), vol. 3 (1842), 691-731.

Bertrand Russell, *History of Western Philosophy,* London, 1940.

A. M. Turing, "On Computable Numbers, with an Application to the Entscheidungsproblem", *Proc. London Math. Soc.* (2), 42 (1937), 230-265.

于维多利亚曼彻斯特大学[1]

---

[1] 就是现在的曼彻斯特大学。

Computing Machinery and Intelligence

By A. M. Turing

1. The Imitation Game

2. Critique of the New Problem

3. The Machines Concerned in the Game

4. Digital Computers

5. Universality of Digital Computers

6. Contrary Views on the Main Question

   (1) The Theological Objection

   (2) The 'Heads in the Sand' Objection

   (3) The Mathematical Objection

   (4) The Argument from Consciousness

   (5) Arguments from Various Disabilities

   (6) Lady Lovelace's Objection

   (7) Argument from Continuity in the Nervous System

   (8) The Argument from Informality of Behaviour

   (9) The Argument from Extra-Sensory Perception

7. Learning Machines

1. The Imitation Game

I propose to consider the question, 'Can machines think?' This should begin with definitions of the meaning of the terms 'machine' and 'think'. The definitions might be framed so as to reflect so far as possible the normal use of the words, but this attitude is dangerous. If the meaning of the words 'machine' and 'think' are to be found by examining how they are commonly used it is difficult to escape the conclusion that the meaning and the answer to the question, 'Can machines think?' is to be sought in a statistical survey such as a Gallup poll. But this is absurd. Instead of attempting such a definition I shall replace the question by another, which is closely related to it and is expressed in relatively unambiguous words.

The new form of the problem can be described in terms of a game which we call the 'imitation game'. It is played with three people, a man (A), a woman (B), and an interrogator (C) who may be of either sex. The interrogator stays in a room apart from the other two. The object of the game for the interrogator is to determine which of the other two is the man and which is the woman. He knows them by labels X and Y, and at the end of the game he says either 'X is A and Y is B' or 'X is B and Y is A'. The interrogator is allowed to put questions to A and B thus:

C: Will X please tell me the length of his or her hair?

Now suppose X is actually A, then A must answer. It is A's object in the game to try and cause C to make the wrong identification. His answer might therefore be: 'My hair is shingled, and the longest strands are about nine inches long.'

In order that tones of voice may not help the interrogator the answers should be written, or better still, typewritten. The ideal arrangement is to have a teleprinter communicating between the two rooms. Alternatively the question and answers can be repeated by an intermediary. The object of the game for the third player (B) is to help the interrogator. The best strategy for her is probably to give truthful answers. She can add such things as 'I am the woman, don't listen to him!' to her answers, but it will avail nothing as the man can make similar remarks.

We now ask the question, 'What will happen when a machine takes the part of A in this game?' Will the interrogator decide wrongly as often when the game is played like this as he does when the game is played between a man and a woman? These questions replace our original, 'Can machines think?'

2. Critique of the New Problem

As well as asking, 'What is the answer to this new form of the question', one may ask, 'Is this new question a worthy one to investigate?' This latter question we investigate without further ado, thereby cutting short an infinite regress. The new problem has the advantage of drawing a fairly sharp line between the physical and the intellectual capacities of a man. No engineer or chemist claims to be able to produce a material which is indistinguishable from the human skin. It is possible that at some time this might be done, but even supposing this invention available we should feel there was little point in trying to make a 'thinking machine' more human by dressing it up in such artificial flesh. The form in which we have set the problem reflects this fact in the condition which prevents the interrogator from seeing or touching the other competitors, or hearing their voices. Some other advantages of the proposed criterion may be shown up by specimen questions and answers. Thus:

> Q: Please write me a sonnet on the subject of the Forth Bridge.
>
> A : Count me out on this one. I never could write poetry.
>
> Q: Add 34957 to 70764.
>
> A: (Pause about 30 seconds and then give as answer) 105621.
>
> Q: Do you play chess?
>
> A: Yes.
>
> Q: I have K at my K1, and no other pieces. You have only K at K6 and R at R1. It is your move. What do you play?
>
> A: (After a pause of 15 seconds) R-R8 mate.

The question and answer method seems to be suitable for introducing almost any one of the fields of human endeavour that we wish to include. We do not wish to penalise the machine for its inability to shine in beauty competitions, nor to penalise a man for losing in a race against an aeroplane. The conditions of our game make these disabilities irrelevant. The 'witnesses' can brag, if they consider it advisable, as much as they please about their charms, strength or heroism, but the interrogator cannot demand practical demonstrations.

The game may perhaps be criticised on the ground that the odds are weighted too heavily against the machine. If the man were to try and pretend to be the machine he would clearly make a very poor showing. He would be given away at once by slowness and inaccuracy in arithmetic. May not machines carry out something which ought to be described as thinking but which is very different from what a man does? This objection is a very strong one, but at least we can say that if, nevertheless, a machine can be constructed to play the imitation game satisfactorily, we need not be troubled by this objection.

It might be urged that when playing the 'imitation game' the best strategy for the machine may possibly be something other than imitation of the behaviour of a man. This may be, but I think it is unlikely that there is any great effect of this kind. In any case there is no intention to investigate here the theory of the game, and it will be assumed that the best strategy is to try to provide answers that would naturally be given by a man.

3. The Machines Concerned in the Game

The question which we put in §1 will not be quite definite until we have specified what we mean by the word 'machine'. It is natural that we should wish to permit every kind of engineering technique to be used in our machines. We also wish to allow the possibility than an engineer or team of engineers may construct a machine which works, but whose manner of operation cannot be satisfactorily described by its constructors because they have applied a method which is largely experimental. Finally, we wish to exclude from the machines men born in the usual manner. It is difficult to frame the definitions so as to satisfy these three conditions. One might for instance insist that the team of engineers should be all of one sex, but this would not really be satisfactory, for it is probably possible to rear a complete individual from a single cell of the skin (say) of a man. To do so would be a feat of biological technique deserving of the very highest praise, but we would not be inclined to regard it as a case of 'constructing a thinking machine'. This prompts us to abandon the requirement that every kind of technique should be permitted. We are the more ready to do so in view of the fact that the present interest in 'thinking machines' has been aroused by a particular kind of machine, usually called an 'electronic computer' or 'digital computer'. Following this suggestion we only permit digital computers to take part in our game.

This restriction appears at first sight to be a very drastic one. I shall attempt to show that it is not so in reality. To do this necessitates a short account of the nature and properties of these computers.

It may also be said that this identification of machines with digital computers, like our criterion for 'thinking', will only be unsatisfactory if (contrary to my belief), it turns out that digital computers are unable to give a good showing in the game.

There are already a number of digital computers in working order, and it may be asked, 'Why not try the experiment straight away? It would be easy to satisfy the conditions of the game. A number of interrogators could be used, and statistics compiled to show how often the right identification was given.' The short answer is that we are not asking whether all digital computers would do well in the game nor whether the computers at present available would do well, but whether there are imaginable computers which would do well. But this is only the short answer. We shall see this question in a different light later.

4. Digital Computers

The idea behind digital computers may be explained by saying that these machines are intended to carry out any operations which could be done by a human computer. The human computer is supposed to be following fixed rules; he has no authority to deviate from them in any detail. We may suppose that these rules are supplied in a book, which is altered whenever he is put on to a new job. He has also an unlimited supply of paper on which he does his calculations. He may also do his multiplications and additions on a 'desk machine', but this is not important.

If we use the above explanation as a definition we shall be in danger of circularity of argument. We avoid this by giving an outline of the means by which the desired effect is achieved. A digital computer can usually be regarded as consisting of three parts:

(i) Store.
(ii) Executive unit.
(iii) Control.

The store is a store of information, and corresponds to the human computer's paper, whether this is the paper on which he does his calculations or that on which his book of rules is printed. In so far as the human computer does calculations in his head a part of the store will correspond to his memory.

The executive unit is the part which carries out the various individual operations involved in a calculation. What these individual operations are will vary from machine to machine. Usually fairly lengthy operations can be done such as 'Multiply 3540675445 by 7076345687' but in some machines only very simple ones such as 'Write down 0' are possible.

We have mentioned that the 'book of rules' supplied to the computer is replaced in the machine by a part of the store. It is then called the 'table of instructions'. It is the duty of the control to see that these instructions are obeyed correctly and in the right order. The control is so constructed that this necessarily happens.

The information in the store is usually broken up into packets of moderately small size. In one machine, for instance, a packet might consist of ten decimal digits. Numbers are assigned to the parts of the store in which the various packets of information are stored, in some systematic manner. A typical instruction might say—

'Add the number stored in position 6809 to that in 4302 and put the result back into the latter storage position'.

Needless to say it would not occur in the machine expressed in English. It would more likely be coded in a form such as 6809430217. Here 17 says which of various possible operations is to be performed on the two numbers. In this case the operation is that described above, viz. 'Add the number....' It will be noticed that the instruction takes up 10 digits and so forms one packet of information, very conveniently. The control will normally take the instructions to be obeyed in the order of the positions in which they are stored, but occasionally an instruction such as 'Now obey the instruction stored in position 5606, and continue from there' may be encountered, or again 'If position 4505 contains 0 obey next the instruction stored in 6707, otherwise continue straight on.'

Instructions of these latter types are very important because they make it possible for a sequence of operations to be repeated over and over again until some condition is fulfilled, but in doing so to obey, not fresh instructions on each repetition, but the same ones over and over again. To take a domestic analogy. Suppose Mother wants Tommy to call at the cobbler's every morning on his way to school to see if her shoes are done, she can ask him afresh every morning. Alternatively she can stick up a notice once and for all in the hall which he will see when he leaves for school and which tells him to call for the shoes, and also to destroy the notice when he comes back if he has the shoes with him.

The reader must accept it as a fact that digital computers can be constructed, and indeed have been constructed, according to the principles we have described, and that they can in fact mimic the actions of a human computer very closely.

The book of rules which we have described our human computer as using is of course a convenient fiction. Actual human computers really remember what they have got to do. If one wants to make a machine mimic the behaviour of the human computer in some complex operation one has to ask him how it is done, and then translate the answer into the form of an instruction table. Constructing instruction tables is usually described as 'programming'. To 'programme a machine to carry out the operation A' means to put the appropriate instruction table into the machine so that it will do A.

An interesting variant on the idea of a digital computer is a 'digital computer with a random element'. These have instructions involving the throwing of a die or some equivalent electronic process; one such instruction might for instance be, 'Throw the die and put the resulting number into store 1000'. Sometimes such a machine is described as having free will (though I would not use this phrase myself). It is not normally possible to determine from observing a machine whether it has a random element, for a similar effect can be produced by such devices as making the choices depend on the digits of the decimal for π.

Most actual digital computers have only a finite store. There is no theoretical difficulty in the idea of a computer with an unlimited store. Of course only a finite part can have been used at any one time. Likewise only a finite amount can have been constructed, but we can imagine more and more being added as required. Such computers have special theoretical interest and will be called infinitive capacity computers.

The idea of a digital computer is an old one. Charles Babbage, Lucasian Professor of Mathematics at Cambridge from 1828 to 1839, planned such a machine, called the Analytical Engine, but it was never completed. Although Babbage had all the essential ideas, his machine was not at that time such a very attractive prospect. The speed which would have been available would be definitely faster than a human computer but something like 100 times slower than the Manchester machine, itself one of the slower of the modern machines. The storage was to be purely mechanical, using wheels and cards.

The fact that Babbage's Analytical Engine was to be entirely mechanical will help us to rid ourselves of a superstition. Importance is often attached to the fact that modern digital computers are electrical, and that the nervous system also is electrical. Since Babbage's machine was not electrical, and since all digital computers are in a sense equivalent, we see that this use of electricity cannot be of theoretical importance. Of course electricity usually comes in where fast signalling is concerned, so that it is not surprising that we find it in both these connections. In the nervous system chemical phenomena are at least as important as electrical. In certain computers the storage system is mainly acoustic. The feature of using electricity is thus seen to be only a very superficial similarity. If we wish to find such similarities we should look rather for mathematical analogies of function.

5. Universality of Digital Computers

The digital computers considered in the last section may be classified amongst the 'discrete-state machines'. These are the machines which move by sudden jumps or clicks from one quite definite state to another. These states are sufficiently different for the possibility of confusion between them to be ignored. Strictly speaking there are no such machines. Everything really moves continuously. But there are many kinds of machine which can profitably be thought of as being discrete-state machines. For instance in considering the switches for a lighting system it is a convenient fiction that each switch must be definitely on or definitely off. There must be intermediate positions, but for most purposes we can forget about them. As an example of a discrete-state machine we might consider a wheel which clicks round through 120° once a second, but may be stopped by a lever which can be operated from outside; in addition a lamp is to light in one of the positions of the wheel.

This machine could be described abstractly as follows. The internal state of the machine (which is described by the position of the wheel) may be q_1, q_2 or q_3. There is an input signal i_0 or i_1 (position of lever). The internal state at any moment is determined by the last state and input signal according to the table

		Last State		
		q_1	q_2	q_3
input	i_0	q_2	q_3	q_1
	i_1	q_1	q_2	q_3

The output signals, the only externally visible indication of the internal state (the light) are described by the table

State	q_1	q_2	q_3
Output	o_0	o_0	o_1

This example is typical of discrete-state machines. They can be described by such tables provided they have only a finite number of possible states.

It will seem that given the initial state of the machine and the input signals it is always possible to predict all future states. This is reminiscent of Laplace's view that from the complete state of the universe at one moment of time, as described by the positions and velocities of all particles, it should be possible to predict all future states. The prediction which we are considering is, however, rather nearer to practicability than that considered by Laplace. The system of the 'universe as a whole' is such that quite small errors in the initial conditions can have an overwhelming effect at a later time. The displacement of a single electron by a billionth of a centimetre at one moment might make the difference between a man being killed by an avalanche a year later, or escaping. It is an essential property of the mechanical systems which we have called 'discrete-state machines' that this phenomenon does not occur. Even when we consider the actual physical machines instead of the idealised machines, reasonably accurate knowledge of the state at one moment yields reasonably accurate knowledge any number of steps later.

As we have mentioned, digital computers fall within the class of discrete-state machines. But the number of states of which such a machine is capable is usually enormously large. For instance, the number for the machine now working at Manchester is about $2^{165,000}$, i.e. about $10^{50,000}$. Compare this with our example of the clicking wheel described above, which had three states. It is not difficult to see why the number of states should be so immense. The computer includes a store corresponding to the paper used by a human computer. It must be possible to write into the store any one of the combinations of symbols which might have been written on the paper. For simplicity suppose that only digits from 0 to 9 are used as symbols. Variations in handwriting are ignored. Suppose the computer is allowed 100 sheets of paper each containing 50 lines each with room for 30 digits. Then the number of states is $10^{100 \times 50 \times 30}$, i.e. $10^{150,000}$. This is about the number of states of three Manchester machines put together. The logarithm to the base two of the number of states is usually called the 'storage capacity' of the machine. Thus the Manchester machine has a storage capacity of about 165,000 and the wheel machine of our example about 1.6. If two machines are put together their capacities must be added to obtain the capacity of the resultant machine. This leads to the possibility of statements such as 'The Manchester machine contains 64 magnetic tracks each with a capacity of 2560, eight electronic tubes with a capacity of 1280. Miscellaneous storage amounts to about 300 making a total of 174,380.'

Given the table corresponding to a discrete-state machine it is possible to predict what it will do. There is no reason why this calculation should not be carried out by means of a digital computer. Provided it could be carried out sufficiently quickly the digital computer could mimic the behaviour of any discrete-state machine. The imitation game could then be played with the machine in question (as B) and the mimicking digital computer (as A) and the interrogator would be unable to distinguish them. Of course the digital computer must have an adequate storage capacity as well as working sufficiently fast. Moreover, it must be programmed afresh for each new machine which it is desired to mimic.

This special property of digital computers, that they can mimic any discrete-state machine, is described by saying that they are *universal* machines. The existence of machines with this property has the important consequence that, considerations of speed apart, it is unnecessary to design various new machines to do various computing processes. They can all be done with one digital computer, suitably programmed for each case. It will be seen that as a consequence of this all digital computers are in a sense equivalent.

We may now consider again the point raised at the end of §3. It was suggested tentatively that the question, 'Can machines think?' should be replaced by 'Are there imaginable digital computers which would do well in the imitation game?' If we wish we can make this superficially more general and ask 'Are there discrete-state machines which would do well?' But in view of the universality property we see that either of these questions is equivalent to this, 'Let us fix our attention on one particular digital computer C. Is it true that by modifying this computer to have an adequate storage, suitably increasing its speed of action, and providing it with an appropriate programme, C can be made to play satisfactorily the part of A in the imitation game, the part of B being taken by a man?'

6. Contrary Views on the Main Question

We may now consider the ground to have been cleared and we are ready to proceed to the debate on our question, 'Can machines think?' and the variant of it quoted at the end of the last section. We cannot altogether abandon the original form of the problem, for opinions will differ as to the appropriateness of the substitution and we must at least listen to what has to be said in this connexion.

It will simplify matters for the reader if I explain first my own beliefs in the matter. Consider first the more accurate form of the question. I believe that in about fifty years' time it will be possible to programme computers, with a storage capacity of about 10^9, to make them play the imitation game so well that an average interrogator will not have more than 70 per cent chance of making the right identification after five minutes of questioning. The original question, 'Can machines think?' I believe to be too meaningless to deserve discussion. Nevertheless I believe that at the end of the century the use of words and general educated opinion will have altered so much that one will be able to speak of machines thinking without expecting to be contradicted. I believe further that no useful purpose is served by concealing these beliefs. The popular view that scientists proceed inexorably from well-established fact to well-established fact, never being influenced by any unproved conjecture, is quite mistaken. Provided it is made clear which are proved facts and which are conjectures, no harm can result. Conjectures are of great importance since they suggest useful lines of research.

I now proceed to consider opinions opposed to my own.

(1) The Theological Objection

Thinking is a function of man's immortal soul. God has given an immortal soul to every man and woman, but not to any other animal or to machines. Hence no animal or machine can think.

I am unable to accept any part of this, but will attempt to reply in theological terms. I should find the argument more convincing if animals were classed with men, for there is a greater difference, to my mind, between the typical animate and the inanimate than there is between man and the other animals. The arbitrary character of the orthodox view becomes clearer if we consider how it might appear to a member of some other religious community. But let us leave this point aside and return to the main argument. It appears to me that the argument quoted above implies a serious restriction of the omnipotence of the Almighty. It is admitted that there are certain things that He cannot do such as making one equal to two, but should we not believe that He has freedom to confer a soul on an elephant if He sees fit? We might expect that He would only exercise this power in conjunction with a mutation which provided the elephant with an appropriately improved brain to minister to the needs of this soul. An argument of exactly similar form may be made for the case of machines. It may seem different because it is more difficult to "swallow". But this really only means that we think it would be less likely that He would consider the circumstances suitable for conferring a soul. The circumstances in question are discussed in the rest of this paper. In attempting to construct such machines we should not be irreverently usurping His power of creating souls, any more than we are in the procreation of children: rather we are, in either case, instruments of His will providing mansions for the souls that He creates.

However, this is mere speculation. I am not very impressed with theological arguments whatever they may be used to support. Such arguments have often been found unsatisfactory in the past. In the time of Galileo it was argued that the texts, "And the sun stood still . . . and hasted not to go down about a whole day" (Joshua x. 13) and "He laid the foundations of the earth, that it should not move at any time" (Psalm cv. 5) were an adequate refutation of the Copernican theory. With our present knowledge such an argument appears futile. When that knowledge was not available it made a quite different impression.

(2) The 'Heads in the Sand' Objection

"The consequences of machines thinking would be too dreadful. Let us hope and believe that they cannot do so."

This argument is seldom expressed quite so openly as in the form above. But it affects most of us who think about it at all. We like to believe that Man is in some subtle way superior to the rest of creation. It is best if he can be shown to be necessarily superior, for then there is no danger of him losing his commanding position. The popularity of the theological argument is clearly connected with this feeling. It is likely to be quite strong in intellectual people, since they value the power of thinking more highly than others, and are more inclined to base their belief in the superiority of Man on this power.

I do not think that this argument is sufficiently substantial to require refutation. Consolation would be more appropriate: perhaps this should be sought in the transmigration of souls.

(3) The Mathematical Objection

There are a number of results of mathematical logic which can be used to show that there are limitations to the powers of discrete-state machines. The best known of these results is known as Gödel's theorem, and shows that in any sufficiently powerful logical system statements can be formulated which can neither be proved nor disproved within the system, unless possibly the system itself is inconsistent. There are other, in some respects similar, results due to Church, Kleene, Rosser, and Turing. The latter result is the most convenient to consider, since it refers directly to machines, whereas the others can only be used in a comparatively indirect argument: for instance if Gödel's theorem is to be used we need in addition to have some means of describing logical systems in terms of machines, and machines in terms of logical systems. The result in question refers to a type of machine which is essentially a digital computer with an infinite capacity. It states that there are certain things that such a machine cannot do. If it is rigged up to give answers to questions as in the imitation game, there will be some questions to which it will either give a wrong answer, or fail to give an answer at all however much time is allowed for a reply. There may, of course, be many such questions, and questions which cannot be answered by one machine may be satisfactorily answered by another. We are of course supposing for the present that the questions are of the kind to which an answer 'Yes' or 'No' is appropriate, rather than questions such as 'What do you think of Picasso?' The questions that we know the machines must fail on are of this type, "Consider the machine specified as follows.... Will this machine ever answer 'Yes' to any question?" The dots are to be replaced by a description of some machine in a standard form, which could be something like that used in §5. When the machine described bears a certain comparatively simple relation to the machine which is under interrogation, it can be shown that the answer is either wrong or not forthcoming. This is the mathematical result: it is argued that it proves a disability of machines to which the human intellect is not subject.

The short answer to this argument is that although it is established that there are limitations to the powers of any particular machine, it has only been stated, without any sort of proof, that no such limitations apply to the human intellect. But I do not think this view can be dismissed quite so lightly. Whenever one of these machines is asked the appropriate critical question, and gives a definite answer, we know that this answer must be wrong, and this gives us a certain feeling of superiority. Is this feeling illusory? It is no doubt quite genuine, but I do not think too much importance should be attached to it. We too often give wrong answers to questions ourselves to be justified in being very pleased at such evidence of fallibility on the part of the machines. Further, our superiority can only be felt on such an occasion in relation to the one machine over which we have scored our petty triumph. There would be no question of triumphing simultaneously over all machines. In short, then, there might be men cleverer than any given machine, but then again there might be other machines cleverer again, and so on.

Those who hold to the mathematical argument would, I think, mostly be willing to accept the imitation game as a basis for discussion. Those who believe in the two previous objections would probably not be interested in any criteria.

(4) The Argument from Consciousness

This argument is very well expressed in Professor Jefferson's Lister Oration for 1949, from which I quote. "Not until a machine can write a sonnet or compose a concerto because of thoughts and emotions felt, and not by the chance fall of symbols, could we agree that machine equals brain—that is, not only write it but know that it had written it. No mechanism could feel (and not merely artificially signal, an easy contrivance) pleasure at its successes, grief when its valves fuse, be warmed by flattery, be made miserable by its mistakes, be charmed by sex, be angry or depressed when it cannot get what it wants."

This argument appears to be a denial of the validity of our test. According to the most extreme form of this view the only way by which one could be sure that a machine thinks is to be the machine and to feel oneself thinking. One could then describe these feelings to the world, but of course no one would be justified in taking any notice. Likewise according to this view the only way to know that a man thinks is to be that particular man. It is in fact the solipsist point of view. It may be the most logical view to hold but it makes communication of ideas difficult. A is liable to believe 'A thinks but B does not' whilst B believes 'B thinks but A does not'. Instead of arguing continually over this point it is usual to have the polite convention that everyone thinks.

I am sure that Professor Jefferson does not wish to adopt the extreme and solipsist point of view. Probably he would be quite willing to accept the imitation game as a test. The game (with the player B omitted) is frequently used in practice under the name of viva voce to discover whether some one really understands something or has 'learnt it parrot fashion'. Let us listen in to a part of such a viva voce:

Interrogator: In the first line of your sonnet which reads 'Shall I compare thee to a summer's day', would not 'a spring day' do as well or better?

Witness: It wouldn't scan.

Interrogator: How about 'a winter's day' That would scan all right.

Witness: Yes, but nobody wants to be compared to a winter's day.

Interrogator: Would you say Mr. Pickwick reminded you of Christmas?

Witness: In a way.

Interrogator: Yet Christmas is a winter's day, and I do not think Mr. Pickwick would mind the comparison.

Witness: I don't think you're serious. By a winter's day one means a typical winter's day, rather than a special one like Christmas.

And so on. What would Professor Jefferson say if the sonnet-writing machine was able to answer like this in the viva voce? I do not know whether he would regard the machine as 'merely artificially signalling' these answers, but if the answers were as satisfactory and sustained as in the above passage I do not think he would describe it as 'an easy contrivance'. This phrase is, I think, intended to cover such devices as the inclusion in the machine of a record of someone reading a sonnet, with appropriate switching to turn it on from time to time.

In short then, I think that most of those who support the argument from consciousness could be persuaded to abandon it rather than be forced into the solipsist position. They will then probably be willing to accept our test.

I do not wish to give the impression that I think there is no mystery about consciousness. There is, for instance, something of a paradox connected with any attempt to localise it. But I do not think these mysteries necessarily need to be solved before we can answer the question with which we are concerned in this paper.

(5) Arguments from Various Disabilities

These arguments take the form, "I grant you that you can make machines do all the things you have mentioned but you will never be able to make one to do X". Numerous features X are suggested in this connexion. I offer a selection:

Be kind, resourceful, beautiful, friendly (p. 448), have initiative, have a sense of humour, tell right from wrong, make mistakes (p. 448), fall in love, enjoy strawberries and cream (p. 448), make some one fall in love with it, learn from experience (pp. 456 f.), use words properly, be the subject of its own thought (p. 449), have as much diversity of behaviour as a man, do something really new (p. 450). (Some of these disabilities are given special consideration as indicated by the page numbers.)

No support is usually offered for these statements. I believe they are mostly founded on the principle of scientific induction. A man has seen thousands of machines in his lifetime. From what he sees of them he draws a number of general conclusions. They are ugly, each is designed for a very limited purpose, when required for a minutely different purpose they are useless, the variety of behaviour of any one of them is very small, etc., etc. Naturally he concludes that these are necessary properties of machines in general. Many of these limitations are associated with the very small storage capacity of most machines. (I am assuming that the idea of storage capacity is extended in some way to cover machines other than discrete-state machines. The exact definition does not matter as no mathematical accuracy is claimed in the present discussion.)

A few years ago, when very little had been heard of digital computers, it was possible to elicit much incredulity concerning them, if one mentioned their properties without describing their construction. That was presumably due to a similar application of the principle of scientific induction. These applications of the principle are of course largely unconscious. When a burnt child fears the fire and shows that he fears it by avoiding it, I should say that he was applying scientific induction. (I could of course also describe his behaviour in many other ways.) The works and customs of mankind do not seem to be very suitable material to which to apply scientific induction. A very large part of space-time must be investigated, if reliable results are to be obtained. Otherwise we may (as most English children do) decide that everybody speaks English, and that it is silly to learn French.

There are, however, special remarks to be made about many of the disabilities that have been mentioned. The inability to enjoy strawberries and cream may have struck the reader as frivolous. Possibly a machine might be made to enjoy this delicious dish, but any attempt to make one do so would be idiotic. What is important about this disability is that it contributes to some of the other disabilities, e.g. to the difficulty of the same kind of friendliness occurring between man and machine as between white man and white man, or between black man and black man.

The claim that "machines cannot make mistakes" seems a curious one. One is tempted to retort, "Are they any the worse for that?" But let us adopt a more sympathetic attitude, and try to see what is really meant. I think this criticism can be explained in terms of the imitation game. It is claimed that the interrogator could distinguish the machine from the man simply by setting them a number of problems in arithmetic. The machine would be unmasked because of its deadly accuracy. The reply to this is simple. The machine (programmed for playing the game) would not attempt to give the right answers to the arithmetic problems. It would deliberately introduce mistakes in a manner calculated to confuse the interrogator. A mechanical fault would probably show itself through an unsuitable decision as to what sort of a mistake to make in the arithmetic. Even this interpretation of the criticism is not sufficiently sympathetic. But we cannot afford the space to go into it much further.

It seems to me that this criticism depends on a confusion between two kinds of mistake. We may call them 'errors of functioning' and 'errors of conclusion'. Errors of functioning are due to some mechanical or electrical fault which causes the machine to behave otherwise than it was designed to do. In philosophical discussions one likes to ignore the possibility of such errors; one is therefore discussing 'abstract machines'. These abstract machines are mathematical fictions rather than physical objects. By definition they are incapable of errors of functioning. In this sense we can truly say that 'machines can never make mistakes'. Errors of conclusion can only arise when some meaning is attached to the output signals from the machine. The machine might, for instance, type out mathematical equations, or sentences in English. When a false proposition is typed we say that the machine has committed an error of conclusion. There is clearly no reason at all for saying that a machine cannot make this kind of mistake. It might do nothing but type out repeatedly '0 = 1'. To take a less perverse example, it might have some method for drawing conclusions by scientific induction. We must expect such a method to lead occasionally to erroneous results.

The claim that a machine cannot be the subject of its own thought can of course only be answered if it can be shown that the machine has some thought with some subject matter. Nevertheless, 'the subject matter of a machine's operations' does seem to mean something, at least to the people who deal with it. If, for instance, the machine was trying to find a solution of the equation $x^2 - 40x - 11 = 0$ one would be tempted to describe this equation as part of the machine's subject matter at that moment. In this sort of sense a machine undoubtedly can be its own subject matter. It may be used to help in making up its own programmes, or to predict the effect of alterations in its own structure. By observing the results of its own behaviour it can modify its own programmes so as to achieve some purpose more effectively. These are possibilities of the near future, rather than Utopian dreams.

The criticism that a machine cannot have much diversity of behaviour is just a way of saying that it cannot have much storage capacity. Until fairly recently a storage capacity of even a thousand digits was very rare.

The criticisms that we are considering here are often disguised forms of the argument from consciousness. Usually if one maintains that a machine can do one of these things, and describes the kind of method that the machine could use, one will not make much of an impression. It is thought that the method (whatever it may be, for it must be mechanical) is really rather base. Compare the parenthesis in Jefferson's statement quoted on p. 21.

(6) Lady Lovelace's Objection

Our most detailed information of Babbage's Analytical Engine comes from a memoir by *Lady Lovelace*. In it she states, "The Analytical Engine has no pretensions to originate anything. It can do *whatever we know how to order it to perform*" (her italics). This statement is quoted by *Hartree* (p. 70) who adds: "This does not imply that it may not be possible to construct electronic equipment which will 'think for itself', or in which, in biological terms, one could set up a conditioned reflex, which would serve as a basis for 'learning'. Whether this is possible in principle or not is a stimulating and exciting question, suggested by some of these recent developments. But it did not seem that the machines constructed or projected at the time had this property".

I am in thorough agreement with Hartree over this. It will be noticed that he does not assert that the machines in question had not got the property, but rather that the evidence available to Lady Lovelace did not encourage her to believe that they had it. It is quite possible that the machines in question had in a sense got this property. For suppose that some discrete-state machine has the property. The Analytical Engine was a universal digital computer, so that, if its storage capacity and speed were adequate, it could by suitable programming be made to mimic the machine in question. Probably this argument did not occur to the Countess or to Babbage. In any case there was no obligation on them to claim all that could be claimed.

This whole question will be considered again under the heading of learning machines.

A variant of Lady Lovelace's objection states that a machine can 'never do anything really new'. This may be parried for a moment with the saw, 'There is nothing new under the sun'. Who can be certain that 'original work' that he has done was not simply the growth of the seed planted in him by teaching, or the effect of following well-known general principles. A better variant of the objection says that a machine can never 'take us by surprise'. This statement is a more direct challenge and can be met directly. Machines take me by surprise with great frequency. This is largely because I do not do sufficient calculation to decide what to expect them to do, or rather because, although I do a calculation, I do it in a hurried, slipshod fashion, taking risks. Perhaps I say to myself, 'I suppose the voltage here ought to be the same as there: anyway let's assume it is'. Naturally I am often wrong, and the result is a surprise for me for by the time the experiment is done these assumptions have been forgotten. These admissions lay me open to lectures on the subject of my vicious ways, but do not throw any doubt on my credibility when I testify to the surprises I experience.

I do not expect this reply to silence my critic. He will probably say that such surprises are due to some creative mental act on my part, and reflect no credit on the machine. This leads us back to the argument from consciousness, and far from the idea of surprise. It is a line of argument we must consider closed, but it is perhaps worth remarking that the appreciation of something as surprising requires as much of a 'creative mental act' whether the surprising event originates from a man, a book, a machine or anything else.

The view that machines cannot give rise to surprises is due, I believe, to a fallacy to which philosophers and mathematicians are particularly subject. This is the assumption that as soon as a fact is presented to a mind all consequences of that fact spring into the mind simultaneously with it. It is a very useful assumption under many circumstances, but one too easily forgets that it is false. A natural consequence of doing so is that one then assumes that there is no virtue in the mere working out of consequences from data and general principles.

(7) Argument from Continuity in the Nervous System

The nervous system is certainly not a discrete-state machine. A small error in the information about the size of a nervous impulse impinging on a neuron, may make a large difference to the size of the outgoing impulse. It may be argued that, this being so, one cannot expect to be able to mimic the behaviour of the nervous system with a discrete-state system.

It is true that a discrete-state machine must be different from a continuous machine. But if we adhere to the conditions of the imitation game, the interrogator will not be able to take any advantage of this difference. The situation can be made clearer if we consider some other simpler continuous machine. A differential analyser will do very well. (A differential analyser is a certain kind of machine not of the discrete-state type used for some kinds of calculation.) Some of these provide their answers in a typed form, and so are suitable for taking part in the game. It would not be possible for a digital computer to predict exactly what answers the differential analyser would give to a problem, but it would be quite capable of giving the right sort of answer. For instance, if asked to give the value of π (actually about 3.1416) it would be reasonable to choose at random between the values 3.12, 3.13, 3.14, 3.15, 3.16 with the probabilities of 0.05, 0.15, 0.55, 0.19, 0.06 (say). Under these circumstances it would be very difficult for the interrogator to distinguish the differential analyser from the digital computer.

(8) The Argument from Informality of Behaviour

It is not possible to produce a set of rules purporting to describe what a man should do in every conceivable set of circumstances. One might for instance have a rule that one is to stop when one sees a red traffic light, and to go if one sees a green one, but what if by some fault both appear together? One may perhaps decide that it is safest to stop. But some further difficulty may well arise from this decision later. To attempt to provide rules of conduct to cover every eventuality, even those arising from traffic lights, appears to be impossible. With all this I agree.

From this it is argued that we cannot be machines. I shall try to reproduce the argument, but I fear I shall hardly do it justice. It seems to run something like this. 'If each man had a definite set of rules of conduct by which he regulated his life he would be no better than a machine. But there are no such rules, so men cannot be machines.' The undistributed middle is glaring. I do not think the argument is ever put quite like this, but I believe this is the argument used nevertheless. There may however be a certain confusion between 'rules of conduct' and 'laws of behaviour' to cloud the issue. By 'rules of conduct' I mean precepts such as 'Stop if you see red lights', on which one can act, and of which one can be conscious. By 'laws of behaviour' I mean laws of nature as applied to a man's body such as 'if you pinch him he will squeak'. If we substitute 'laws of behaviour which regulate his life' for 'laws of conduct by which he regulates his life' in the argument quoted the undistributed middle is no longer insuperable. For we believe that it is not only true that being regulated by laws of behaviour implies being some sort of machine (though not necessarily a discrete-state machine), but that conversely being such a machine implies being regulated by such laws. However, we cannot so easily convince ourselves of the absence of complete laws of behaviour as of complete rules of conduct. The only way we know of for finding such laws is scientific observation, and we certainly know of no circumstances under which we could say, 'We have searched enough. There are no such laws.'

We can demonstrate more forcibly that any such statement would be unjustified. For suppose we could be sure of finding such laws if they existed. Then given a discrete-state machine it should certainly be possible to discover by observation sufficient about it to predict its future behaviour, and this within a reasonable time, say a thousand years. But this does not seem to be the case. I have set up on the Manchester computer a small programme using only 1000 units of storage, whereby the machine supplied with one sixteen figure number replies with another within two seconds. I would defy anyone to learn from these replies sufficient about the programme to be able to predict any replies to untried values.

(9) The Argument from Extra-Sensory Perception.

I assume that the reader is familiar with the idea of extra-sensory perception, and the meaning of the four items of it, *viz.* telepathy, clairvoyance, precognition and psycho-kinesis. These disturbing phenomena seem to deny all our usual scientific ideas. How we should like to discredit them!

Unfortunately the statistical evidence, at least for telepathy, is overwhelming. It is very difficult to rearrange one's ideas so as to fit these new facts in. Once one has accepted them it does not seem a very big step to believe in ghosts and bogies. The idea that our bodies move simply according to the known laws of physics, together with some others not yet discovered but somewhat similar, would be one of the first to go.

This argument is to my mind quite a strong one. One can say in reply that many scientific theories seem to remain workable in practice, in spite of clashing with E.S.P.; that in fact one can get along very nicely if one forgets about it. This is rather cold comfort, and one fears that thinking is just the kind of phenomenon where E.S.P. may be especially relevant.

A more specific argument based on E.S.P. might run as follows: "Let us play the imitation game, using as witnesses a man who is good as a telepathic receiver, and a digital computer. The interrogator can ask such questions as 'What suit does the card in my right hand belong to?' The man by telepathy or clairvoyance gives the right answer 130 times out of 400 cards. The machine can only guess at random, and perhaps gets 104 right, so the interrogator makes the right identification." There is an interesting possibility which opens here. Suppose the digital computer contains a random number generator. Then it will be natural to use this to decide what answer to give. But then the random number generator will be subject to the psycho-kinetic powers of the interrogator. Perhaps this psycho-kinesis might cause the machine to guess right more often than would be expected on a probability calculation, so that the interrogator might still be unable to make the right identification. On the other hand, he might be able to guess right without any questioning, by clairvoyance. With E.S.P. anything may happen.

If telepathy is admitted it will be necessary to tighten our test up. The situation could be regarded as analogous to that which would occur if the interrogator were talking to himself and one of the competitors was listening with his ear to the wall. To put the competitors into a 'telepathy-proof room' would satisfy all requirements.

7. Learning Machines

The reader will have anticipated that I have no very convincing arguments of a positive nature to support my views. If I had I should not have taken such pains to point out the fallacies in contrary views. Such evidence as I have I shall now give.

Let us return for a moment to Lady Lovelace's objection, which stated that the machine can only do what we tell it to do. One could say that a man can 'inject' an idea into the machine, and that it will respond to a certain extent and then drop into quiescence, like a piano string struck by a hammer. Another simile would be an atomic pile of less than critical size: an injected idea is to correspond to a neutron entering the pile from without. Each such neutron will cause a certain disturbance which eventually dies away. If, however, the size of the pile is sufficiently increased, the disturbance caused by such an incoming neutron will very likely go on and on increasing until the whole pile is destroyed. Is there a corresponding phenomenon for minds, and is there one for machines? There does seem to be one for the human mind. The majority of them seem to be 'sub-critical', *i.e.* to correspond in this analogy to piles of sub-critical size. An idea presented to such a mind will on average give rise to less than one idea in reply. A smallish proportion are super-critical. An idea presented to such a mind may give rise to a whole 'theory' consisting of secondary, tertiary and more remote ideas. Animals minds seem to be very definitely sub-critical. Adhering to this analogy we ask, 'Can a machine be made to be super-critical?'

The 'skin of an onion' analogy is also helpful. In considering the functions of the mind or the brain we find certain operations which we can explain in purely mechanical terms. This we say does not correspond to the real mind: it is a sort of skin which we must strip off if we are to find the real mind. But then in what remains we find a further skin to be stripped off, and so on. Proceeding in this way do we ever come to the 'real' mind, or do we eventually come to the skin which has nothing in it? In the latter case the whole mind is mechanical. (It would not be a discrete-state machine however. We have discussed this.)

These last two paragraphs do not claim to be convincing arguments. They should rather be described as 'recitations tending to produce belief'.

The only really satisfactory support that can be given for the view expressed at the beginning of § 6, will be that provided by waiting for the end of the century and then doing the experiment described. But what can we say in the meantime? What steps should be taken now if the experiment is to be successful?

As I have explained, the problem is mainly one of programming. Advances in engineering will have to be made too, but it seems unlikely that these will not be adequate for the requirements. Estimates of the storage capacity of the brain vary from 10^{10} to 10^{15} binary digits. I incline to the lower values and believe that only a very small fraction is used for the higher types of thinking. Most of it is probably used for the retention of visual impressions. I should be surprised if more than 10^9 was required for satisfactory playing of the imitation game, at any rate against a blind man. (Note—The capacity of the *Encyclopaedia Britannica*, 11th edition, is 2×10^9.) A storage capacity of 10^7 would be a very practicable possibility even by present techniques. It is probably not necessary to increase the speed of operations of the machines at all. Parts of modern machines which can be regarded as analogues of nerve cells work about a thousand times faster than the latter. This should provide a 'margin of safety' which could cover losses of speed arising in many ways. Our problem then is to find out how to programme these machines to play the game. At my present rate of working I produce about a thousand digits of programme a day, so that about sixty workers, working steadily through the fifty years might accomplish the job, if nothing went into the waste-paper basket. Some more expeditious method seems desirable.

In the process of trying to imitate an adult human mind we are bound to think a good deal about the process which has brought it to the state that it is in. We may notice three components,

(a) The initial state of the mind, say at birth,

(b) The education to which it has been subjected,

(c) Other experience, not to be described as education, to which it has been subjected.

Instead of trying to produce a programme to simulate the adult mind, why not rather try to produce one which simulates the child's? If this were then subjected to an appropriate course of education one would obtain the adult brain. Presumably the child-brain is something like a note-book as one buys it from the stationers. Rather little mechanism, and lots of blank sheets. (Mechanism and writing are from our point of view almost synonymous.) Our hope is that there is so little mechanism in the child-brain that something like it can be easily programmed. The amount of work in the education we can assume, as a first approximation, to be much the same as for the human child.

We have thus divided our problem into two parts. The child-programme and the education process. These two remain very closely connected. We cannot expect to find a good child machine at the first attempt. One must experiment with teaching one such machine and see how well it learns. One can then try another and see if it is better or worse. There is an obvious connection between this process and evolution, by the identifications

Structure of the child machine = Hereditary material
Changes of the child machine = Mutations
Natural selection = Judgment of the experimenter

One may hope, however, that this process will be more expeditious than evolution. The survival of the fittest is a slow method for measuring advantages. The experimenter, by the exercise of intelligence, should be able to speed it up. Equally important is the fact that he is not restricted to random mutations. If he can trace a cause for some weakness he can probably think of the kind of mutation which will improve it.

It will not be possible to apply exactly the same teaching process to the machine as to a normal child. It will not, for instance, be provided with legs, so that it could not be asked to go out and fill the coal scuttle. Possibly it might not have eyes. But however well these deficiencies might be overcome by clever engineering, one could not send the creature to school without the other children making excessive fun of it. It must be given some tuition. We need not be too concerned about the legs, eyes, etc. The example of Miss *Helen*

Keller shows that education can take place provided that communication in both directions between teacher and pupil can take place by some means or other.

We normally associate punishments and rewards with the teaching process. Some simple child-machines can be constructed or programmed on this sort of principle. The machine has to be so constructed that events which shortly preceded the occurrence of a punishment-signal are unlikely to be repeated, whereas a reward-signal increased the probability of repetition of the events which led up to it. These definitions do not presuppose any feelings on the part of the machine. I have done some experiments with one such child-machine, and succeeded in teaching it a few things, but the teaching method was too unorthodox for the experiment to be considered really successful.

The use of punishments and rewards can at best be a part of the teaching process. Roughly speaking, if the teacher has no other means of communicating to the pupil, the amount of information which can reach him does not exceed the total number of rewards and punishments applied. By the time a child has learnt to repeat 'Casabianca' he would probably feel very sore indeed, if the text could only be discovered by a 'Twenty Questions' technique, every 'NO' taking the form of a blow. It is necessary therefore to have some other 'unemotional' channels of communication. If these are available it is possible to teach a machine by punishments and rewards to obey orders given in some language, *e.g.* a symbolic language. These orders are to be transmitted through the 'unemotional' channels. The use of this language will diminish greatly the number of punishments and rewards required.

Opinions may vary as to the complexity which is suitable in the child machine. One might try to make it as simple as possible consistently with the general principles. Alternatively one might have a complete system of logical inference 'built in'[①]. In the latter case the store would be largely occupied with definitions and propositions. The propositions would have various kinds of status, e.g. well-established facts, conjectures, mathematically proved theorems, statements given by an authority, expressions having the logical form of proposition but not belief-value. Certain propositions may be described as 'imperatives'. The machine should be so constructed that as soon as an imperative is classed as 'well-established' the appropriate action automatically takes place. To illustrate this, suppose the teacher says to the machine, 'Do your homework now'. This may cause "Teacher says 'Do your homework now'" to be included amongst the well-established facts. Another such fact might be, "Everything that teacher says is true". Combining these may eventually lead to the imperative, 'Do your homework now', being included amongst the well-established facts, and this, by the construction of the machine, will mean that the homework actually gets started, but the effect is very satisfactory. The processes of inference used by the machine need not be such as would satisfy the most exacting logicians. There might for instance be no hierarchy of types. But this need not mean that type fallacies will occur, any more than we are bound to fall over unfenced cliffs. Suitable imperatives (expressed within the systems, not forming part of the rules of the system) such as 'Do not use a class unless it is a subclass of one which has been mentioned by teacher' can have a similar effect to 'Do not go too near the edge'.

The imperatives that can be obeyed by a machine that has no limbs are bound to be of a rather intellectual character, as in the example (doing

---

[①] Or rather 'programmed in' for our child-machine will be programmed in a digital computer. But the logical system will not have to be learnt.

homework) given above. Important amongst such imperatives will be ones which regulate the order in which the rules of the logical system concerned are to be applied. For at each stage when one is using a logical system, there is a very large number of alternative steps, any of which one is permitted to apply, so far as obedience to the rules of the logical system is concerned. These choices make the difference between a brilliant and a footling reasoner, not the difference between a sound and a fallacious one. Propositions leading to imperatives of this kind might be "When Socrates is mentioned, use the syllogism in Barbara" or "If one method has been proved to be quicker than another, do not use the slower method". Some of these may be 'given by authority', but others may be produced by the machine itself, *e.g.* by scientific induction.

The idea of a learning machine may appear paradoxical to some readers. How can the rules of operation of the machine change? They should describe completely how the machine will react whatever its history might be, whatever changes it might undergo. The rules are thus quite time-invariant. This is quite true. The explanation of the paradox is that the rules which get changed in the learning process are of a rather less pretentious kind, claiming only an ephemeral validity. The reader may draw a parallel with the Constitution of the United States.

An important feature of a learning machine is that its teacher will often be very largely ignorant of quite what is going on inside, although he may still be able to some extent to predict his pupil's behaviour. This should apply most strongly to the later education of a machine arising from a child-machine of well-tried design (or programme). This is in clear contrast with normal procedure when using a machine to do computations: one's object is then to have a clear mental picture of the state of the machine at each moment in the computation. This object can only be achieved with a struggle. The view that 'the machine can only do what we know how to order it to do',[1] appears strange in face of this. Most of the programmes which we can put into the machine will result in its doing something that we cannot make sense of at all, or which we regard as completely random behaviour. Intelligent behaviour presumably consists in a departure from the completely disciplined behaviour involved in computation, but a rather slight one, which does not give rise to random behaviour, or to pointless repetitive loops. Another important result of preparing our machine for its part in the imitation game by a process of teaching and learning is that 'human fallibility' is likely to be omitted in a rather natural way, *i.e.* without special 'coaching'. (The reader should reconcile this with the point of view on pp. 24, 25.) Processes that are learnt do not produce a hundred per cent. certainty of result; if they did they could not be unlearnt.

It is probably wise to include a random element in a learning machine (see p. 438). A random element is rather useful when we are searching for a solution of some problem. Suppose for instance we wanted to find a number between 50 and 200 which was equal to the square of the sum of its digits, we might start at 51 then try 52 and go on until we got a number that worked. Alternatively we might choose numbers at random until we got a a good one. This method has the advantage that it is unnecessary to keep track of the values that have been tried, but the disadvantage that one may try the same one twice, but this is not very important if there are several solutions. The systematic method has the disadvantage that there may be an enormous block without any solutions in the region which has to be investigated first. Now the

---

[1] Compare Lady Lovelace's statement (p.450), which does not contain the word 'only'.

learning process may be regarded as a search for a form of behaviour which will satisfy the teacher (or some other criterion). Since there is probably a very large number of satisfactory solutions the random method seems to be better than the systematic. It should be noticed that it is used in the analogous process of evolution. But there the systematic method is not possible. How could one keep track of the different genetical combinations that had been tried, so as to avoid trying them again?

We may hope that machines will eventually compete with men in all purely intellectual fields. But which are the best ones to start with? Even this is a difficult decision. Many people think that a very abstract activity, like the playing of chess, would be best. It can also be maintained that it is best to provide the machine with the best sense organs that money can buy, and then teach it to understand and speak English. This process could follow the normal teaching of a child. Things would be pointed out and named, etc. Again I do not know what the right answer is, but I think both approaches should be tried.

We can only see a short distance ahead, but we can see plenty there that needs to be done.

BIBLIOGRAPHY

Samuel Butler, Erewhon, London, 1865. Chapters 23, 24, 25, *The Book of the Machines*.

Alonzo Church, "An Unsolvable Problem of Elementary Number Theory", *American J. of Math.*, 58 (1936), 345-363.

K. Gödel, "Über formal unentscheidbare Sätze der Principia Mathematica und verwandter Systeme, I", *Monatshefte für Math. und Phys.*, (1931), 173-198.

D. R. Hartree, *Calculating Instruments and Machines*, New York, 1949.

S. C. Kleene, "General Recursive Functions of Natural Numbers", *American J. of Math.*, 57 (1935), 153-173 and 219-244.

G. Jefferson, "The Mind of Mechanical Man". Lister Oration for 1949. *British Medical Journal*, vol. i (1949), 1105-1121.

Countess of Lovelace, 'Translator's notes to an article on Babbage's Analytical Engine', *Scientific Memoirs* (ed. by R. Taylor), vol. 3 (1842), 691-731.

Bertrand Russell, *History of Western Philosophy*, London, 1940.

A. M. Turing, "On Computable Numbers, with an Application to the Entscheidungsproblem", *Proc. London Math. Soc.* (2), 42 (1937), 230-265.

Victoria University of Manchester

《理解图灵》主要人物关系

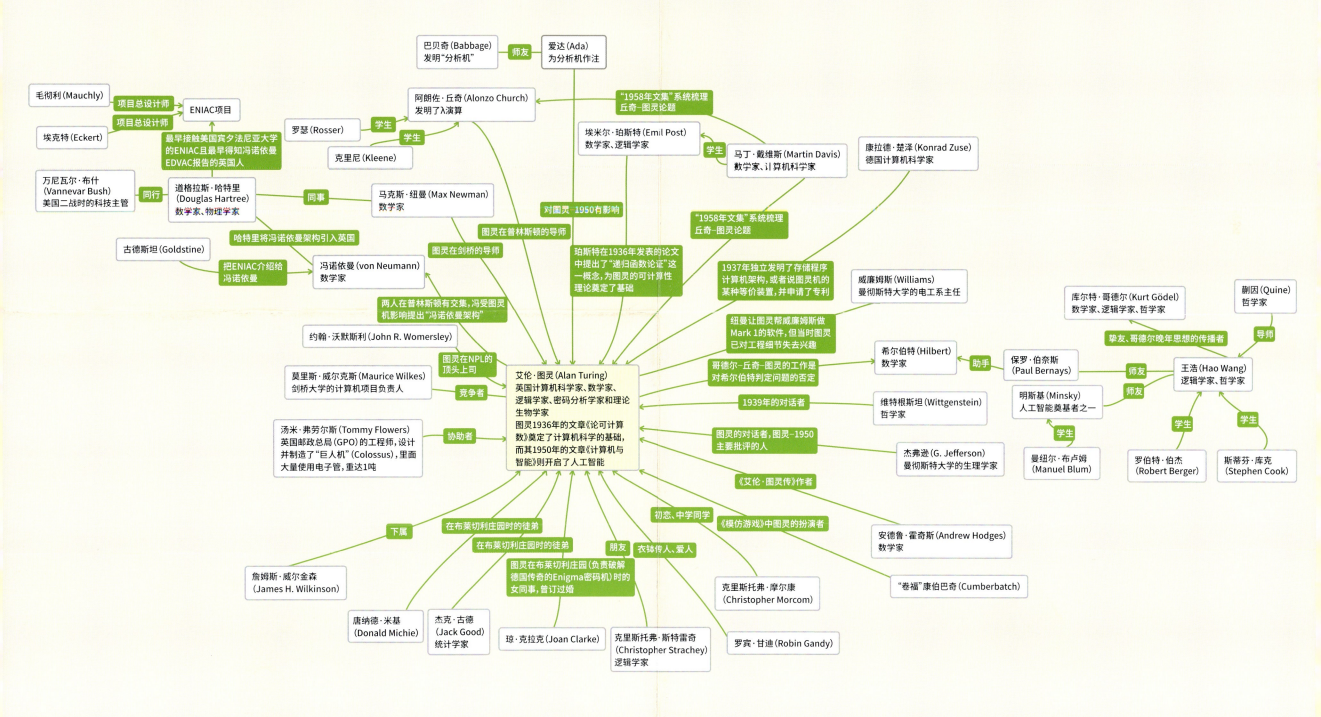